AMNON KAPELIUK

RABIN

EIN POLITISCHER MORD

AMNON KAPELIUK

RABIN

EIN POLITISCHER MORD

NATIONALISMUS UND RECHTE GEWALT IN ISRAEL

Vorwort von Lea Rabin

Aus dem Französischen von Miriam Magall

PALMYRA

Die Originalausgabe erschien 1996 unter dem Titel
Rabin – Un assassinat politique bei Le Monde Éditions, Paris.
© Copyright 1996 by Amnon Kapeliuk

Für die deutschsprachige Ausgabe wurde das
französische Original aktualisiert.

Die Deutsche Bibliothek – CIP-Einheitsaufnahme

Kapeliuk, Amnon:
Rabin : ein politischer Mord ; Nationalismus und rechte
Gewalt in Israel / Amnon Kapeliuk. Vorw. von Lea Rabin.
Aus dem Franz. von Miriam Magall. - Heidelberg : Palmyra, 1997
Einheitssacht.: Rabin <dt.>
ISBN 3-930378-13-2

© Copyright der deutschsprachigen Ausgabe 1997 by
PALMYRA VERLAG, Hauptstraße 64, 69117 Heidelberg
Telefon 06221/165409, Telefax 06221/167310
Alle deutschen Rechte vorbehalten
Lektorat: Georg Stein und Christa Schönrich
Umschlaggestaltung: Georg Stein und Uwe Schmitt
Umschlagfoto: Reuters
Satz: Matthias Ries
Druck und Bindung: Ebner Ulm
Printed in Germany
ISBN 3-930378-13-2

Inhalt

Vorwort

Fast anderthalb Jahre sind vergangen, seit mein Mann vor meinen Augen ermordet wurde. Der Schmerz darüber ist unverändert tief. In mir ist aber auch eine Enttäuschung angesichts der Vorstellung, wohin wir Israelis seit dem Regierungswechsel vom Mai 1996 gekommen sind und wo wir sein könnten, wenn mein Mann noch leben würde. Bis heute verfolgt mich der Gedanke, warum es uns nicht gelungen ist, die ihm drohende Gefahr und den hinterhältigen Anschlag abzuwenden, ein Anschlag, bei dem ausgerechnet der Mann sein Leben lassen mußte, der dem Nahen Osten das bringen wollte, wonach sich alle Menschen sehnen: einen wirklichen, für beide Völker gerechten Frieden.

Es sind bereits mehrere Bücher über den entsetzlichen Mord, der die ganze Welt erschütterte, erschienen. Aber nur das Buch von Amnon Kapeliuk deckt anhand eindringlicher Analysen alle relevanten Hintergründe auf. So nennt er zum Beispiel die für die Vorbereitung des Mordes an meinem Mann Verantwortlichen beim Namen. Amnon Kapeliuk verschont niemanden, weder den Präsidenten noch die führenden religiösen Persönlichkeiten; er gibt überzeugende Antworten auf die vielen offenen Fragen. Kapeliuk zeigt, woher der Mörder die politische und religiöse Rechtfertigung für seine Tat erhielt und wer sein Verbrechen offen oder im geheimen unterstützte. Der Autor zeigt auch, welche politischen Kräfte öffentlich das Recht der gewählten Regierung in Frage stellten, eine Kompromißlösung für den seit hundert Jahren schwelenden Konflikt zu suchen.

Immer wieder nehme ich dieses Buch in die Hand und lese darin, weil mir die schrecklichen Tatsachen keine Ruhe lassen. Angesichts einer Welle extremistischer Gewalt wurde Yitzhak allein gelassen, und aus Worten wurden Schüsse auf einen Mann, der alles in seiner Macht Stehende tat, damit junge Israelis und junge Palästinenser, Juden und Araber, keinen Krieg mehr erleben würden.

Amnon Kapeliuks Buch ist nicht nur ein erschütterndes Dokument, es ist vielmehr auch als Warnung vor weiteren politischen Morden zu verstehen. Der Mord an meinem Mann darf sich nicht gelohnt haben; es darf nicht dazu kommen, daß der Friedensprozeß, der Höhepunkt seines Lebenswerkes, gestoppt wird.

Lea Rabin, Tel Aviv, März 1997

Einleitung

Der Mord an Yitzhak Rabin, das erste politische Attentat in Israel, darf wohl als eine der größten Tragödien dieses Jahrhunderts bezeichnet werden. Es war ein angekündigter Mord. Der Schmerz darüber traf ein ganzes Volk. Ich hatte diese Untersuchung noch vor der Ermordung des israelischen Ministerpräsidenten begonnen. Ich wußte nicht, wer das Ziel eines Attentats sein könnte, noch wo und wann es sich ereignen würde. Aber ich war mir sehr wohl bewußt, daß aus der von fanatischen nationalistischen Befürwortern eines Großisrael geschwungenen Waffe früher oder später auch Schüsse abgefeuert würden. Ich hatte die Tatsachen und Zeugnisse dafür zusammengetragen. Und am 4. November 1995 wurden die tödlichen Schüsse dann tatsächlich abgegeben.

Dieses Ereignis enthält alle Komponenten des israelischen Dramas: die Rechte, nach Kräften darum bemüht, ihre Macht zu behaupten und der Regierung die Legitimation abzusprechen; ihr gegenüber eine zwar mutige, aber doch zögerliche Regierung. Auf der einen Seite die religiöse Autorität von Rabbinern, die im Namen der Nation für ein Großisrael eintreten, selbst um den Preis von Gewalt und Blutvergießen. Auf der anderen Seite die säkulare Mehrheit, für die Demokratie weitaus wichtiger ist als jeder religiöse Fundamentalismus, und schließlich der vorgeblich beste Sicherheitsdienst der Welt, der wegen seiner Versäumnisse dem eigentlich bestgeschützten Mann in Israel keinen Schutz bot. Und das alles vor dem Hintergrund des stets gefährdeten Friedensprozesses zwischen Israel und den Palästinensern.

Kurz gesagt: das heutige Israel mit seiner Realität, seiner Malaise und seinen Hoffnungen in einem Augenblick der Wahrheit.

Amnon Kapeliuk, März 1997

1. Kapitel

Der Mord:
»Ich hätte nicht geglaubt, daß
es so leicht sein würde«

Samstag, 4. November 1995. In Tel Aviv war es 21.30 Uhr. Soeben war die erste große Kundgebung für den Frieden seit dem Beginn der Verhandlungen mit der Palästinensischen Befreiungsorganisation (PLO) zu Ende gegangen. Seit der Massendemonstration nach dem Massaker von Sabra und Shatila im Libanon im September 1982 hatte sich keine derartig große Menschenmenge in Tel Aviv zusammengefunden.

Ministerpräsident Yitzhak Rabin sah zufrieden aus. Endlich war die Mehrheit für ihn auf die Straße gegangen, um gegen die Gegner des Friedensprozesses zu demonstrieren. Nie zuvor hatte man Rabin so froh erlebt. Er war geradezu begeistert von diesen 150 000 Menschen, die dem Frieden und ihm Ovationen entgegenbrachten. Vor aller Augen hatte er Außenminister Shimon Peres neben sich umarmt, eine neue Geste in den turbulenten Beziehungen zwischen den beiden Politikern. Schon seit über zwei Jahren beherrschte die Rechte die Straße, verstärkte sie unablässig ihren Kampf gegen die Arbeitsregierung. »Endlich«, sagte Rabin zu den Personen, die unmittelbar neben ihm standen, »eine passende Antwort auf alle Schmähungen unserer Regierungspolitik. Das Volk ist für den Friedensprozeß mit den Palästinensern und der arabischen Welt.« Rabin war am Ende der Kundgebung sehr glücklich, ja geradezu begeistert. Am liebsten hätte er alle umarmt. Und tatsächlich umarmte er die Umstehenden und alle, die ihn zu seinem Wagen begleiteten. Nur wenige wußten, daß er vor dieser Kundgebung Bedenken, ja Angst gehabt hatte, es würden nicht genug Menschen kommen. Die beiden Organisatoren, der ehemalige Tel Aviver Bürgermeister, General Shlomo Lahat, und der in Israel lebende französische Geschäftsmann Jean Frydman, aber auch Außenminister Shimon Peres hatten jedoch auf der Durchführung dieser Kundgebung bestanden. Rabin hatte gezögert. »Wenn nicht genug Leute teilnehmen, kommt das einer schweren Niederlage gleich, dann können wir den Friedensprozeß gleich begraben. Jeder kann danach sagen, die Menschen unterstützen uns nicht«, vertraute er sich seinem persönlichen Referenten Eytan Haber an. Dagegen wiederholte General Lahat unaufhörlich: »Wir haben die Pflicht, unsere Unterstützung für die Politik der Regierung öffentlich zu bekunden. Ein Sieg des [nationalistisch-rechten] Likud-Blocks in den kommenden Wahlen bedeutet einen neuen Krieg mit den Arabern. Wir müssen auf die Straße gehen und demonstrieren.« Als die Kundgebung zu Ende ging, sagte Rabin strahlend zu General Lahat: »Das war einer der größten Tage meines Lebens.« Und zu Jean Frydman: »Ich verdanke Dir die beiden schönsten Stunden meines Lebens.« Einige Stunden später sagte Jean Frydman dann: »Ich wußte nicht, daß ich die Todesstunde dieses Spitzenpolitikers bestimmt hatte.«

Zu den Organisatoren zählte auch der Rat für Frieden und Sicherheit, eine Vereinigung mit über 1000 Mitgliedern, in ihrer Mehrheit Generäle, Reserveoffiziere und wichtige Vertreter der israelischen Politik und Wirtschaft. Auch dieser Rat

Der Mord: »Ich hätte nicht geglaubt, daß es so leicht sein würde«

setzte sich nachdrücklich für das Gelingen der Versammlung ein. Zur Aufrechterhaltung von Sicherheit und Ordnung wurden Tausende von Polizisten und Sicherheitsbeamten eingesetzt. Das mehrere Tage im voraus geplante Unternehmen hatten die Polizeikräfte mit dem Kodenamen »Früher Sonnenaufgang« versehen – völlig unpassend, wie sich zeigen sollte. »Sonnenfinsternis« wäre weitaus angebrachter gewesen. Von 14.00 Uhr an wurden an jenem Samstag alle PKWs um den Platz der Könige Israels vor dem Rathaus in Tel Aviv, dem Ort der Kundgebung, entfernt. Alle angrenzenden Häuser wurden durchsucht. Auf den Dächern der Gebäude rund um den Platz waren Scharfschützen postiert. Nur der fünfte Stock des großen Rathauses blieb dunkel, denn auch dort hatte man Scharfschützen aufgestellt. Alles in allem wurden Sicherheitskräfte in einem für eine Massenkundgebung vorher nie gekannten Ausmaß aufgeboten.

Kurz vor Beginn der Versammlung wurden die Polizeikräfte alarmiert: Ein palästinensischer Wagen mit einer Sprengladung könnte am Ort der Kundgebung hochgehen. In diesem Zusammenhang ist zu erwähnen, daß die Kundgebung nur wenige Tage nach dem Anschlag stattfand, bei dem Fathi Shikaki, der Chef des *Jihad Islami*, auf Malta ums Leben gekommen war und der dem israelischen Geheimdienst zugeschrieben wurde. Der *Jihad Islami* hatte unverzüglich Rache geschworen. Rabin war auf dem Weg zu der Versammlung davon in Kenntnis gesetzt worden. Anschließend gab es einen zweiten Fehlalarm: Ein Selbstmordattentäter beabsichtige, sich mit Sprengstoff in die Luft zu jagen...

Die Kundgebung war ein Prüfstein für die Arbeitspartei, aber auch für die Rechte. Die Arbeitspartei hatte ihre Sympathisanten und alle Befürworter des Friedensprozesses zur Teilnahme an diesem für sie so ungemein wichtigen Ereignis aufgerufen. Tausende von Demonstranten aus ganz Israel kamen in 700 Bussen nach Tel Aviv. Aus Sicherheitsgründen erhielt jeder Teilnehmer beim Verlassen seines Busses eine Plakette. Der im Laufe der vorausgehenden Monate so aktive Koordinationsstab der rechten Organisationen rief zu einer Verkehrsblockade auf, um die Teilnehmer daran zu hindern, zu der Kundgebung zu gelangen. Ein anonymer Anrufer hatte dem ehemaligen Bürgermeister von Tel Aviv, Shlomo Lahat, gedroht:»Wenn Sie auf die Demo kommen, bringen wir Sie um.« Am Schluß seiner Warnung sagte er auf deutsch:»Schwein!« Lahat erstattete Anzeige gegen Unbekannt.»Man beschimpft uns. Am Ende wird man uns ermorden. Daran zweifle ich keinen Augenblick«, sagte er prophetisch 24 Stunden vor dem Anschlag auf Rabin.

Auf der Kundgebung herrschte Euphorie. Es war ein richtiges Volksfest; Freude und Vertrauen, so könnte man die Gefühle der Demonstranten zusammenfassen. Shimon Peres rief laut:»Wer behauptet, die Menschen sind nicht für den Frieden, soll hierherkommen, wo das Volk ist, wo der Frieden ist… Das ist keine Kundgebung für die Regierung, das ist eine Demonstration für den Frieden.« Am Ende von Peres' Rede stiegen Hunderte bunter Ballons zum Himmel auf. Danach sprach Ministerpräsident Yitzhak Rabin. Seine Rede war kurz und prägnant:»Auch unter den Palästinensern haben wir einen Partner für den Frieden gefunden: die PLO. In der Vergangenheit war sie unser Feind, aber ohne einen Partner für den Frieden gibt es keinen Frieden.«

Die Begeisterung steigerte sich. Die Menschen stimmten das *Lied für den Frieden* an. Rabin, den Text in der Hand, sagte zu Jean Frydman:»Ich kann nicht singen.« Frydman bestand darauf:»Sie müssen singen.« Rabin demütig:»Heute abend mache ich alles, was Sie mir sagen.« Und er sang mit der Menge. Am Ende faltete Rabin das Blatt zusammen und steckte es in seine Jackentasche. Nach dem Drama fand man es blutgetränkt.

Der Mord: »Ich hätte nicht geglaubt, daß es so leicht sein würde«

Rabin war begeistert. Mit einem solchen Erfolg hatte er nicht gerechnet. Er trat an den Rand der Bühne, winkte mit der Hand und nahm die Ovationen der Menschenmenge entgegen. Er dankte allen. Der Reporter des zweiten israelischen Fernsehens, Dov Gilhar, war bis auf die Bühne vorgedrungen, wo er Rabin im Laufe der Kundgebung wiederholt interviewte, und ohne es zu wissen, hielt er so die letzten Augenblicke des Ministerpräsidenten fest. Später sagte er, er habe Rabin nie so glücklich gesehen. Tief bewegt habe er dem gesamten Fernsehteam gedankt. Das war anderthalb Minuten vor dem tödlichen Schuß. Der Korrespondent betonte ausdrücklich: »Nie habe ich erlebt, daß sich der Ministerpräsident bei einem Fernsehteam samt Fotografen und Tontechnikern bedankt.«

Der Reporter hörte zu filmen auf, als Rabin sich den Stufen näherte, um zu seinem Wagen nach unten zu gelangen. Bevor er an die Sendeanstalt zurückgab, sagte er noch: »Heute haben wir außerordentliches Material, einen großartigen Bericht über die Kundgebung.« Er verpaßte den Augenblick der Ermordung.

»Wir haben bewiesen, daß die Menschen den Friedensprozeß unterstützen«, sagte Rabin zu seinen Begleitern auf dem Weg zu seinem Wagen. Bei diesen Worten umarmte er den Popstar Aviv Gefen, der ihn als Idol der israelischen Jugend in der Vergangenheit mehr als einmal kritisiert hatte.

Die Verantwortlichen des israelischen Inlandsgeheimdienstes Shin Bet (Shabak) stießen einen Seufzer der Erleichterung aus, und auch der Polizeichef von Tel Aviv atmete befriedigt auf.

Einige Augenblicke später zog ein junger Jurastudent, ein 25jähriger religiöser, nationalistischer Fanatiker, seine Pistole und richtete sie direkt auf den Ministerpräsidenten. Der junge Mann hieß Yigal Amir; er war von kleiner Statur, mager und hatte einen dunklen Teint.

Diesen 4. November verbrachte der Mörder in seinem Elternhaus. Es liegt im Stadtviertel Neve Amal in Herzliya, einer Stadt nördlich von Tel Aviv. Am Abend zuvor hatte er intensiv und lange in der Etz-Haim-Synagoge (»Lebensbaum«), einer von vielen in seinem Viertel, gebetet. Später, bei der traditionellen Freitagabendmahlzeit sprach man über Politik. Er wiederholte, wohl schon zum hundertsten Mal: »Rabin muß aus dem Weg geschafft werden. Er ist für das Unglück im Land verantwortlich und für diesen ›Frieden‹, einen Frieden für Dummköpfe.«

Am Samstagmorgen betete er mit seinem Bruder Haggai; Yigal fungierte als Kantor. Am Ende blieb er noch ein paar Minuten länger stehen, wie in Gedanken versunken. Später sagte er bei seiner Vernehmung aus, er habe darum gebetet, daß es ihm gelingen möge, Rabin zu töten, ohne selbst getötet zu werden. Denn er schätzte die Chance auf eins zu zehn ein, bei der Verwirklichung seines Plans nicht erschossen zu werden.

Die anderen Synagogenbesucher hatten keine Ahnung, was dieses lange Gebet bedeutete, denn sie hörten nicht die Worte. Nur Haggai war eingeweiht. Der jüngere Bruder hatte ihm anvertraut, er werde noch am gleichen Samstag nach Tel Aviv zum Platz der Könige Israels fahren. Dort wolle er versuchen, Rabin zu töten. Haggai hatte ihm davon abgeraten, denn Yigal hatte seiner Ansicht nach äußerst geringe Erfolgsaussichten. Schließlich »wird Rabin von den besten Leibwächtern der Welt geschützt«. Der ältere Bruder hatte gegen das Vorhaben an sich nichts einzuwenden, hielt es aber für wenig aussichtsreich.

Trotzdem beschloß Yigal, zu der Kundgebung zu gehen. Er trug einen Revolver bei sich, aber auch den für ihn unerläßlichen rabbinischen Erlaß zur Tötung des Ministerpräsidenten, des »Verräters am jüdischen Volk«, des Mannes, der

Der Mord: »Ich hätte nicht geglaubt, daß es so leicht sein würde«

»das heilige Land« im Rahmen der mit der PLO unterzeichneten Abkommen »Israels Feinden schenkt«.

Später sagte er bei seiner Vernehmung aus, er habe schon seit zwei Jahren davon geträumt, Rabin zu töten. Immer wieder habe er in letzter Minute aufgegeben. Aber an jenem Samstag erhoffte er sich Erfolg. »Wenn Gott will, wird es mir gelingen«, vertraute er seinem Bruder an.

Den Untersuchungsbeamten erklärte er, warum er in der Vergangenheit wiederholt in letzter Minute aufgegeben hatte: »Ich befürchtete vor allem, auf ihn [Rabin] zu schießen und ihn zu verfehlen. Ich wäre nicht nur wie ein Idiot dagestanden, man hätte mich auch noch bis an mein Lebensende eingesperrt. Deshalb beschloß ich, erst dann zu handeln, wenn ich mir des Erfolgs sicher war.«

Auch diesmal hielt er seine Aussichten nicht für günstiger als bei den vorhergehenden Versuchen. Er hatte schon seine Unterlagen für den Universitätsbesuch am kommenden Tag für den Fall zurechtgelegt, daß er ein weiteres Mal nach Hause ging, ohne seinen Plan ausgeführt zu haben.

Am Abend zeigten drei Sterne am Himmel an, daß der Sabbat zu Ende gegangen war. Yigal Amir lud seine Pistole, eine schwarze, kleinkalibrige 9-mm-Waffe, mit einer Kugel, zehn weitere gab er ins Magazin. Er steckte sie rechts in den Gürtel seiner beigen Jeans, darüber zog er sein blaues T-Shirt. Zwar besaß er keinen Waffenschein für Israel, aber aufgrund der liberalen Bestimmungen auf diesem Gebiet hatte er als Bewohner der Siedlung Shavei Shomron im Westjordanland am 3. November 1991 (genau vier Jahre vor dem Attentat) einen Waffenschein beantragt und auch bekommen.

In Israel darf man entweder zum eigenen Schutz oder aufgrund des Wohnortes eine Waffe tragen, wie zum Beispiel jeder jüdische Bewohner in den besetzten Gebieten. Allerdings hatte Yigal Amir nur ein paar Monate dort gewohnt, danach kehrte er wieder in sein Elternhaus in Herzliya zurück. Das

Innenministerium hatte seinen Waffenschein aber nicht annulliert.[1] Erst nach Rabins Ermordung stellte man fest, daß 50 000 Israelis unerlaubt im Besitz einer Waffe sind, verglichen mit 250 000 rechtmäßigen Waffenbesitzern, das heißt, jeder sechste Israeli besitzt illegal eine Waffe.

Ausgerüstet mit seiner Pistole, nahm Yigal Amir den Bus Nummer 284 von Herzliya nach Tel Aviv. Es war 19.45 Uhr. Zur gleichen Zeit verließen Yitzhak Rabin und seine Frau Lea ihr Haus im Norden Tel Avivs und brachen zu der Kundgebung auf. Im Bus traf Yigal Amir einen jungen rechten Aktivisten. Dieser erzählte ihm, jemand von der faschistischen *Kach*-Bewegung beabsichtige, am gleichen Abend ein Attentat auf Rabin zu verüben. Das habe er schon in der Vergangenheit geplant. Die Rede war von Itamar Ben-Gvir. Drei Wochen zuvor hatte er vor laufenden Kameras im israelischen Fernsehen damit geprahlt, bei einem Empfang in Jerusalem das Emblem des Staates Israel von Rabins Limousine abgerissen zu haben. »Wenn wir an das Emblem heran können, werden wir auch an den Ministerpräsidenten selbst kommen...«, hatte er damals gerufen.

In Tel Aviv stieg Yigal Amir aus dem Bus und ging zu Fuß zur Versammlung. Er nahm seine schwarze *Kippa* (Kopfbedeckung religiöser Juden) ab und steckte sie in die Tasche, um nicht aufzufallen. Diese Kundgebung war nichts für religiöse Menschen wie ihn. Er kam an der Bühne vorbei, auf der Sprecher und Gäste schon Platz genommen hatten. Dabei stellte er fest, daß die Entfernung zwischen Bühne und Publikum für seine Pistole zu groß war. Außerdem wimmelte es nur so von Sicherheitsbeamten. Ein Attentat wäre aussichtslos. Anschließend begab er sich zu dem Parkplatz nördlich hinter dem Rathaus. Dort stand er dann vierzig Minuten lang herum und wartete, ohne daß die Sicherheitsbeamten auch nur den geringsten Verdacht geschöpft hatten.

Der Mord: »Ich hätte nicht geglaubt, daß es so leicht sein würde«

Den Mitgliedern des Untersuchungsausschusses erzählte Yigal Amir nach dem Anschlag: »Dort unten herrschte ein wüstes Durcheinander: uniformierte Polizisten, andere in Zivil, Leibwächter. Jeder konnte klar sehen, daß niemand auf irgend etwas achtgab.« Das entsprach tatsächlich der Wirklichkeit. Man gab sich locker und ließ sich gehen, es herrschte übermäßiges Vertrauen, keine Spur von Ordnung, Disziplin und Verantwortung. Bei der Vorbereitung dieser Kundgebung hatte man aus Sicherheitsgründen lediglich Wagen und Bussen mit einer besonderen Plakette das Parken hier gestattet. Fußgängern aber wurde der Zugang nicht verwehrt; jeder konnte ungehindert den Parkplatz betreten.

Plötzlich bemerkte Amir einen Jurastudenten von der Bar-Ilan-Universität, an der auch er studierte. »Ich bin ihm aus dem Weg gegangen.« Dagegen hatte ihm ein hochgewachsener, bärtiger Mann auf die Schulter geklopft und wenige Minuten vor der Ermordung mit ihm gesprochen. Amir hat seinen Namen nicht preisgegeben. War es ein Freund? Ein Komplize? Man weiß es nicht.

»Er ist einer von uns, er ist in Ordnung!«

Amir schilderte einem Untersuchungsbeamten die letzte halbe Stunde vor dem Attentat folgendermaßen: »Ich wollte keinen Verdacht erregen. Sie werden bemerkt haben, daß ich ihm bei allen früheren Versuchen [den Ministerpräsidenten zu ermorden] nicht zu nahe gekommen bin. Ich habe immer darauf geachtet, daß man mich weder fotografierte noch filmte.«

Der Untersuchungsbeamte: »Sie waren hier, zwei Meter vor Ihrem Ziel. Wenn man Sie gefragt hätte: ›Was tun Sie hier?‹, hätten Sie, um keine Aufmerksamkeit zu erregen, den Ort verlassen müssen, aber vielleicht hätten Sie auch gesagt: ›Ich bin Chauffeur‹ und hätten eine Diskussion angefangen?«

Yigal Amir: »Nein, ich hätte nicht gesagt, daß ich ein Chauffeur bin, denn dann könnte man einen Beweis verlangen, ein Papier, eine Karte... Dabei verwickelt man sich... Das macht alles gleich komplizierter. Nein, ich hätte ganz einfach gesagt: ›Ich will Rabin sehen, ihn um ein Autogramm bitten.‹ Daran habe ich gedacht.«

Der Untersuchungsbeamte: »Das heißt, wenn jemand Ihnen zu viele Fragen gestellt hätte, hätten Sie beschlossen, aufzugeben und fortzugehen?«

Yigal Amir: »Ja, ich wollte nicht, daß ich entdeckt werde, noch daß man sich an mich erinnert. Denn wenn es diesmal nicht geklappt hätte, wäre ich sofort für das nächste Mal bereit gewesen. Ich stand also dort herum, hielt mich an derselben Stelle auf, und niemand forderte mich auf, zu verschwinden. Die Sicherheitsbeamten mußten wohl den Eindruck gehabt haben, ich gehörte dazu. Ich verhielt mich übrigens sehr ruhig. Stellen Sie sich vor, Sie stehen neben einem Polizisten und sagen kein Wort. Wenn er dann die Leute fortschickt, bleiben Sie einfach stehen, und er denkt: ›Der Bursche gehört zum Team.‹ Ein Polizist hat mich angeschaut. Er sah nicht so aus, als frage er sich, wer ich bin. Er hat mich ganz einfach nur angeschaut. Es schien mir, als störe ihn irgend etwas. In diesem Augenblick traf Aviv Gefen, der Popstar, ein, und ich sagte mir, ich nutze diesen Umstand, um den Polizisten auszuschalten. Als Aviv Gefen dicht an uns vorüberging, habe ich ihn kritisiert, und es stellte sich heraus, daß er auch dem Polizisten nicht sehr gefiel. Angesichts dieses stillschweigenden Einverständnisses wäre es dem Polizisten sicher unangenehm gewesen, mich zu fragen: ›Wer sind Sie?‹ oder: ›Was machen Sie hier?‹, denn anscheinend gehörte ich zum Team. Die anderen Polizisten sahen, wie ich mit ihm sprach. Ich hatte Deckung und befand mich in einer ausgezeichneten Lage. Plötzlich trat ein Polizist auf mich zu und fragte mich: ›Wo ist Ihr Wagen?‹ Ich antwortete: ›Hier.‹ ›Gut, bleiben Sie bei

Der Mord: »Ich hätte nicht geglaubt, daß es so leicht sein würde«

Ihrem Fahrzeug.‹ Ich antwortete ihm: ›In Ordnung‹, und ich habe mich nicht vom Fleck gerührt. Der Polizist ging davon, ohne mir weitere Fragen zu stellen. So habe ich mich unter die Sicherheitsbeamten gemischt. Das war aber noch nicht alles. Ich hörte, wie ein Polizist einen zweiten fragte: ›Wer ist das?‹, indem er auf mich wies. Der zweite antwortete: ›Ein Polizist in Zivil.‹ Der erste Polizist: ›Warum schreist Du das so laut? Das darf doch niemand wissen.‹«

Es grenzte schon an Lächerlichkeit, denn gleich danach trat noch ein dritter Polizist zu seinen beiden Kollegen und wies mit dem Finger auf Menachem Damti, den Chauffeur des Ministerpräsidenten, und fragte: »Wer ist das?« Einer der beiden Polizisten fragte Amir: »Wer ist das?« Und Amir antwortete schlicht und einfach: »Er gehört zu uns. Er ist in Ordnung.«

Am Ende des Verhörs schloß Amir seine Aussage mit den Worten: »Der Himmel hat mir meine Tat erlaubt. Hätte ein Polizist mich vom Ort gewiesen, hätte ich es als Zeichen aufgefaßt, es an jenem Tag nicht zu versuchen. Ich stand vierzig Minuten lang auf demselben Fleck, und niemand hat mich angesprochen. Da begriff ich, das war der Augenblick, mein Vorhaben auszuführen.«

Ein Amateurfilm, ein einmaliges Dokument, das einige Wochen nach dem Attentat im israelischen Fernsehen gezeigt wurde und um die ganze Welt ging, zeigt Yigal Amir nur wenige Minuten vor der Ermordung in Gesellschaft von drei Polizisten. Das ist das vielleicht schrecklichste Bild des ganzen Videofilms – abgesehen, natürlich, vom Schuß selbst.

Ein beruhigendes Bild: Alle vier verfolgen einträchtig das Ereignis, das heißt die Kundgebung. Niemand verdächtigte Amir, niemand außer Roni Kempler, der beim Filmen zweimal sein Objektiv auf Amir richtete. Gefragt, warum er die Kamera auf ihn und nicht auf die anderen gerichtet habe, sagte er: »Er wirkte auf mich irgendwie verdächtig.« Wer den

21

Film sieht, glaubt, seinen Augen nicht zu trauen. Der Film-
amateur schwenkte mit seiner Kamera von Rabin zu Amir
und von Amir zurück zu Rabin, als hätte er eine Minute vor
der Ermordung eine Vorahnung, als vermutete er irgendeine
Verbindung zwischen Rabin und seinem Mörder.

Die Kundgebung ging zu Ende. Als der Leiter der Shin-
Bet-Abteilung für den Schutz Prominenter die Bühne verließ, sagte er zum Polizeichef von Tel Aviv:»Sie haben sehr
gut mitgespielt.« Der antwortete ihm:»Sie auch, Sie haben
ausgezeichnet manövriert.« Beide Männer lächelten zufrieden. Noch wußten sie nicht, daß sich in wenigen Minuten ein
anderer in ihr Spiel einmischen würde.

Der nördliche Parkplatz des Rathauses, der für Prominente, war also voller Menschen, außerdem lag er ein wenig im
Dunkeln. Die Minister gingen die Stufen hinunter, um den
Ort der Kundgebung zu verlassen. Ohne jeden Schutz. Ohne
einen einzigen Leibwächter. Ohne jegliche Überwachung. Das
sieht man auf dem Videofilm ganz deutlich. Außerdem ist da
noch ein Journalistikstudent zu sehen. Er war ohne jede Genehmigung gekommen und interviewte die drei Minister für
Arbeit, Erziehung und Finanzen. Der ägyptische Botschafter
verabschiedete sich vom Sprecher der Knesset, dem israelischen Parlament. Ein junger Israeli sammelte Autogramme.
Peres gab ihm zuvorkommend seine Unterschrift.

Yigal Amir beobachtete und wartete. Er war über jeden
Verdacht erhaben. Er stand da, die Arme gekreuzt, und wartete. Außenminister Shimon Peres kam mit einem einzigen
Leibwächter vorbei. Eigentlich sollte er von sechs Polizisten
umgeben sein, aber sie waren nicht da. Peres' Leibwächter
schaute auf die Menschenmenge auf dem großen Platz. Er
blickte nicht hinter sich, wo Yigal Amir stand, nur drei Meter
von Shimon Peres entfernt. Für Amir wäre es ein Leichtes
gewesen, auf Peres zu schießen, aber Amir wartete auf Rabin.
Peres kam in Begleitung von Herrn »Yod«[2] vom Shin Bet;

dieser war für die Sicherheit auf der Kundgebung verantwortlich. Er begleitete Peres zu seinem Wagen. Peres blieb bei Rabins Fahrzeug stehen und erkundigte sich beim Chauffeur beunruhigt nach Rabins Verbleib.

Der Chauffeur antwortete: »Er muß jeden Augenblick kommen, hat man mir gesagt.« Peres wartete einige Sekunden, dann beschloß er zu gehen. Rabins Limousine stand zwischen Amir und Peres; zweifellos hätten ihn sonst auch die Kugeln des Mörders getroffen.

Dror Adany, einer von Yigal Amirs Komplizen, sagte später bei der Untersuchung aus: »Wenn Peres in Rabins Nähe gestanden hätte, wäre auch er dran gewesen.« Peres hörte die Schüsse in dem Augenblick, als sein Wagen startete. Herr »Yod« hatte ihn zu seinem Wagen begleitet und sie ebenfalls gehört.

Ministerpräsident Yitzhak Rabin erschien in Begleitung seiner Frau Lea auf den Stufen, die hinunter zu seinem Wagen führten. Keine Fotografen umgaben ihn, denn gemäß der Auflage der für die Sicherheit Verantwortlichen durften sie ihm nicht folgen. Eine bedauerliche Entscheidung, denn die vielen an jenem Abend anwesenden Fotografen hätten ihm als Schild gedient. Nur vier Leibwächter schützten ihn. Lea hatte sich ein paar Sekunden verspätet. Sie ging ungefähr drei Meter hinter ihrem Mann. Herr »Bet«, der Leiter der Shin-Bet-Abteilung für den Schutz Prominenter, begleitete sie.

Zwei der vier Leibwächter entfernten sich, einer vorne, der zweite blieb hinten zurück, so daß Rabin mit zwei Leibwächtern allein war. Er schritt auf seine gepanzerte Limousine zu, deren Tür schon offenstand. Keiner schützte ihn von hinten. Seine Leibwächter blickten nach rechts zur Menschenmenge hin.

Links auf dem Bürgersteig saß Yigal Amir auf einem großen Blumentopf aus Beton. Er stellte fest, daß er mühelos an Rabin herankam. Niemand konnte ihn daran hindern. Er beschloß zu handeln. Er ging an einem der Leibwächter und dem Journalistikstudenten vorbei und schob sich hinter den Ministerpräsidenten. Der Student fragte Rabin gerade:»Wie war die Kundgebung?« In diesem Augenblick zog Amir seine Pistole und streckte seinen Arm aus, so daß er fast Rabins Rücken berührte. Anstelle einer Antwort ertönten Schüsse. Der erste traf. Im Film ist zu sehen, wie Rabin sich nach links wendete und bei der Hintertür seines Wagens zusammenbrach. Das war um 21.50 Uhr. Das Unwahrscheinliche war eingetreten. Der bestgeschützte Mann in ganz Israel wurde auf grausamste Art und Weise niedergestreckt. Man kann sagen, er wurde von seinem Sicherheitspersonal allein gelassen.

Die Sicherheitsbeamten warfen sich sofort auf den Täter, aber er konnte noch zwei weitere Schüsse aus einer Entfernung von nur 25 Zentimetern abgeben. Einer traf Rabin ein zweites Mal, der zweite die rechte Hand des Leibwächters Yoram Rubin.

»Warum haben Sie noch zwei weitere Schüsse abgegeben?« »Um sicher zu gehen, daß ich ihn treffe«, erwiderte Amir später bei seiner Vernehmung.

Er ließ seine Pistole fallen, um zu zeigen, daß er auf niemanden mehr schießen wollte. Drei Meter hinter Rabin verfolgte Herr »Bet« entsetzt das Geschehen. Knapp drei Minuten vorher hatte er noch zu Lea gesagt:»Alles ist gut gelaufen.« Aber Lea hatte hinzugefügt:»...für den Augenblick.«

»Ich habe versagt«, sagte Herr »Bet« später vor dem Untersuchungsausschuß. Er wußte sehr wohl, daß ein Prominenter bei solch einem Auftritt am schwierigsten zu schützen ist, in einer Situation, in der höchste Aufmerksamkeit von allen gefordert ist. Der Ministerpräsident wurde genau in dem Augenblick ermordet, als er die Bühne verließ. Alle Maßnahmen zu seinem Schutz hatten versagt.

Yigal Amir wurde von Polizisten und Beamten des Shin Bet überwältigt. Man stieß ihn gegen eine Betonmauer. Dutzende von Sicherheitsbeamten umringten ihn. Man legte ihm Handschellen an. Er protestierte:»Warum Handschellen? Ich bin doch kein Araber. Das tut weh.« Und er fügte hinzu:»Ich hätte nicht geglaubt, daß es so leicht sein würde…«

Es hatte so viele Warnungen vor einem Palästinenser gegeben, deshalb konnten die Sicherheitsbeamten es kaum glauben, daß ausgerechnet ein Jude die Schüsse abgefeuert hatte. Man verlangte seinen Personalausweis. Er wurde durchsucht. Möglicherweise trug er auch Sprengstoff bei sich. Danach führte man ihn für ein erstes Verhör zu einem Wagen der Sicherheitskräfte ab.

Ein Leibwächter direkt hinter dem Ministerpräsidenten oder eine kugelsichere Weste hätten Rabin zweifellos das Leben gerettet. Versuche mit der von Amir verwendeten Munition haben tatsächlich ergeben, daß sie nicht durch eine kugelsichere Weste hätte eindringen können. Dieser Meinung war jedenfalls der ballistische Experte im Verfahren gegen Yigal Amir. Yitzhak Rabin hatte jedoch stets nachdrücklich das Tragen einer kugelsicheren Weste abgelehnt. Auf die Frage, warum er solch eine Weste ablehne, antwortete er:»Erstens habe ich keine Angst. Zweitens ist da jemand, der auf mich aufpaßt.« Anscheinend war er sich dennoch eines möglichen Anschlags bewußt; anderthalb Monate vorher hatte er selbst die Möglichkeit eines von Extremisten begangenen Mordes erwähnt.»Ich persönlich habe keine Angst vor den Drohungen gegen mich. Beunruhigend ist vielmehr die Erscheinung an sich.« Nach der Ermordung sagte seine Frau Lea Rabin:»Es hat Drohungen gegeben, aber wir haben trotzdem nicht geglaubt, daß ein Jude, selbst ein Extremist, je auf den Ministerpräsidenten schießen würde.« Auf der Kundgebung am Samstagabend hatte eine israelische Journalistin Lea Rabin kurz vor der Tat gefragt, ob ihr Mann eine kugelsichere Weste trage, und Lea hatte erwidert:»Was für eine Frage! Warum eine kugelsichere Weste? Sind wir etwa eine Bananenrepublik? Ich verstehe Sie nicht ganz. Auf welche Ideen sie nur kommen, diese Journalisten.« Die Journalistin bekam es mit der Angst zu tun, als sie das Durcheinander auf der Bühne und drumherum sah, auf der die ganze Prominenz zusammenstand. Wie leicht war es doch, dorthin zu gelangen, indem man sich nur ein einfaches Stück Papier mit der handschriftlichen Aufschrift »Bühnenarbeiter« oder ähnliches an die Kleidung heftete. Sie hatte zu einem höheren Polizeibeamten gesagt: »Ich habe Angst hier.« Er beschwichtigte sie: »Wovor? Keine Panik. Das hier ist heute der sicherste Platz im ganzen Land. Hier hat Rabin absolut nichts zu befürchten.« Alle waren zutiefst davon überzeugt, daß ein Attentat nur von einem Araber verübt werden könnte, und diese Überzeugung war die Ursache für die Versäumnisse, welche die Ausführung des Anschlags erleichtert haben. Alle hatten sie die Augen verschlossen vor dem mörderischen Potential der religiösen und nationalistischen Rechten in Israel.

Als die drei Schüsse ertönten, war auch der Ruf zu hören: »Das sind nur Platzpatronen.« Wer hatte das gerufen und warum? Diese Frage hat die öffentliche Meinung lange beschäftigt. Amir leugnete, daß er es war. Ihm zufolge seien das vielmehr die Worte eines Leibwächters gewesen. Bei dem Verhör sagte er dann aus: »Statt ihm [Rabin] zu helfen, ihn zu stützen, riefen sie ›Platzpatronen‹ [...] Bei der Festnahme fragte mich ein Polizist: ›Waren das Platzpatronen?‹ Darauf habe ich nicht geantwortet, denn ich hatte Angst, daß er mir eine Kugel durch den Kopf jagen würde, wenn ich gesagt hätte, daß es richtige waren. Danach hat man mich gegen die Mauer gestoßen, und dort habe ich gesagt: ›Nein, das waren keine Platzpatronen.‹ Dieser Ruf ›Platzpatronen!‹ überraschte mich. Vielleicht war das auch der Grund dafür, warum ich noch zwei weitere Schüsse abgegeben habe: Ich wollte sicher sein, daß mein Vorhaben gelingt.« Dagegen behauptete Menachem Damti, der Chauffeur des Ministerpräsidenten: »Der Mörder hat ›Platzpatronen!‹ gerufen.« Auch Avi Yahav und Boaz Etan, beides Polizisten vor Ort, bestanden darauf: »Der Täter hat ›Platzpatronen!‹ gerufen.« Der Journalistikstudent hatte ganz nahe bei Rabin gestanden und sagte dazu: »Die Rufe kamen von der Treppe.« Aber die Dinge wurden noch komplizierter. Lea Rabin befand sich drei Meter vom Ort des Attentats entfernt. Sicherheitsbeamte brachten sie sofort ins Hauptquartier des Shin Bet. Dort sagte man ihr, die auf Rabin abgegebenen Schüsse seien Platzpatronen gewesen. Wollte man sie mit diesen Worten beruhigen? Glaubten die Sicherheitsbeamten anfangs an einen Spaß, einen Scherz? Vielleicht hatte jemand aus nächster Nähe dies in die Menge gerufen, und die anderen hatten den Schrei aufgegriffen, ohne den Ernst der Lage zu begreifen. Viele waren der Meinung, Amir selbst habe »Platzpatronen!« gerufen, damit er nicht auf der Stelle niedergeschossen wurde.

Die Fahrt ins Krankenhaus glich einem Hindernisrennen. Hinzu kam, daß niemand das Ichilov-Krankenhaus von der Ankunft des verletzten Ministerpräsidenten unterrichtet hatte. Deshalb war es auf diesen Notfall nicht vorbereitet.

Als der Chauffeur des Ministerpräsidenten den Schuß hörte, sprang er gemäß der Vorschrift sofort an sein Steuer. Der verletzte Leibwächter, Yoram Rubin, schob Rabin auf den Hintersitz. Zehn Sekunden nach dem Attentat fuhr die Limousine davon, ohne daß auch nur ein Fahrzeug der Sicherheitskräfte ihr gefolgt wäre. Der einzige verfügbare Wagen war mit Lea Rabin in die entgegengesetzte Richtung gefahren. Ein gleich nach dem Schuß durch einen Notruf alarmierter Krankenwagen wurde am Eingang zum Parkplatz hinter dem Rathaus aufgehalten: Alle vier Reifen waren von spitzen Absperrungsdornen durchstochen worden.

In der Limousine befahl der Leibwächter Rabin: »Jetzt hören Sie auf mich, nur auf mich und auf sonst niemanden. *Dir Balak.*« (Diese beiden arabischen Worte sind in die israelische Umgangssprache eingegangen, sie bedeuten »Aufpassen« in einem warnenden Ton.) »Wie geht es Ihnen?«, fragte der Chauffeur Rabin. »Ich habe Schmerzen im Rücken, aber nichts Schlimmes.« Das waren Yitzhak Rabins letzte Worte, dann verlor er das Bewußtsein. Zwei Minuten später fuhr der Wagen vor dem Ichilov-Krankenhaus vor. Es liegt knapp 200 Meter vom Platz der Kundgebung entfernt. Den kürzesten Weg dorthin hatte die Menschenmenge versperrt, deshalb war ein Umweg von einem Kilometer zum Krankenhaus nötig, obgleich jede Sekunde zählte. Am Eingang kümmerte sich niemand um den Verletzten. Der Chauffeur und der verletzte Leibwächter zogen Rabin aus dem Wagen.

Danach ging alles blitzschnell. Die Ärzte versuchten vergeblich, den Ministerpräsidenten zu retten, während auf dem Kundgebungsplatz die Freude, der Gesang und die Diskussionen weitergingen. Aber kurze Zeit später hatte sich die Nachricht überall verbreitet. Man konnte sogar noch die rechtsgerichteten Demonstranten sehen. Sie hatten vom Obersten Gerichtshof die Genehmigung zu einer Demonstration nahe der Kundgebung erhalten. Das Gericht hatte ihnen die Teilnahme von höchstens 300 Personen gestattet, aber den Gebrauch von Lautsprechern untersagt. Dafür durften sie eine als Yassir Arafat verkleidete große Puppe mitführen. Die Demonstranten der rechtsextremen Moledet-Partei (Vaterland) skandierten noch immer »Rabin, Verräter«, als dieser schon im Krankenhaus auf dem Operationstisch lag. Am Ende der Kundgebung versuchten übrigens mehrere rechte Demonstranten, auf den weitläufigen Platz der Könige Israels vorzudringen; sie wurden aber von der Polizei zurückgedrängt. Ihnen riefen die Demonstranten zu: »Gestapo, Rabins Nazipolizei!« Yoav Limor von der Abendzeitung *Maariv* hielt sich dort auf und berichtete: »An der Südseite vom Platz der Könige Israels hielten zwei junge Menschen ein großes Banner mit der Aufschrift ›Rabin, Mörder‹ hoch. Ich fragte sie, ob sie sich nicht schämten. Sie verneinten das sehr bestimmt. ›Sie wissen doch wohl, daß Leute aus Ihrem Lager gerade auf ihn geschossen und ihn verletzt haben‹, sagte der Journalist. ›Das hat er verdient‹, gaben sie zurück.« Der Ministerpräsident wurde ohne Puls und ohne Blutdruck ins Krankenhaus eingeliefert. Die beiden Geschosse, von denen er getroffen worden war, hatten irreversiblen Schaden angerichtet. Das erste war das tödlichere. Es war in den Rücken rechts vom Rückgrat eingedrungen und hatte einen großen Riß in der rechten Lunge verursacht. Das zweite Geschoß hatte die linke Hüfte getroffen, die Milz zerrissen, das Zwerchfell beschädigt und war bis in den linken Lungenflügel vorgedrungen. Für einige Minuten konnten Puls und Blutdruck dank Herzmassage, Lungendrainage und 22 Bluttransfusionen wiederbelebt werden – aber alles war vergeblich. Der Tod erfolgte aufgrund des massiven Eindringens von Luft in den Thorax, den Blutkreislauf und zum Schluß in das Gehirn. 40 Minuten lang kämpften die Ärzte um Rabins Leben. Um 23.30 Uhr gaben sie den Tod des Ministerpräsidenten bekannt.

Der Mörder hatte sogenannte Dum-Dum-Geschosse verwendet. Sie sind immer tödlich. Beim Eindringen zersplittert die Kugel in kleine Metallteile, die ihrerseits das Innere zerreißen. Sie sind nicht mit einem gewöhnlichen Geschoß zu vergleichen, das den Körper nach dem Eindringen meistens wieder verläßt. Ein Dum-Dum-Geschoß tritt nicht wieder aus. Gemäß der Genfer Konvention ist ihre Verwendung verboten. Sie sind nicht im freien Verkauf erhältlich. Yigal erhielt diese Geschosse von seinem Bruder Haggai. Dieser nahm ganz normale Patronen und baute sie zu Dum-Dum-Geschossen um, für den Fall, daß Rabin eine kugelsichere Weste trug. Heute weiß man, daß eine derartige Weste diese Geschosse hätte aufhalten können. Als Amir seine Pistole lud, gab er abwechselnd ein Dum-Dum-Geschoß und ein gewöhnliches hinein, denn das Dum-Dum ist zu groß und kann deshalb nicht nacheinander geladen werden. Im Pistolenmagazin fand man vier Dum-Dum- und vier gewöhnliche Patronen. Zwei Dum-Dum-Geschosse trafen Rabin, eine gewöhnliche Kugel drang in die linke Hand seines Leibwächters ein, der sechs Tage im Krankenhaus lag.

»Es war, als zielte ich auf einen Terroristen«

Yigal Amir wurde nach dem Mord zum Shin Bet gebracht. Wer immer mit ihm in Berührung kam, staunte über seine Kaltblütigkeit, sein Lächeln und sein zufriedenes Aussehen. »Das war eine Hinrichtung«, sagte er zu einem der Untersuchungsbeamten. »Sind Sie Scharfrichter?« »Ja, so etwas Ähnliches.« Kurz nach seiner Verhaftung fragte er einen Polizisten, ob Rabin tot sei. Um seine Reaktion zu sehen, antwortete dieser ihm: »Nein. Er ist nicht tot, sondern nur verletzt. Alles läuft sehr gut.« Amir: »Das ist nicht möglich. Ich habe auf seinen Rücken gezielt. Ich hoffe, daß er getroffen wurde und tot ist.«

Bei seiner Befragung durch den Untersuchungsausschuß erklärte er: »Als ich [auf Rabin] zielte, war es, als zielte ich auf einen Terroristen.« Als er von Rabins Tod erfuhr, empfahl er den Polizisten in einem erschreckend kaltblütigen Ton: »Machen Sie sich an Ihre Arbeit. Meine habe ich schon erledigt.« Dem Untersuchungsbeamten schlug er vor, Gebäck und Wein bringen zu lassen: »Damit wir auf das Ereignis anstoßen können«, sagte er zur Verblüffung aller.

Nach einer Konsultation mit seinen Rechtsanwälten änderte er seine Version leicht ab, vielleicht, um einer lebenslänglichen Gefängnisstrafe zu entgehen. Im Verfahren erklärte er, er habe auf Rabins Rücken gezielt, um ihn lediglich zu lähmen. Wie dem auch sei, während des gesamten Verfahrens wiederholte Amir, er habe aus ideologischen Gründen und im Einklang mit rabbinischem Gesetz gehandelt.

Wer war dieser Mörder, und was hat ihn angetrieben? Gleich zu Beginn muß betont werden, daß es sich weder um einen Verrückten noch um eine Randfigur handelt, sondern um einen Studenten, wie er typisch ist für einen Teil der Bevölkerung inmitten der israelischen Gesellschaft. Der 25jährige Yigal Amir wurde kurz nach der Eroberung der arabischen Gebiete im Junikrieg von 1967 geboren und ist mit der Besatzung aufgewachsen. Aufgrund der Politik der verschiedenen israelischen Regierungen, sowohl der Arbeitspartei als auch des nationalistisch-rechten Likud-Blocks, war es für diese Generation ganz natürlich, die besetzten Gebiete als festen Bestandteil von Israel zu betrachten. In den Augen der fanatischen Nationalisten hatten die Eigentümer durch die Eroberung des Westjordanlandes und des Gazastreifens ihren rechtmäßigen Besitz lediglich wieder an sich gebracht. Für die religiösen Israelis war es außerdem ein Zeichen des Himmels, denn jetzt konnten sie sagen, die Ankunft des Messias sei nicht mehr fern.

Amir wuchs in einer sehr frommen, strengen Familie auf, in der die Religion ein fester Bestandteil des Lebens ist. Seine Eltern waren kurz nach der Gründung des Staates Israel aus dem Jemen ins Land gekommen. Seinen religiösen Fanatismus verdankte er sowohl seinem Elternhaus als auch seiner Schule. Yigal Amir erhielt genau die gleiche Schulbildung wie viele andere junge religiöse Nationalisten. In der Grundstufe ging er auf die Wolfson-Schule seines Viertels. Diese Grundschule gehört zum Schulnetz der orthodoxen, nichtzionistischen Bewegung *Agudat Israel* (»Vereinigung Israels«), der sich sein Vater Shlomo angeschlossen hatte. Yigal war ein guter Schüler, wenn auch manchmal ein Flegel. Einer Nachbarin zufolge war er ein aufgewecktes Kind und trieb gerne Scha-

31

bernack. Er war ruhig, neigte aber zu Späßen. Er ging gerne in die Schule und fehlte nie beim Gottesdienst in der Synagoge. In seinem Stadtviertel verzeichnete man die höchste Kriminalität von ganz Herzliya. Yigal vertiefte sich allerdings lieber in seine Hausaufgaben, mit kleinen Diebereien hatte er nichts zu schaffen. Nach der Grundschule besuchte er ein von Rabbinern geleitetes Gymnasium mit dem Namen »Die neue Kolonie«, eine *Yeshiva*, das heißt eine orthodox-religiöse, elitäre Schule. Dort tragen die Schüler eine schwarze *Kippa* auf dem Kopf im Gegensatz zu der gehäkelten der zionistisch-religiösen Jugendlichen. 80 Prozent der Schüler waren *Aschkenasim*, was bedeutet, ihre Eltern waren Juden aus Europa und Amerika. Obwohl Yigal jemenitischer Abstammung war, gliederte er sich mühelos in diese Schule ein. Er war ein sehr guter Schüler, aber undiszipliniert. In der elften Klasse, seinem vorletzten Schuljahr, vermerkte sein Rabbiner und Lehrer in seiner Akte: »Nicht aufrichtig, nicht integer.« Die meisten seiner Mitschüler gingen anschließend zum weiteren Studium an eine religiöse Hochschule, damit waren sie vom Militärdienst befreit. Yigals Vater und seine Verwandten rieten ihm, ebenfalls die *Thora* und den *Talmud* zu studieren, denn die jemenitische Gemeinde in Israel brauchte Thoragelehrte. Er aber wollte lieber in die Armee und auf die Universität. Er meldete sich zum militärischen Rabbinerseminar *(Yeshiva-Hesder)* und kam nach *Kerem in Yavne*. Dort lernte er Juden mit »gehäkelter *Kippa*« kennen. *Kerem in Yavne* liegt bei der Stadt Ashdod nördlich des Gazastreifens. In dieser Art von *Yeshiva* wird das rabbinische Studium mit einem kürzeren Militärdienst kombiniert: anstelle von drei Jahren nur sechzehn Monate. Im August 1990 kam er mit einer Abteilung religiöser Soldaten, insgesamt 27 Personen, zum 13. Bataillon der Golani-Brigade, einer in Israel berühmten Eliteeinheit. Er war stolz darauf, Soldat in der israelischen Armee zu sein. Bei seiner Verhaftung nach dem Mord auf dem Platz der Kö-

nige Israels prahlte er vor allem mit seinem Militärdienst im
13. Golani-Bataillon, erzählte von seinen Taten und nannte
die Namen seiner Kameraden. Damit glaubte er zweifellos,
seine Tat verharmlosen zu können... In der Armee kam er in enge Berührung mit Trägern der
gehäkelten *Kippa*. Er hielt aber an seiner schwarzen *Kippa*
fest. Während seines Militärdienstes wurde er, wie die meisten Armeeangehörigen und Reservisten, mit seiner Einheit
auch in die besetzten Gebiete geschickt. Es waren die Jahre
der Intifada. Später berichteten Amirs Kameraden, in dieser
Zeit habe er die Palästinenser ausgesprochen schlecht behandelt. Natürlich war er nicht der einzige, aber ihn trieb ein
besonderer Eifer. Dazu sagte Boaz Nagar, einer seiner Kameraden: »Alle Soldaten im Golani-Bataillon verprügelten die
Palästinenser, ich auch, aber Yigal war wirklich etwas Beson-
deres, ein Fall für sich. Ich weiß noch, wenn wir Jabaliya [ein
großes Flüchtlingslager bei der Stadt Gaza] durchsuchten, sagte der Offizier, bevor wir ein Haus betraten, immer: ›Gründliche Überholung‹ [wie beim PKW]. Yigal führte seinen Befehl getreu aus. Er prügelte und zerstörte nach besten Kräften. Die Mißhandlungen machten ihm Spaß. Deshalb schätzte ihn der Befehlshaber der Abteilung.«

Ein anderer Soldat erzählte: »Ich kann immer noch nicht
glauben, daß man das alles hat tun können, aber es ist eine
Tatsache. Die unglaublichsten Dinge wurden erfunden. Wenn
wir zum Beispiel aus irgendeinem Grund einen Palästinenser
gefaßt hatten, zwangen wir ihn, Backgammon mit uns zu spielen. Verlor er, durfte der Gewinner ihn schlagen. Wenn Yigal
gewann, war es für ihn eine besondere Freude. Übrigens brach
er bei einer Ausgangssperre immer als erster zur Jagd auf und
begann dann sofort mit den Schikanen. Liebend gerne ging er
in Gaza von einem Haus zum anderen. Dabei schnitt er die
Wäscheleinen vor den Häusern und auf den Höfen ab. Das
war Amirs Markenzeichen. Damit prahlte er.« Sein Haß auf

die Araber war grenzenlos, aber er ging noch weiter als Baruch Goldstein, der Urheber des Blutbades in der Moschee von Hebron. Denn er hatte nicht nur die Araber im Visier, sondern auch all jene, die »den Arabern beim Prozeß der Zerstörung von Israel helfen«, und an erster Stelle Ministerpräsident Yitzhak Rabin. Sein Vater Shlomo hielt sich nach dem Mord gewöhnlich mit Kritik am Verhalten seines Sohnes zurück, nur einmal brach es aus ihm heraus, als er vor Gericht aussagte. »Es ist ungeheuerlich«, erklärte er, »zu sehen, wohin mein Sohn geraten ist. Ich werfe mir vor, ihm erlaubt zu haben, in die Armee zu gehen. [Als sehr religiöser Mensch hätte er freigestellt werden und an einer rabbinischen Hochschule studieren können.] Sein Militarismus hat ihn zerstört. Ich hätte ihm das mit der Armee verbieten sollen.« Die Reaktion des israelischen Generalstabschefs, General Lipkin-Shahak, nach Rabins Ermordung ist bedeutsam und beweist, daß der Militärdienst in Israel noch immer verherrlicht wird. »Wie ist es möglich«, fragte er, »daß jemand in einer Kampfeinheit, jemand aus der Elite unserer Jugend eine derartige Tat begehen konnte?« Würde sich der Generalstabschef die Mühe einer Umfrage machen, könnte er entdecken, daß sich unter der »Elite unserer Jugend« leider noch immer viele Goldsteins und Amirs befinden.

Noch ein weiterer Zug in Amirs Persönlichkeit ist auffällig: Während seines Militärdienstes fiel er durch seine übertriebenen religiösen Praktiken auf, so daß sogar die frommen Soldaten in seiner Abteilung seiner Begeisterung überdrüssig wurden. Er weckte sie regelmäßig frühmorgens zum Gebet. Verschlief es einer von ihnen einmal, konnte Yigal sehr unangenehm werden. Hierzu noch einmal Boaz Nagar: »Im Militärdienst war er immer als erster in der Synagoge. Er war ein Störenfried und dickköpfig wie ein Esel, er ließ uns kaum einen Freiraum. Für ihn gab es nichts als die Religion, keine klassische Musik, keine Zeitungen, kein Fernsehen und auch kein Kino. Nur die Bibel interessierte ihn.« Yigal Amir beendete seinen Militärdienst mit dem Rang eines Gefreiten; er kehrte an die *Yeshiva* zurück, um sein Studium dort abzuschließen. Anschließend reiste er zum ersten und einzigen Mal ins Ausland. Die Organisation *Nativ* (»der Weg«), sie gehört zum Büro des Ministerpräsidenten, schickte ihn nach Riga. Dort sollte er Hebräisch unterrichten und der jüdischen Gemeinde von Lettland den Zionismus nahebringen, um so die Einwanderung junger Menschen nach Israel zu fördern. Die Organisation *Nativ*, auch »Verbindungsbüro« genannt, war zu Beginn der fünfziger Jahre ins Leben gerufen und dem Ministerpräsidenten unterstellt worden. Diese supergeheime *Nativ* hatte damals auch etwas mit dem Mossad zu tun, zuständig für Spionage und Aktivitäten im Ausland. *Nativ* war darum bemüht, die Beziehungen zu der sehr großen jüdischen Gemeinde in der Sowjetunion zu pflegen, denn diese war damals völlig von der Außenwelt abgeschnitten. Diese Aufgabe konnten die israelischen Diplomaten nicht wahrnehmen – umso weniger, als die Sowjetunion nach dem Krieg von 1967 ihre diplomatischen Beziehungen zu Israel abgebrochen hatte. *Nativ* schickte Geheimagenten in die Sowjetunion, damit sie an die dortigen Juden zionistisches und religiöses Material verteilten. Ende 1991, noch vor der Auflösung der Sowjetunion, trat *Nativ* fast ganz offen und legal auf. Die Organisation schickte in jener Zeit Hunderte von Emissären in die verschiedenen jüdischen Gemeinden der Sowjetunion, um ihre Auswanderung nach Israel – und in die besetzten Gebiete – zu fördern und jenen, die lieber dort blieben, die jüdische Kultur nahezubringen. Zum damaligen Zeitpunkt war Yitzhak Shamir vom Likud-Block Ministerpräsident. Die Leitung von *Nativ* lag in den Händen eines ehemaligen Oppositionellen, Yaakov Kedmi, Mitglied der rechtsextremen Tehiya-Partei (Renaissance). In den achtziger Jahren waren die meisten *Nativ*-Emissäre Anhänger eines Großisraels und mindestens zur Hälfte religiös-nationalistisch gesinnt. Bei Rabins Besuch in Rußland im Jahr 1994 buhten mehrere *Nativ*-Emissäre mit *Kippa* auf dem Kopf seine Politik aus und beleidigten ihn in aller Öffentlichkeit in Moskau. Amir traf also in Riga, der Hauptstadt Lettlands, ein. Er sprach weder Russisch noch Lettisch, aber er kam zurecht, indem er Hebräischunterricht gab und mit einem anderen *Nativ*-Emissär eine Gruppe von rund 150 jungen Juden betreute, von denen ein Teil seither nach Israel ausgewandert ist. »Diese jungen Menschen waren schockiert«, sagte Amir bei seiner Vernehmung offensichtlich zufrieden, »als sie erfuhren, daß ausgerechnet Yigal Amir den Ministerpräsidenten getötet hat.«

Amir verbrachte drei Monate in Riga, das war im Sommer 1992. Im Herbst 1992 nahm er sein Jurastudium an der religiösen Bar-Ilan-Universität am Stadtrand von Tel Aviv auf. Gleichzeitig besuchte er Seminare an dem *Kollel*, der Fakultät für ein weiterführendes religiöses Studium der Universität. Bar-Ilan war für ihn die letzte Etappe seiner Laufbahn. Jura behagte Amir nicht besonders: »Das ist alles Quatsch«, sagte er immer wieder. In seinem ersten Semester in Verfassungsrecht störte Amir unaufhörlich Professor Yaffa Zilberschatz. Nach Aussage von Studenten, denen die Zwischenfälle noch im Gedächtnis waren, sorgte er während der Lehrveranstaltungen für ständige Unruhe, so daß er dieses Fach zum ersten und letzten Mal belegte. Er akzeptierte nicht die Wertepyramide in einem Verfassungsstaat, in dem die von der Knesset verabschiedeten Gesetze und nicht das Gesetz von *Thora* und *Talmud* ganz oben standen, denn seiner Ansicht nach mußten diese über allen anderen stehen. Yigal Amir war kein besonders fleißiger Student, und seine Noten waren dementsprechend mittelmäßig. In einer Prüfungsakte in Strafrecht steht die Note 45 und daneben in Großbuchstaben »Durch-

Der Mord: »Ich hätte nicht geglaubt, daß es so leicht sein würde«

gefallen«. Amir hatte sich darüber nicht übermäßig gesorgt oder den Kopf zerbrochen, denn er verbrachte den größten Teil seiner Zeit ohnehin in dem *Kollel*, der religiösen Fakultät. Dort war er nach Aussage des Leiters, Rabbi Raziel, ein herausragender Student.

Zur gleichen Zeit stieg Amir zum Hauptaktivisten der religiösen Rechten unter den Studenten an der Universität auf, und zusammen mit anderen organisierte er Demonstrationen sowie einen Streik gegen den Friedensprozeß mit den Palästinensern. Die Bar-Ilan-Universität hatte sich zu einem der wichtigsten Zentren des religiös-nationalistischen Widerstands gegen den Friedensprozeß entwickelt, und Amir fühlte sich so richtig in seinem Element. Unter anderem beteiligte er sich an Demonstrationen von Siedlern wie jener im Juli 1995 nahe der Siedlung Ephrat, bei der Soldaten ihn zusammen mit anderen Demonstranten fortschleiften. Ein anonymer Soldat berichtete nach der Ermordung Rabins, Amir sei bei jener Gelegenheit ziemlich aggressiv geworden. Den Soldaten, welche die Siedlerfrauen festnehmen sollten, rief er damals zu: »Wartet nur, bald seid Ihr dran!« Er und seine Freunde hatten damals die Soldaten fotografiert, und sie verteilten die Bilder in allen Siedlungen, um ihnen Angst einzujagen.

Yigal Amir studierte drei Jahre an der Bar-Ilan-Universität. Mit zunehmenden Fortschritten im Friedensprozeß wurde er immer extremer. Dank seiner Beziehungen zu den Siedlern in den besetzten Gebieten wurde er zum unbeugsamen Gegner im Kampf gegen die Regierung Rabin. Mit Hilfe anderer Studenten organisierte er an den Wochenenden Veranstaltungen als Solidaritätsbeweis mit den Siedlern. Alle Reden der führenden Siedler, Rabbiner und manchmal auch Amirs selbst enthielten nur eine einzige Botschaft: Dem Friedensprozeß muß mit allen Mitteln Einhalt geboten werden, denn er bringt Unglück über Israel. Er schreckte nicht einmal davor zurück, den Friedensprozeß als *Shoah*, »Holocaust«, zu bezeichnen.

Das Blutbad an den Betenden in der Moschee von Hebron durch Baruch Goldstein im Februar 1994 wirkte wie ein Fanal auf Amir. Schon damals war er der Ansicht, Rabin müsse um jeden Preis entmachtet werden. Er traf sich mit führenden Siedlern in den besetzten Gebieten; unter anderem führte er mit Benny Katsover aus der Siedlung Elon Moreh wiederholt Gespräche. Er schlug einen Aufruf an alle Reservisten vor, ihren Militärausweis zurückzuschicken. »Der Kampf muß verstärkt werden«, erklärte er. Er und andere Reservesoldaten der Rechten unterzeichneten auch eine Petition, in der sie ihre Weigerung zum Ausdruck brachten, die Siedlungen im Westjordanland im Falle eines Abkommens mit den Palästinensern zu räumen.

Aber vor allem war Amir von Goldsteins Persönlichkeit fasziniert. In seiner Vernehmung erzählte er den Mitgliedern des Untersuchungsausschusses: »Ich habe mir gesagt: Das ist ein Mann! Ich wollte wissen, wie solch ein Mann, ein Arzt, dazu kommt, eines Tages sein Leben zu opfern. Ich bin zu seinem Begräbnis in Kiryat Arba [der Siedlung oberhalb der palästinensischen Stadt Hebron] gegangen. Ich wollte vor allem sein Umfeld kennenlernen, ich war damals zum ersten Mal in Hebron. Ich ging also dorthin und habe diese Unmenge von Menschen auf seiner Beerdigung gesehen. Ich sah, wie sie ihn liebten. Diese Menschen demonstrierten für das Volk Israel, für unsere jüdischen Werte. Schon damals organisierte ich mindestens zwei Jahre lang Besuchergruppen in die Siedlungen. Es fing in der Region um Jericho an. Dank der Kontakte vor Ort begriff man so richtig, wer das andere Volk [die Palästinenser] ist, und auch, daß es hier nie Frieden geben würde. Man kann nicht Frieden mit einem Volk schließen, das geradezu die Antithese zum Judentum, zu unserer Existenz darstellt. Wir können nicht in Frieden mit ihnen leben.

Deshalb habe ich meine Kommilitonen an der Universität aufgefordert: Kommt und schaut Euch die Lage vor Ort an.« Einmal im Monat besuchten Amir und seine Freunde eine Siedlung. Er war der Motor dieser Unternehmungen. Einmal ging es nach Netzarim, ein anderes Mal nach Kfar Darom am Rande des Gazastreifens, dann wieder nach Hebron. Amir: »Wir kamen auch nach Hebron. Anfangs bestand die Gruppe aus 45 Personen. Ich sorgte für Transport und Mahlzeiten. Die Bedingungen waren nicht gerade luxuriös, die Studenten schliefen auf dem Boden in einem großen Saal, Männer und Frauen natürlich getrennt. Damals war ich zum ersten Mal in Hebron. Ich habe die Höhle der Patriarchen aufgesucht. Das hat mich bewegt. Zum letzten Wochenende in dieser Stadt kamen schon 550 Studenten.« Es war das Wochenende vor dem 4. November.

Amir war an der Universität beliebt. Seine Kommilitonen hörten ihm bereitwillig zu. Er redete immer überspannter über die Notwendigkeit, die Regierung zu stürzen. Seinen Worten zufolge wollten Rabbiner von der Bar-Ilan-Universität eine Begegnung mit ihm, um ihn bei der Finanzierung seiner Unternehmungen in den besetzten Gebieten zu unterstützen. Ein Treffen war schon anberaumt worden. Es hätte eine Woche nach Rabins Ermordung stattfinden sollen. Die Rabbiner waren beeindruckt von seiner Fähigkeit, Menschen zu mobilisieren, wohingegen sie selbst Mühe hatten, ihre Studenten außerhalb ihrer Lehrveranstaltungen zu einer Versammlung zusammenzubringen. Natürlich erhielt Amir von jemandem finanzielle Unterstützung, und zwar von keinem anderen als dem Siedlerrat in den besetzten Gebieten. Auch der Studentenverband der Bar-Ilan-Universität unterstützte ihn.

Ordentlich wie er war, hatte Amir eine Liste mit rund 500 Namen zusammengestellt, überwiegend von Universitätsstudenten. Sie alle kamen zu den von ihm organisierten Unternehmungen. Er bemühte sich, ihnen zu verstehen zu geben, daß die Zeit davoneile und man den Prozeß stoppen müsse; wenn nicht, drohe eine Katastrophe. »Ich wollte ihre Mentalität verändern«, sagte er zu den Untersuchungsbeamten. »Denn wenn das Volk nicht mehr reagiert, muß der einzelne die Initiative ergreifen. Und der einzelne muß extrem handeln, um ein Ergebnis zu erzielen. Je mehr Siedlungen ich besuchte, desto klarer erkannte ich die Lage, desto besser begriff ich, daß der Kampf jetzt beginnen muß.« Schon vor 1995 hörten Zeugen, vor allem bei der Demonstration in Ephrat, wie Amir sagte: »Ich grüße jeden, der Rabin tötet.« Alex, Rettungsschwimmer und für die Überwachung des Strandes von Amirs Heimatstadt Herzliya zuständig, berichtete nach der Ermordung, er habe ihn des öfteren sagen hören: Rabin muß getötet werden. »Ich habe diesen Psychopathen davongejagt.« Bei den Wochenendbesuchen in den Siedlungen verwies er in seinen Diskussionen mit den Studenten mehr als einmal auf die religiöse Rechtfertigung für eine Ermordung Yitzhak Rabins.

An einem dieser Wochenenden diskutierten die Veranstalter vor 120 Personen über »die Verschlechterung der Lage« aufgrund des Friedensprozesses und über mögliche Lösungen. Yigal Amirs Komplize Dror Adany äußerte sich in seiner Vernehmung dazu ganz klar: »Yigal Amir bezog sich auf die Bibelerzählung von Simris Ermordung; dieser hatte sich eine Nichtjüdin aus Midian zur Frau genommen. Pinhas Ben-Eleasar tötete ihn. Pinhas wurde von Gott belohnt, und die Epidemie, an der schon 24 000 Menschen gestorben waren, hörte nach diesem Mord auf. Schlußfolgerung: Gott selbst hatte diesen Mord gewollt, auch wenn dabei ein Jude umkam.« Alle hatten begriffen, daß mit Simri Rabin gemeint war. Rabin aus dem Weg schaffen, das war Amirs Leitmotiv.

Der Korrespondent der *Washington Post* interviewte Amir in der kleinen Siedlung Maale Israel, in der er sich vorübergehend mit einigen Dutzend Studenten niedergelassen hatte.

Der Mord: »Ich hätte nicht geglaubt, daß es so leicht sein würde«

Sechs von ihnen, darunter auch Amir, lebten dort längere Zeit. In dem Interview erwähnte er Rabins Ermordung zwar mit keinem Wort, aber er stellte sich als unbeugsamer Vorkämpfer eines Großisrael vor. Er erklärte: »Das ist das uns versprochene Land. Vor zweitausend Jahren lebte die Mehrheit des Volkes Israel in Judäa und Samaria [Westjordanland].«

Amir sorgte aktiv für die Bildung kleiner Gruppen von jeweils fünf Personen; sie würden die Siedlungen bei einer eventuellen Räumung durch die israelische Armee gemäß den Abkommen mit den Palästinensern verteidigen. Eine Woche vor dem Attentat ernannte er die Leiter dieser Gruppen, seiner »paramilitärischen Einheiten«, wie sie bei ihm hießen. Als nächstes wollte er sie bewaffnen und mit Sprengstoff ausstatten. Diese Aktivisten sollten fähig sein, andere Personen zum Mitmachen zu bewegen. Während er sein Vorhaben vorbereitete, betätigte er sich also weiter als politischer Agitator.

Einen Monat vor dem Mord statteten er und eine kleine Gruppe dem Abgeordneten Moshe Goldfarb einen Besuch ab. Dieser war als Mitglied der rechtsextremen Tsomet-Partei in die Knesset gewählt worden, hatte sich dann aber von ihr getrennt und der Regierungskoalition angenähert. Die Stimme dieses Abgeordneten würde über das Schicksal der Abkommen von Oslo entscheiden und Rabin eine Mehrheit von nur einer einzigen Stimme geben. Amir kam zu ihm und beleidigte ihn mit den Worten, das Schicksal der Nation hänge von ihm ab. Goldfarb rief die Polizei, um sich das Kommando vom Hals zu schaffen. Bei dieser Gelegenheit erfuhr die Polizei zum ersten Mal etwas von Yigal Amirs Aktivitäten als rechtsextremer Fanatiker.

Von Januar 1995 an versuchte Amir immer wieder, Rabin zu ermorden. Bei Begegnungen oder Treffen, an denen der Ministerpräsident teilnahm, bemühte er sich, an ihn heranzukommen. Ständig trug er seine Pistole bei sich, geladen mit

einer Kugel, falls sich ihm die Gelegenheit böte, ihn zu er-
schießen.

Der erste Versuch, berichtete er bei seiner Vernehmung,
fand am 22. Januar 1995 statt. Rabin sollte bei einer Feier in
Yad Vashem, der Holocaust-Gedenkstätte in Jerusalem, anwesend sein. Amir begab sich dorthin in der Absicht, den
Ministerpräsidenten zu töten. Aber obwohl in der Presse angekündigt, wurde der Termin wegen eines angedrohten palästinensischen Anschlags in letzter Minute abgesagt. Enttäuscht
fuhr Amir nach Hause.

Drei Monate später unternahm er einen weiteren Versuch,
diesmal anläßlich des *Mimuna*-Festes der Juden aus Marok-
ko. Aber der Zutritt zu dem großen Saal in Jerusalem war
allen Personen ohne offizielle Einladung verwehrt. In seiner
Vernehmung erklärte Amir:»Im Bus bekam ich es richtig mit
der Angst zu tun. Als ich sah, welche Schwierigkeiten sich
mir in den Weg stellten, bin ich sofort gegangen.«

Im Juli 1995 begab sich Rabin an den Ort eines Anschlags
auf einen Omnibus in Ramat Gan bei Tel Aviv. Auch Yigal
Amir war dort, bewaffnet mit seiner Pistole, aber er kam nicht
an den Ministerpräsidenten heran. Im Sommer 1995 fand er
sich vor dem Sitz der Arbeitspartei in Tel Aviv ein; Rabin gab
dort einen Empfang. Aber die Wächter an der Tür ließen ihn
nicht hinein.

Amir gab jedoch nicht auf. Den letzten Versuch unternahm
er bei der Einweihung eines Autobahnabschnitts in Kfar Shmar-
yahu, unweit seiner Heimatstadt. Das war am 11. September
1995. Aber Rabin war von allen Seiten von seinen Leibwächtern umgeben. Einmal mehr entfernte sich Amir ganz schnell.
»Das nächste Mal…«, tröstete er sich. Und es gab tatsächlich
ein nächstes Mal.

Der Mord: »Ich hätte nicht geglaubt, daß es so leicht sein würde«

Eine bestimmte Art von israelischer Jugend

Für die, die Gali (Koseform von Yigal) kannten, verhielt er sich völlig normal. Er war ein kaltblütiger Mensch, ein Extremist; er lebte zwar in seiner eigenen Welt, sehr selbstsicher und stolz, gleichzeitig war er aber bemüht, sich bei seinen Gesprächspartnern beliebt zu machen. Die Gehirnwäsche seiner religiös-fanatischen, nationalistischen, militaristischen und rassistischen Umgebung hatte ihn zu einem Mörder gemacht. Yigal Amir ist das Produkt seiner Umwelt. Er sieht sich als Held, der sich für das Volk geopfert hat. In seinen Augen sind alle anderen erbärmlich. Als ihn ein Journalist im Gericht vor der Sitzung fragte:»Wie fühlst Du Dich als der meistgehaßte Mensch im ganzen Land?«, antwortete er:»Und Du, wie fühlst Du Dich, wie ein Wurm?« Er betrachtete sich als Pionier und war sich bewußt, daß er bei bestimmten Menschen Sympathien weckte; ganz wie Baruch Goldstein, als er die muslimischen Gläubigen in der Moschee von Hebron mit dem gleichen Ziel, nämlich dem Friedensprozeß Einhalt zu gebieten, tötete.

Nach dem Attentat gab sich Amir sehr kalt. Das gleiche Verhalten zeigte er auch bei der Vernehmung und bei der Rekonstruktion des Mordes. Eine schreckliche Rekonstruktion, vom Fernsehen aufgenommen und am nächsten Tag ausgestrahlt, während das ganze Land den Atem anhielt.

Trotz der späten Stunde, es war nach Mitternacht, wohnte eine große Menschenmenge dieser Rekonstruktion bei und pfiff den Mörder aus. Er reagierte nicht darauf. Manchmal lächelte er verächtlich. Seine kalte Miene ließ das Blut erstarren. Er warf einen geringschätzigen Blick auf die am Ort des Mordes angezündeten Kerzen. Und immer das gleiche Lächeln.

»Das hat bei mir nichts mit Kaltblütigkeit zu tun«, erklärte er den Journalisten, »vielmehr ist es mein Glaube an Gott. So etwas kennt Ihr nicht, Ihr, die Ihr Euch anschickt, das Volk für einen vorgeblichen Frieden zu opfern.« Bei seiner Vernehmung sprach Amir, als wolle er den Untersuchungsbeamten überzeugen. Dieser hatte die größte Mühe, ihm irgendeine Information über seine Komplizen zu entlocken. Wäre er ein Araber gewesen, man hätte ihn zum Sprechen gebracht. »Mäßiger physischer Druck« – die Mitarbeiter des Shin Bet unterlassen es nicht, dieses erlaubte Mittel bei Palästinensern einzusetzen. Sobald jedoch Amir an sein Schweigerecht erinnerte, fügte sich der Untersuchungsbeamte und legte Notizbuch und Füller beiseite. Und dann sprach Yigal Amir aus freien Stücken, ohne zu wissen, daß alles gefilmt und festgehalten wurde. Arrogant, ja, aber nicht sehr gekünstelt.

Nach seiner Rückkehr aus Riga wollte er bei der *Jewish Agency* in Nordamerika arbeiten. Das wurde abgelehnt. Im psychometrischen Bericht heißt es dazu: »Yigal Amir ist für diese Aufgabe ungeeignet. Er ist sozial dominierend, hat einen aggressiven Charakter und ist nicht zu gemäßigten Ideen fähig. Er besitzt weder Phantasie noch Kreativität.« Seine Kommilitonen an der Bar-Ilan-Universität sagten von ihm, er sei »ein Mensch ohne Schattierungen«. Noch aufschlußreicher ist der klinische Bericht des Psychologen vom Gesundheitsministerium. Dr. Gabriel Weil hatte ihn auf Antrag des Gerichts untersucht. »Yigal Amirs berüchtigtes Lächeln«, stellte Dr. Weil fest, »zeigt, daß er mit sich selbst zufrieden ist und sich durch seine Tat erhaben fühlt. Er kann zur Rechenschaft gezogen werden, denn er weiß sehr wohl, was er getan hat. Auch leidet er unter keinen Störungen seiner Persönlichkeit. Ebensogut hätte er beschließen können, Rabin nicht zu töten. Aufgrund seines nationalistischen, integralistischen[3] und religiösen Fanatismus hielt er sich anderen gegenüber für

Der Mord: »Ich hätte nicht geglaubt, daß es so leicht sein würde«

überlegen; wer ihm nicht zustimmte, den verachtete er. Er empfindet weder Bedauern, noch hat er Schuldgefühle. Und als er kaltblütig seinen Entschluß traf, bedachte er nicht die Folgen.« Amir hatte das Gefühl, eine Mission »für das Volk« ausgeführt zu haben. Dabei schätzte er dieses Volk nicht einmal hoch ein. Bei einer Gelegenheit bezeichnete er es vor Gericht sogar als »schwachsinnig«. Und die Rabbiner? Zwar stellten sie für ihn die religiöse Autorität dar, aber er hielt sie für schwach, weil sie nicht wie er dachten. Intelligent? Das war für ihn nur das Gesetz der *Thora*. Ihm zufolge stand dieses Gesetz über den Gefühlen. Und er glaubte an Zeichen von oben. Sein erfolgreicher Anschlag auf Rabin war für ihn ein Zeichen des Himmels.

»Wir haben es in diesem Punkt nicht mit einer seelischen Störung zu tun«, erklärte Dr. Weil, auch er ein frommer Jude mit einer *Kippa*, »sondern mit einer Art mystischen Denkens. Es hängt zweifellos mit der religiösen Tradition zusammen, in der der Täter aufgewachsen ist.« Eine religiöse Tradition, durchaus, aber hinzu kam eine nationalistische Kultur, die schon seit langem breite Schichten der israelischen Bevölkerung durchdrang.

Hierzu ein kurioses Detail: Außer seiner religiösen Literatur fand die Polizei in Amirs Zimmer nur wenige andere Bücher. Eines davon, *Baruch, ein ganzer Kerl*, ist ein Lob auf den Mörder von Hebron; das zweite Buch, *Der Schakal*, ist eine hebräische Übersetzung von Frederick Forsythes Roman über den versuchten Anschlag auf General de Gaulle in Petit-Clamart; und schließlich als drittes Buch *Die Akte Rabin*: Diese »Biographie«, eine unglaubliche Anhäufung diffamierender Beschuldigungen, schmäht den Ministerpräsidenten militärisch wie politisch. Ihr Verfasser, Uri Milstein, ein umstrittener Historiker, ist Professor an der Bar-Ilan-Universität. Seine Provokationen, seine Sensationslust und die Art, die Tatsachen zu manipulieren, indem er sie aus dem Zusammenhang reißt, haben ihm die Ächtung aller Historiker und Experten für Militärgeschichte in Israel eingebracht. In mehreren Interviews mit der israelischen Presse nach dem Anschlag auf Rabin erklärte Milstein, er sei stolz darauf, an Rabins Ermordung teilgehabt zu haben: »Amir ist auch ein Produkt meiner Forschungen und Vorlesungen.«»Bedauern Sie das nicht?«, fragte ihn ein Journalist.»Nein.«

Milstein kannte Yigal Amir. Ein Jahr lang hatte dieser seine Lehrveranstaltungen an der Bar-Ilan-Universität über die gesellschaftlichen und militärischen Aspekte der Kriege Israels besucht. Drei Monate vor dem Attentat wandte sich Yigal Amir an Milstein, erinnerte ihn daran, daß er als Hörer bei ihm gesessen habe, und fügte hinzu, er bewundere ihn sehr. Er lud ihn zu einem von ihm in Jerusalem mit Rabbi Benny Allon, einem religiösen Fanatiker, veranstalteten Seminar ein. 500 Studenten, überwiegend von der Bar-Ilan-Universität, kamen, um Milstein zu hören, dem zufolge Oslo die »größte Lüge« gewesen sei.»Man will Euch weismachen, die israelische Armee könne die Durchführung der Abkommen von Oslo garantieren. Das ist aber falsch, denn die israelische Armee ist sehr schwach. Rabin ist nicht dazu in der Lage, die Sicherheit zu garantieren, im Gegenteil, das Ganze ist eine Gefahr für die Sicherheit Israels«, verkündete Milstein. Bei Uri Milstein fand Yigal Amir einen unversöhnlichen Haß auf Rabin, und das gefiel ihm.

Amirs Elternhaus

So wie »ein Apfel nicht weit vom Stamm fällt«, so ist auch Yigal Amir die Frucht seiner Umwelt. Er war der zweitälteste Sohn (der älteste war Haggai, sein Komplize bei Rabins Ermordung) von Shlomo und Geula. Beide waren mit der gro-

ßen Einwanderungswelle der Juden aus dem Jemen 1950 im
Alter von fünf beziehungsweise einem Jahr nach Israel gekommen. Es war eine große Familie: vier Söhne und vier Töch-
ter. Ihr Haus war einfach, es gab nur die nötigsten Möbel.
Die Familie hielt zusammen. Nach dem Anschlag waren
die Eltern wie alle anderen schockiert, und sie versuchten,
sich zu entschuldigen und um Vergebung zu bitten. Yigal Amir
schrieb ihnen aus dem Gefängnis und forderte sie auf, diesen
Strom »schöner Worte« einzustellen und offen zu sagen, was
sie wirklich dachten. Ein Untersuchungsbeamter der Polizei
sagte denn auch nach ihrer Vernehmung: »Ich habe das Gefühl, daß sie nichts bereuen und daß ihre Entschuldigungen
falsch klingen. Mir kam es vor, als hätten sie diese Tat erwartet.«
Der Vater, ein von Natur aus schweigsamer Mensch, Spezia-
list für hebräische Kalligraphie und gelegentlich als Schächter
von Hühnern in seinem Viertel tätig, gab bei seiner Vernehmung an, sein Sohn habe, wenn alle um den traditionellen
Familientisch saßen, wiederholt von der Notwendigkeit gesprochen, Rabin wegen seiner Politik zu töten, und dabei wie
auf eine religiöse Pflicht, eine göttliche Pflicht verwiesen. »Das
hat er in den letzten Monaten vier oder fünfmal wiederholt.«
Was Shlomo nicht sagte, wohl aber sein ältester Sohn Haggai,
war, daß er ein Anhänger der Aktionen gegen die Linke, die
eigentlich »Verantwortlichen für die gegenwärtige Politik« gewesen sei. Haddas, eine von Yigals Schwestern, erklärte in
einer Fernsehsendung der BBC über die Familie Amir: »Yigal
wußte sehr wohl, was Vaterlandsliebe ist, und er hat getan,
was er glaubte, tun zu müssen. Er allein hatte den Mut dazu,
und ich kann ihm keinen Vorwurf machen. Vor seiner Tat hat
er lange darüber nachgedacht.« Die Mutter, Geula, saß während des Gesprächs mit den Journalisten neben ihrer Tochter,
ohne ihr zu widersprechen. Danach gab sie diesen verblüf-
fenden Satz von sich: »Wenn Yigal mit seiner Tat eine Eini-

gung des Volkes, eine Aussöhnung zwischen der Linken und der Rechten bewirkt hat, dann war sie das Opfer wert.«

In einem ersten Gespräch gleich nach dem Mord hatte Yigals Mutter erklärt:»Gali ist nicht mehr mein Sohn. Er hat die Grenzen dieses Hauses überschritten und uns auf unbeschreibliche Weise verraten. Ich trauere um ihn, für mich ist er in gewisser Hinsicht tot.« Ebenso hatte Geula zu einer Freundin gesagt:»Es wäre besser, wenn er tot wäre. Warum haben sie ihn nicht erschossen?« Nach den ersten Verwirrungsmomenten änderte sich ihre Einstellung: War das eine andere Geula oder die wahre? Als sie bemerkte, daß bestimmte Personen die Tat ihres Sohnes billigten, erklärte sie:»Niemand darf von mir erwarten, daß ich sage, Yigal ist nicht mehr mein Sohn. Er wird immer mein Sohn bleiben, im Guten wie im Bösen. Man möchte eine gebrochene Familie sehen, das wird aber nie geschehen.« Von Zeit zu Zeit wiederholte Geula:»Wir sind erzürnt über Yigal« –»erzürnt« war das härteste Wort, das über ihre Lippen kam, nachdem sie sich wieder gefaßt hatte.

Am Freitagabend, 24 Stunden vor dem Attentat, waren alle um den Tisch versammelt. Yigal erklärte, Rabin müsse »heruntergeholt werden«. Niemand widersprach ihm, und Geulas Worten zufolge erklärte der Vater an jenem Abend, der Himmel selbst verbiete den Verkauf von *Eretz Israel* (der biblische Name für Palästina), und wer immer das vorhabe, begehe ein Verbrechen. Haggai, auch er bis zum Hals in die Ermordung verstrickt, war nach Ansicht seiner Mutter unschuldig:»Er hat nichts getan.« Und vor Gericht hielt sie ihm ihre Faust und ein Stück Papier hin, auf dem stand:»Sei stark, Haggai; wir stehen zu Dir.« Wer von den Journalisten mit Geula sprach, hatte den Eindruck, sie rechtfertige im Grunde genommen die Tat ihres Sohnes. Ein Journalist war sogar der Meinung, Amir hätte nur dann ein in den Augen der Mutter wirklich unverzeihliches Verbrechen begangen, wenn er das

Judentum für eine andere Religion aufgegeben hätte; das wäre so schwerwiegend gewesen, daß es die völlige Ablehnung der ganzen Familie mit ihr an der Spitze nach sich gezogen hätte. Geula war die dominante Persönlichkeit in der Familie, gelegentlich aggressiv und sehr selbstsicher. Zum Teil manipulierte sie sogar die Journalisten und das Umfeld der Untersuchung. Sie versäumte praktisch keine einzige Sitzung des Verfahrens, murmelte Bemerkungen vor sich hin und erging sich sogar in leisen Beleidigungen gegen Richter und Polizisten. Mehrere Male war zu hören: »Was für ein Lügner!«

Im Hof hinter dem Haus der Familie betrieb Geula einen Kindergarten. Yigal war ein Jahr alt, als sie ihn eröffnete, und mit dieser Tätigkeit bestritt die Familie im wesentlichen ihren Unterhalt. Selbstverständlich erhielten die kleinen vierjährigen Kinder in diesem Kindergarten eine religiöse Erziehung. Am Tag nach Rabins Ermordung öffnete Geula wie gewöhnlich ihren Kindergarten. *Business as usual.* Einige Eltern nahmen ihre Kinder heraus. Als sich drei Tage später herausstellte, daß auch ein zweiter Sohn in den Mord verwickelt war, schickten auch andere Eltern ihre Kinder nicht mehr in den Kindergarten der Mutter des Täters. Noch mehr Eltern nahmen ihre Kinder aus dem Kindergarten nach der Entdekkung eines beachtlichen Waffen- und Sprengstoffarsenals auf dem Dachboden, im Hühnerstall, in Verstecken im Mauerwerk und in einer Baracke unweit vom Spielplatz der Kinder. Gefunden wurden Granaten, Zünd- und Sprengstoff, elektronische Zeitzünder, Munition und anderes Kriegsgerät.

Geula bemühte sich, die Eltern dazu zu überreden, ihre Kinder nicht aus ihrem Kindergarten zu nehmen. »Wie können Sie mir das antun?« Eine Mutter antwortete: »Und wie konnten Ihre Söhne uns das antun?« »Das ist etwas ganz anderes, das geschah auf göttlichen Willen hin. Gott wußte, daß ich diese Prüfung bestehen würde.« »Ich habe den Eindruck«, sagte eine andere Mutter, »daß Geula und Shlomo von dem

Sendungsauftrag ihrer Söhne, das Volk Israel zu retten, überzeugt waren.« Die Eltern von Baruch Goldstein, des Mörders in der Moschee von Hebron, reagierten ähnlich. Auf keinen Fall darf der falsche Eindruck entstehen, daß Familien wie die Amirs oder Goldsteins nach den Attentaten ausgegrenzt wurden. Im Gegenteil, sie konnten sich auf Menschen stützen, die dem Mord zustimmten. Wenn ein Palästinenser einen Terroranschlag verübte, wurden die Häuser der Familien generell zugemauert oder in die Luft gesprengt; für die beiden Terroristen Goldstein und Amir galten andere Regeln. Sie waren Israelis, deshalb rührte man ihr Haus nicht an.

Das erlaubt die Schlußfolgerung, daß den Familienangehörigen sehr wohl Absichten, Vorhaben und Ziele ihrer Söhne beziehungsweise Brüder, Yigal und Haggai, bekannt waren. Die Untersuchungsbeamten fragten die Mutter, ob sie Haggai bei der Vorbereitung der Munition beobachtet habe. Geula Amir: »Ich habe gesehen, wie er mit einem gewöhnlichen Geschoß hantierte. Er hat es geöffnet und eine ganz kleine Kugel hineingegeben. Ich fragte ihn, warum. Daraufhin sagte er mir: ›damit das Geschoß besser, wirksamer wird.‹« Geula fragte nicht, für wen die Kugel bestimmt war. Zweifellos wußte sie es. Geula hielt sich übrigens bei einer Freundin auf, als Rabin ermordet wurde. Auf der Polizeistation erklärte sie, sie habe, sobald sie die Nachrichten hörte, sofort bei sich angerufen und gefragt, ob ihre Kinder zu Hause seien. Der Untersuchungsbeamte: »Warum haben Sie zu Hause angerufen?« »Weil ich dachte, daß vielleicht eines meiner Kinder an der Kundgebung teilnimmt. Ich hatte so eine Vorahnung.« Daraufhin kehrte sie sofort nach Hause zurück. Für sie war es klar, daß diese Kundgebung nichts für ihre rechtsextremen Söhne war. Aber sie wußte sehr wohl, warum ihre Befürchtungen begründet waren.

Am 28. Dezember 1995, weniger als zwei Monate nach Rabins Ermordung, feierte Familie Amir die Hochzeit einer

Der Mord: »Ich hätte nicht geglaubt, daß es so leicht sein würde«

Schwester von Yigal. Es war ein richtiges Fest mit Sängern und einem üppigen Bankett in einer luxuriösen Festhalle in einem religiösen Viertel bei Tel Aviv. Hunderte von Gästen waren geladen worden. Die Familie hatte auch einige Muskelmänner angeheuert, um den Ort zu schützen. Der Wagen des Paares wurde mit Gesang und Tanz begrüßt. Die rund 350 Gäste wurden schon etwa hundert Meter vor dem Eingang zur Festhalle kontrolliert. Jeder mußte seine Einladung vorzeigen und Fragen beantworten. Auch befragten anwesende Sicherheitsexperten die Gäste und durchsuchten sogar ihre Taschen. Als Demonstranten ein Spruchband mit der Aufschrift: »Das Volk trauert, aber bei Amirs wird gefeiert«, aufrollten, wurden sie von Freunden der Familie angegriffen. Eine Frau, die gekommen war, um ihre Unterstützung für Rabin zu beweisen, wurde zusammen mit ihrem zehnjährigen Sohn mißhandelt. Dazu bemerkte Geula: »Niemand wird uns unser Fest verderben.«

Ein Journalist von *Haaretz* faßte treffend zusammen, was von dieser Familie, welche die israelische Presse so neugierig gemacht hatte, zu halten ist: »Die Versuche einiger wohlmeinender Israelis, die Amirs als eine monströse Ausnahme darzustellen, sind von vornherein zum Scheitern verurteilt. Sie stellen vielmehr einen festen Bestandteil der israelischen Bevölkerung dar und sind ziemlich weit verbreitet. Täglich begegnet man Menschen wie den Amirs. So sprechen sie auf der Straße, im Bus und sogar in der Knesset. Amir ist eine neozionistische Kreatur, hervorgegangen aus dem Junikrieg, deren Schüsse abends am 4. November 1995 nur die sichtbare Spitze des Eisbergs sind.« Bei Amir handelt es sich demnach nicht um ein Ungeheuer von mythologischen Ausmaßen, wie hier und da vorgegeben wurde, sondern um das ganz gewöhnliche Beispiel einer bestimmten Variante der israelischen Jugend.

Amirs Ideologie:
»Ich hätte auch Säuglinge und Kinder getötet«

Yigal Amir und mit ihm andere, aber keinesfalls Randgruppen der nationalistisch-religiösen Rechten, hängen einer simplen Ideologie an. Das jüdische Volk ist ihnen zufolge das auserwählte Volk und Herrscher über das Gelobte Land. Die Araber sind seine Feinde; wenn sie von Frieden sprechen, betrügen sie. Sie wollen die besetzten Gebiete lediglich zurückbekommen, um ihren Vernichtungskrieg gegen das jüdische Volk aus dieser Position heraus fortzusetzen. Deshalb überrascht es nicht, daß Yigal Amir seine Stimme bei den israelischen Parlamentswahlen 1992 der ultrarechten Moledet-Partei gab, auf deren Programm der Transfer der Palästinenser von den besetzten Gebieten in die arabischen Länder steht.

Eine Stunde nach seiner Verhaftung erklärte Yigal Amir den Untersuchungsbeamten in der Polizeizentrale: »Wer immer das jüdische Volk gefährdet, wird sterben. Rabin mußte sterben, und ich habe diese Aufgabe für das ganze Volk Israel auf mich genommen.« Bei der Verlängerung seiner Untersuchungshaft sagte er zum Richter: »Nach rabbinischem Recht muß jeder Jude getötet werden, wenn er Volk und Land dem Feind aushändigt.« Der Richter: »Steht das in der *Thora*?« Yigal Amir: »Ich habe mein ganzes Leben lang den *Talmud* studiert, ich kenne alle Einzelheiten.« Der Richter erstaunt: »Wurden die zehn Gebote abgeschafft? Sie wissen doch, daß es das Gebot ›Du sollst nicht töten!‹ gibt.« Amir: »Nein, die zehn Gebote wurden nicht abgeschafft, aber ein Gebot steht über dem ›Du sollst nicht töten!‹, nämlich: ›Du sollst eine Seele retten!‹ Und genau das habe ich getan, ich habe Seelen gerettet.« Yigal Amir fügte hinzu: »Ich habe gehandelt, und Gott war mit mir.« Bei seiner Vernehmung beim Shin Bet sagte er außerdem: »Wo eine religiöse Pflicht ist, gibt es kein Problem mit der Moral. Hätte ich an der Einnahme von *Eretz Israel* in biblischer Zeit teilgenommen, hätte ich auch Säuglinge und Kinder, wie im Buch Josua beschrieben, getötet. Das hätte ich ohne alle moralischen Probleme getan, obwohl man hier scheinbar Probleme mit der Moral bekommen könnte. Da es aber eine religiöse Pflicht ist, habe ich keinerlei Probleme.« Der Untersuchungsbeamte: »Stellen Sie sich keine Fragen?« Yigal Amir: »Wenn es um eine religiöse Pflicht geht, darf man keine Fragen stellen.«

Auf diese Weise wird aus einer einfachen politischen Meinung über die Lösung des israelisch-palästinensischen Problems ein göttliches Gebot, ja ein absolutes Gebot, und wer immer ihm widerspricht, ist ein Häretiker und Verräter. Für Amir bestand kein Zweifel daran, daß Rabin zum Tode verurteilt war. Monatelang hatte er unaufhörlich von dieser Lösung gesprochen: im Familienkreis, unter Freunden, an der Universität und bei seinen Vorträgen in den Siedlungen in den besetzten Gebieten. Hunderte von Menschen haben ihn gehört. Amir sagte zu den Mitgliedern des Untersuchungsausschusses: »Ich habe viel über Rabins Ermordung nachgedacht. Ich habe darüber mit vielen Menschen gesprochen, auch mit Politikern und solchen Leuten, die die Idee verurteilten, und ich habe mir immer wieder die Frage gestellt: Warum keine Lösung des Ganzen durch die Ermordung des Ministerpräsidenten? Mit der Zeit habe ich mich an diese Idee, an diese Lösung gewöhnt.« Demnach hatten viele Yigal Amirs Drohung gehört: Wer das Land verkauft, muß getötet werden, aber niemand außer einer einzigen Person – darauf wird noch zurückzukommen sein – hat es für nötig befunden, ihn bei den Behörden anzuzeigen. Wer Amir hörte, pflichtete ihm entweder bei, oder aber er unterschätzte seine Entschlossenheit aufgrund der in Israel festverwurzelten Überzeugung, ein Jude sei nicht in der Lage, einen jüdischen Spitzenpolitiker zu töten.

Die folgenden Sätze, alles Auszüge aus Amirs Verhören, erhellen seine Ideologie:»Rabins Frieden bedeutet, ›die Juden in von Arabern umzingelten Ghettos einzuschließen‹ [ein Hinweis auf die Siedlungen in den besetzten Gebieten]. Für diesen Frieden verfolgt die Regierung ihre Brüder [das heißt, die Friedensgegner], aber Frieden muß doch erst mit dem Volk selbst geschlossen werden... Wer steht eigentlich hinter diesem Frieden, und wer sitzt an den Schalthebeln der Macht und zwingt allen anderen seinen Willen auf? Eine kleine Gruppe von Atheisten. Sie wollen einen säkularen Staat, damit er sich nahtlos Europa einfügt, obwohl die Mehrzahl der Einwohner von Israel am Judentum festhält und an jüdischen Werten hängt.«

Und weiter:»Das wirkliche Problem sind die linken Juden. Dieses Problem muß noch vor dem arabischen Problem gelöst werden... Die politischen Entscheidungen des Volkes hängen von arabischen Abgeordneten in der Knesset ab, obwohl jedermann weiß, daß die Araber uns vernichten wollen. Rabin ist ein Verbrecher, weil er sich ihrer Stimmen bedient. Er beutet zynisch die Demokratie aus. Er hat alle Werte verraten, in denen er wie auch ich erzogen wurden.«

Amirs Haß auf die Araber geht über das Begriffsvermögen hinaus: Er sah überall Araber. Für ihn »bestand die Hälfte aller Teilnehmer an der großen Friedenskundgebung in Tel Aviv aus Arabern«, und das trotz der wohl bekannten Tatsache, daß nur eine ganz geringe Zahl von Arabern gekommen war. Denn um die Zögernden unter der jüdischen Bevölkerung nicht abzuschrecken, wollten die Organisatoren keinen arabischen Bürger aus Israel zu Wort kommen lassen. Die Araber haben dagegen protestiert, und die Kommunistische Partei, die wichtigste politische Kraft unter den israelischen Arabern, gab ihren Plan auf, Dutzende von Bussen aus den arabischen Städten und Dörfern zu der Kundgebung nach Tel Aviv zu schicken.

Der Mord: »Ich hätte nicht geglaubt, daß es so leicht sein würde«

Für Amir sind Araber auch Nazis. Am Ende des Verfahrens schloß er mit der Aussage: »In zwei Jahren werden Sie erleben, wie alle in Arafats Duschkabinen geschickt werden und man aus den Leichnamen Seife macht (eine Anspielung auf die Greueltaten der Nazis in den Konzentrationslagern). [...] Der größte Mörder der Geschichte [Yassir Arafat]«, betonte Amir ausdrücklich, »bekommt seinen Staat auf einem Silbertablett serviert, er wird mit allen Ehren empfangen, und es ist verboten, ihn ›Mörder‹ zu nennen.« Dagegen sei er, Yigal Amir, obwohl er für sein Volk, für sein Land getötet hat, nichts als ein Fanatiker [...]. Heutzutage erkenne die israelische Linke den Islam als Religion an und respektiere ihn tausendmal mehr als die jüdische Religion. Ein Linker würde nie einen Araber anrühren, kein Soldat werde ihm je etwas tun, dagegen vergreife man sich ohne weiteres an einer jungen frommen Jüdin und respektiere sie in keiner Hinsicht. »Wie kann man sich als Volk nur selbst so hassen? Das Judentum einigt uns doch alle. Wenn Ihr das Judentum aufgebt, bleibt Euch nichts mehr, dann seid Ihr ein Volk wie alle anderen.«

Und hier noch eine weitere, ebenso verblüffende Äußerung; sie soll zum besseren Verständnis von Yigal Amir beitragen: »Was ich getan habe, ähnelt vielleicht den Ereignissen am Vorabend der Kristallnacht in Deutschland. Was ist damals eigentlich passiert? Ein Jude ist aufgestanden und hat einen Nazibeamten in Frankreich getötet. Dadurch hat er in Deutschland die Kristallnacht ausgelöst, in deren Verlauf 36 Juden getötet wurden. Und die Juden in Deutschland sagten damals: ›Verfluchter Jude, warum mußte er das tun?‹ Andere, weisere meinten aber: ›Gut, wir haben den Wink begriffen, wir sehen den Haß, daraus wird noch etwas sehr Böses.‹ Sie flüchteten aus Deutschland und haben ihr Leben gerettet. Die Erstgenannten sind dagegen in der Hoffnung geblieben, daß alles wieder ins rechte Lot komme, und sie sind im Holocaust umgekommen. Demnach gibt es also Menschen in Israel, die ihr Leben diesem Juden, einem Nazimörder, verdanken. Scheinbar ein extremer Fanatiker, ein Idiot, aber er hat vielen die Augen geöffnet und die Wirklichkeit gezeigt. Fällt Ihnen denn nicht auf, wie ähnlich sich die beiden Ereignisse sind?... Ich, ein Jude, war verpflichtet, ihn [Rabin] zu töten. Sein Tod durfte weder durch die Hand eines Arabers erfolgen noch durch einen Verkehrsunfall oder irgend etwas anderes, weil die Tat ein Protest war.«

Diese Ideologie, ein Gemisch von empörendem Rassismus und Nationalismus, kann sich selbstverständlich hinter der Religion verstecken. Gewalt im Namen der Nation, für die Nation, ist nicht nur erlaubt, nein, auf ihr ruht auch Segen. Alles fing mit der Nachsicht und dem Entgegenkommen gegenüber der Gewalt gegen Palästinenser an und dem Jubel nach jeder »Liquidation« ihrer führenden Köpfe. Wenn Mord die richtige und korrekte Methode gegen Araber ist, weil sie uns dieser Auffassung zufolge aus Judäa und Samaria, dem Westjordanland, vertreiben wollen, warum sollte sie dann nicht auch gegen jemanden gerecht und korrekt sein, der uns mit anderen Mitteln aus denselben Gebieten verdrängen will, selbst wenn es einer von uns ist? Bei Amirs Vernehmung auf der Polizeiwache fünf Tage nach dem Mord meinte der Untersuchungsbeamte: »Der Anschlag auf einen Spitzenpolitiker ist nicht besonders wirksam, denn er wird sofort durch einen Neuen ersetzt.« »Warum haben wir dann Fathi Shikaki [den Chef des *Jihad Islami*] getötet?«, gab Yigal Amir zurück.

Zweifellos sah sich Yigal Amir durch die Gewalt in den besetzten Gebieten ermutigt. Dort gebrauchten die Siedler vor laufenden Fernsehkameras ganz offen ihre Waffen und zwangen den palästinensischen Städten ihr Gesetz auf, ohne daß jemand sie entwaffnet oder verhaftet hätte. Der bekannte israelische Dramatiker Joshua Sobol erklärte nach Rabins Ermordung: »Wir haben so oft gesehen, wie palästinensische Kinder von den Schüssen israelischer Soldaten getötet wurden.

Der Mord: »Ich hätte nicht geglaubt, daß es so leicht sein würde«

Wären wir vor sieben Jahren in Massendemonstrationen gegen das, was in unserem Namen in den besetzten Gebieten geschah, auf die Straße gegangen, bräuchten wir den Platz der Könige Israels heute nicht in Yitzhak-Rabin-Platz umzubenennen.« Ähnlich hierzu der Schriftsteller Sami Michael: »Wir haben es zugelassen, daß das Blut der Söhne des palästinensischen Volkes vergossen wurde. Ohne einen Baruch Goldstein und ohne den Terror bewaffneter jüdischer Banden in den arabischen Ortschaften der besetzten Gebiete hätte es keinen Yigal Amir gegeben... Im Irak, in dem ich geboren wurde und den ich im jungen Alter zu Beginn der fünfziger Jahre verlassen habe, war das Bild von Gott groß und gewaltig, das Bild des Rabbiners dagegen klein und bescheiden. In Israel sind die Rabbiner dagegen riesig geworden und Gott ganz klein.«

Die Rolle der Rabbiner

Das führt zu zwei Rabbinern, ohne deren Dispens [religiöses Gutachten] Yigal Amir es nie gewagt hätte, den Abzug zu drücken. Ein politischer Attentäter, selbst ein Einzeltäter, benötigt moralische Unterstützung. Er drückt ab, wenn er das Gefühl hat, hinter ihm steht ein Publikum, eines, das auf diese Tat wartet und ihn als Helden betrachtet. Amir hat Baruch Goldstein, den Mörder in der Moschee von Hebron, aufrichtig bewundert und ihn sich zum Vorbild genommen. Goldstein führte sein Blutbad in dem Glauben aus, die Siedler und alle Gegner des Abkommens von Oslo stünden hinter ihm. In gewisser Hinsicht hatte er damit sogar recht. Sein Grab im Meir-Kahane-Garten in Kiryat Arba ist Ziel aller extremen Pilger, das heißt Gegner des Friedensprozesses, geworden. Das hat Amir seiner eigenen Aussage zufolge ermutigt.

57

Für den gläubigen Juden Amir war das aber nicht genug. Er wuchs in einem sehr religiösen Elternhaus auf. Seine Angehörigen pflegten bei jedem Problem ihren Rabbiner zu konsultieren. Ganz offensichtlich benötigte auch Yigal Amir für diesen Mord den Dispens eines Rabbiners. »Wir sind sehr religiös und sehr gläubig«, sagte er einem Untersuchungsbeamten, »und ohne die Absicherung durch einen Rabbiner hätte ich es nicht getan. Wer bin ich, solch eine Verantwortung auf mich zu nehmen?« Frage: »Haben die Rabbiner klare Ratschläge erteilt?« Amir: »Ja.«

Bei der Vernehmung durch den Sicherheitsdienst Shin Bet berichtete Amir, zwei Rabbiner hätten Rabin als *Rodef* und *Mosser* bezeichnet und gesagt, er verdiene den Tod, aber er lehnte es ab, ihre Namen preiszugeben. Beide Begriffe stammen aus der jüdischen Gerichtsbarkeit, wie sie von jüdischen Gelehrten im Mittelalter geschaffen wurde. Ein *Rodef*, das heißt ein Verfolger, bringt einen Juden in Todesgefahr. Wenn es keine andere Möglichkeit gibt, muß dieser Verfolger gemäß dem Gesetz getötet werden, um anderen das Leben zu retten. Das ist keine Strafe, sondern eine Erlösung. Als *Mosser* bezeichnet man einen Spitzel oder einfach jemanden, der einen anderen ausliefert, vor allem Juden oder ihre Güter an *Gojim*, das heißt Nichtjuden. Genau wie der *Rodef* kann er ohne jedes Urteil getötet werden.

Yigals Bruder Haggai Amir führte dazu in seiner Vernehmung aus: »Dror Adany und mein Bruder bemühten sich um einen Dispens von Rabbinern in den Siedlungen in Judäa oder Samaria. Danach konnte Rabin unter bestimmten Umständen als *Mosser* gelten, denn er händigte ein Stück der Heimat des jüdischen Volkes an den Feind aus und gab ihm außerdem noch Waffen in dem Wissen, daß damit Juden ermordet würden.« Aus dem Gefängnis schrieb Haggai an einen Freund: »Mein Bruder war von der Ermordung besessen, und er hat vor der Tat einen Dispens von Rabbinern gesucht.« Er fügte hinzu, Rabins Ermordung geschah demnach »gemäß einem Befehl von oben, und niemand konnte sie verhindern«.

Gerüchten zufolge soll der 65jährige David Kav vom militärischen Rabbinerseminar *Kerem in Yavne* einer dieser beiden Rabbiner gewesen sein. Bei ihm studierte Yigal Amir zusammen mit zwei seiner Komplizen. Der zweite, Shmuel Dvir, 32 Jahre alt, hielt in der Vergangenheit Lobreden auf Baruch Goldstein. Beide Männer wurden, genau wie mehrere ihrer Freunde, von der Polizei vernommen, allerdings ergebnislos. In religiösen Kreisen erhoben sich Proteste gegen diese »Verfolgung«. Und die Regierung, insbesondere Shimon Peres, wagte es nicht, weiter zu gehen; denn Rabbiner zu verfolgen, nur weil sie einen Rat in Sachen Religion gegeben hatten, wäre etwas ganz Neues in Israel. Im übrigen brauchte Shimon Peres die Stimmen der frommen Juden für die Wahlen am 29. Mai 1996; deshalb riet er der Polizei nach Absprache mit dem Minister für Innere Sicherheit, Moshe Shahal, die Sache auf sich beruhen zu lassen. Shahal dürften die Namen der Rabbiner, an die Yigal Amir sich gewandt hatte, bekannt sein, aber politische Erwägungen standen hier im Vordergrund.

Dem rechten, orthodoxen Wochenblatt *Kol Hashawua* (»Die ganze Woche«) verrieten Yigal Amirs Eltern in einem Interview, ihnen seien die Rabbiner, auf deren Dispens Amir sich für den Mord am Ministerpräsidenten gestützt hatte, bekannt. Es handele sich um Siedler in den besetzten Gebieten.

Nach israelischem Gesetz bedeutet die Bezeichnung *Rodef* oder *Mosser* für Rabin Aufruf zum Mord, und falls einem Rabbiner die Verantwortung dafür nachgewiesen werden kann, besteht die Möglichkeit, ihn zu einer langen Freiheitsstrafe zu verurteilen.

In seiner Vernehmung prahlte Yigal Amir: »Meine Tat ist etwas völlig Neues im rabbinischen Gesetz. Ich bin sicher, darüber werden die Rabbiner noch lange diskutieren.« Darin irrte er sich vermutlich nicht. Auch nach Goldsteins Blutbad debattierten die Rabbiner über die religiöse Bedeutung dieser von ihnen öffentlich gelobten und begrüßten Tat.

Jüdischer Untergrund: Nitroglyzerin, Raketen und Sprengstoff

Im Verlauf seiner Vernehmung legte Yigal Amir freiwillig und zuvorkommend die Motive für den Mord dar und beschrieb die verschiedenen Etappen seiner Vorbereitung. Er sagte, er sei stolz darauf, und erklärte auch, warum es für ihn so dringlich gewesen war, Rabin zu töten. Die Verhörungsprotokolle füllen mehrere dicke Aktenordner. Als Yonathan Goldberg, einer seiner drei Rechtsanwälte, die Authentizität des Geständnisses anzweifelte, weil es ihm zufolge nicht rechtmäßig zustande gekommen sei, unterbrach ihn Amir mit den Worten: »Das stimmt nicht, ich habe frei gesprochen.«

Eines hat Yigal Amir jedoch strikt vermieden: die Verantwortung auf andere abzuwälzen und die Namen seiner Komplizen preiszugeben. In diesem Punkt machte er Gebrauch von seinem Schweigerecht. Dagegen waren andere aus Amirs Umfeld gesprächiger, und die Untersuchungsbeamten standen dann auch bald vor dem harten Kern der Untergrundgruppe, die in den Mord verwickelt war, das heißt, sie hatten den Mörder, seinen Bruder Haggai und ihren gemeinsamen Freund Dror Adany, alle drei jemenitischen Ursprungs, alle drei praktizierende Juden und alle drei aus der Stadt Herzliya. Dror Adany wohnte in Beit Haggai, einer Siedlung im Westjordanland.

Mehrere junge Leute, alles religiöse Juden, die meisten studierten an der religiösen Fakultät der Bar-Ilan-Universität, waren in den Mordplan eingeweiht gewesen, hatten sich aber nicht an den Vorbereitungen beteiligt.

Der Mord: »Ich hätte nicht geglaubt, daß es so leicht sein würde«

Während der Ermittlungen überwachte der Shin Bet wiederholt das Telefon aller Verdächtigen. Alles, was Yigal Amir gesagt hatte, erwies sich stets als richtig, außer, wenn die Untersuchungsbeamten nach Komplizen fragten. Auf die Frage: »Halten Sie die Namen von Personen der Gruppe zurück?«, lautete die Antwort: »Nein.« Aber der Lügendetektor zeigte klar an, daß Amir log.

Die »jemenitische« Untergrundgruppe wurde nach dem ersten Abkommen von Oslo gegen Ende des Jahres 1993 gebildet. Sie verdankt Yigal ihre ideologische und religiöse Orientierung. Sein 27jähriger Bruder Haggai war für die Beschaffung des Materials zuständig und trug Waffen und Munition zusammen. Während seines Militärdienstes hatte er sich auf Kriegsmaterial spezialisiert, danach studierte er an der technischen Fakultät der Bar-Ilan-Universität in der Siedlung Ariel im Westjordanland. Die Untersuchungsbeamten gaben ihm den Beinamen »der israelische Yahya Ayasch«, eine Anspielung auf einen der Chefs des militärischen Ablegers der islamischen Widerstandsbewegung *Hamas*. Er war berüchtigt und verantwortlich für die tödlichen Anschläge auf israelische Busse in den Jahren 1994 und 1995, bei denen rund sechzig Zivilisten und Soldaten ihr Leben verloren, vor allem als Rache gegen Goldsteins Blutbad in Hebron.

Auch Dror Adany, 26 Jahre alt, der dritte im Bunde, diente in der Golani-Brigade. Sie waren miteinander befreundet, und Dror wurde sogar einer von Yigals Schwestern zum Zweck einer Heirat vorgestellt. Er nahm an den von Yigal und seinen Freunden veranstalteten Wochenenden in den besetzten Gebieten teil.

Das Trio gelangte im Laufe seiner Zusammenkünfte über mehrere Monate hinweg zu dem Schluß, Rabin müsse ermordet werden, »um das Land zu retten«. Sie faßten mehrere Pläne ins Auge. Die Anklage zählte sie auf:

- Einen Sprengsatz in Rabins Wagen verstecken. Die beiden Brüder versuchten, sich dem Wagen zu nähern, um den Sprengstoff anzubringen, aber wegen der Anwesenheit von Sicherheitsbeamten mußten sie von ihrem Vorhaben ablassen.
- Einen Wagen mit Sprengstoff auf dem Weg des Ministerpräsidenten abstellen.
- Eine *Lau*-Rakete auf Rabins Limousine abfeuern.
- Nitroglyzerin in die Wasserleitungen von Rabins Privatwohnung im Norden Tel Avivs füllen, um eine Explosion auszulösen. Yigal gab sich als Klempner aus und betrat die Wohnanlage, um zu sehen, wie an die Leitungen heranzukommen sei.
- In der Nähe von Rabins Wohnung auf ihn schießen und dann im Wagen der Amirs, einem kastanienbraunen Volkswagen fliehen. Die beiden Brüder inspizierten zu diesem Zweck das Gelände.
- Rabin mit einem Mikrophon oder einem Kassettenrekorder mit Sprengsatz töten.
- Das letzte Mittel: mit Yigal Amirs Pistole auf den Ministerpräsidenten schießen.

Neben Rabins Ermordung verfolgte die Gruppe noch ein weiteres Ziel: Anschläge auf Politiker der Palästinenserbehörde oder auf palästinensische Bürger, immer mit dem Ziel, den Friedensprozeß zum Scheitern zu bringen. Sie faßten sogar ins Auge – das steht allerdings nicht in der Anklageschrift gegen die Brüder Amir und Dror Adany –, Faisal al-Husseini, einen sehr prominenten Palästinenser aus Jerusalem, oder sogar Yassir Arafat selbst zu ermorden. Sie hatten geplant, zu diesem Zweck im Westjordanland eine Straßensperre aufzustellen und, in israelische Uniformen gekleidet, alle Fahrzeuge zu überprüfen und auf das Ziel zu schießen, sobald es sich ihnen darbot. Oder auch, das gestand Haggai Amir, Yassir

Der Mord: »Ich hätte nicht geglaubt, daß es so leicht sein würde«

Arafats Hubschrauber auf einem seiner Flüge zwischen dem Westjordanland und Gaza abzuschießen. Die beiden Brüder wollten ihre Untergrundgruppe vergrößern, aber Dror, der unnachgiebigste der drei, widersetzte sich. Er befürwortete einen Wagen mit Sprengstoff, der nahe dem Konvoi des Ministerpräsidenten explodieren sollte. Daß dabei auch Unbeteiligte getötet würden, schreckte ihn nicht ab; dagegen wollten die beiden Brüder ausschließlich Rabin treffen. In seinen Briefen aus der Zelle an die Familie zeigte sich Dror sehr entschlossen: »Wer immer das Leben von Juden gefährdet, muß wissen, daß er sein eigenes Leben in Gefahr bringt.« Ihm zufolge hatte Rabin an seinem Tod selbst schuld.

Die zweite Untergrundgruppe, bestehend aus Yigals Freunden aus seiner Studienzeit an der Bar-Ilan-Universität beziehungsweise seinem Militärdienst, war in den beiden Jahren vor der Ermordung aktiv. Alle Mitglieder trugen gehäkelte *Kippot* als Zeichen, daß sie der rechten nationalreligiösen Richtung angehörten. Sie nahmen an den von Yigal organisierten Veranstaltungen teil (Demonstrationen, Wochenenden in den besetzten Gebieten usw.).

Die Polizei definierte die beiden Gruppen als »aktive Untergrundzellen«. Beim Shin Bet gebrauchte man den nebulöseren Begriff »jüdische Organisation«. Der von der Polizei verwendete Begriff ist genauer – besonders nach dem Aufdecken des Waffenarsenals bei den Amirs und anderenorts – als der vom Shin Bet, jenem Sicherheitsdienst, dessen Aufgabe es ist, derartige Umtriebe zu überwachen. Aus diesem Grund wirft man ihm heute vor, versagt zu haben.

Der 22jährige Unteroffizier Arik Schwartz war einer der Sprengstofflieferanten. Genau wie Amir hatte er das militärische Rabbinerseminar *Kerem in Yavne* besucht. Dort lernten sie sich auch kennen. Und genau wie Amir war er in der Golani-Brigade, bei der er Munition und Sprengstoff stahl. In einem Versteck fand die Polizei Sprengstoff, Zünder, 2400

Schuß Munition verschiedenster Kaliber, Granaten und andere Waffen – ein Arsenal, das einer Terroristengruppe würdig war. Vergeblich hatte er versucht, dieses Waffenlager verschwinden zu lassen, denn ein Teil davon befand sich auch noch nach dem Attentat bei ihm. Ein Militärgericht verurteilte ihn lediglich wegen Waffendiebstahls.

Ein weiteres Mitglied der zweiten Zelle, den 23jährigen Jurastudenten Ohad Skornik der Bar-Ilan-Universität, lernte Yigal Amir am schon erwähnten militärischen Rabbinerseminar kennen. Skornik kam aus einer bekannten religiösen Familie der extremen Rechten. Sein Vater war Chefchirurg in dem Krankenhaus, in das Rabin gebracht wurde. Die ganze Familie mit dem Vater an ihrer Spitze nahm an den Demonstrationen der Rechten gegen die Abkommen von Oslo teil. Ohad wußte von Amirs Absichten, schwieg sich darüber aber aus. Nur das genaue Datum war ihm unbekannt. Die Mitglieder des harten Kerns kundschafteten vor der Kundgebung von der Wohnung der Skorniks am Platz der Könige Israels das Gelände aus. Ohad Skornik wurde langen Verhören unterzogen, aber man erhob keine Anklage gegen ihn.

Der 24jährige Avishalom Weinberg wohnte im Dorf Beit Gamliel im Süden Israels. Zusammen mit Yigal Amir traf er Vorbereitungen für Anschläge auf die gemäß den Abkommen von Oslo freigelassenen palästinensischen Häftlinge. Er studierte am Rabbinerseminar *Or Etzion*, dessen Leiter Haim Druckman eine der Gallionsfiguren der religiös-nationalistischen Extremisten ist.

Bekannt waren Yigal Amirs Pläne auch Michael Epstein, einem 23jährigen Informatikstudenten in Jerusalem und Mitglied der Siedlung Dolav in den besetzten Gebieten, wie er bei seiner Vernehmung gestand. Er stellte den Brüdern Amir sogar seine Waffe zur Verfügung.

Zu diesem zweiten Kreis gehörte auch Margalit Harshefi, eine junge Frau von 20 Jahren und Jurastudentin an der Bar-

Ilan-Universität im dritten Semester. Ihre religiöse Familie war in der extremen Rechten aktiv und wohnte in der Siedlung Beit El. Darüber hinaus war ihre Familie ziemlich bekannt; zu ihr gehören ein ehemaliger religiöser Abgeordneter der Arbeitspartei und berühmte Rabbiner. Die junge Frau war ein sehr aktives Mitglied dieses zweiten Kreises; auch sie kannte Yigal Amirs Vorhaben.

Amir hatte mehrere Freundinnen, alles fromme, praktizierende Jüdinnen wie Margalit. Obwohl er nach Aussage seiner Freunde schüchtern war und keine Erfahrung mit jungen Frauen hatte, prahlte er bei seiner Vernehmung damit, daß sie, angezogen von seinem geheimnisvollen Wesen, seine Nähe gesucht hätten. Der im Verfahren diesbezüglich befragte Psychologe sagte dazu:»Möglich, daß diese jungen Frauen seine Freundschaft suchten; die Frage ist, ob er sich zu ihnen hingezogen fühlte.« In seiner Aussage bei der Polizei hatte Amir erklärt, angesichts der dem Land bevorstehenden Umwälzungen sei es unangebracht, eine feste Bindung mit einer Frau einzugehen. Er verhielt sich demnach entsprechend der religiösen Bräuche und fing keinen Flirt mit praktizierenden jungen Frauen an.

Seine Freundschaft mit Margalit begann am Ende seiner Beziehung zu Nava, einer attraktiven, sehr intelligenten und begehrten Blondine. Es soll seine erste, wenn auch noch platonische Beziehung zu einer Frau gewesen sein. Für ihn stellte sie eine Herausforderung dar. Jedermann an der Bar-Ilan-Universität fragte sich, was eine so begehrte junge Frau an diesem kleinen, mageren, wenig bemerkenswerten Jemeniten finden mochte. Sie unterhielten sich vorwiegend über Politik – beide waren sich darin einig, daß dieser Frieden mit den Palästinensern »lächerlich und gefährlich« war – sowie über die Notwendigkeit, Rabin zu töten. Als die wohlhabenden Eltern erfuhren, daß ihre Tochter Yigal Amirs Freundin war, stellten sie sich gegen die Verbindung. Sie hatte genau fünf Monate gedauert. Das war Anfang 1995. Einen Monat später heiratete Nava einen von Yigals Freunden.

Für ihn war dies ein Schock. Als Folge seiner Frustration verhärteten sich seinen Freunden zufolge seine politischen Ansichten. Wie dem auch sei, auf dem Rasen der Bar-Ilan-Universität – idealer Treffpunkt für Studenten und Studentinnen, zwischen der Fakultät für jüdische Studien und dem Seminar für religiöse Studien für junge Frauen gelegen – lernte er Margalit kennen.

Margalit trug einen langen über die Schulter fallenden Zopf und war weitaus extremer als Nava; das gefiel Yigal an ihr. Bei seiner Vernehmung berichtete er, wie er Margalit »aufriß«: »Ich reiße eine junge Frau nicht einfach so auf; ich beginne mit ›Ideologie‹. Zum Beispiel bewundere ich Baruch Goldstein ungemein. Um herauszufinden, wie eine junge Frau wirklich denkt, stelle ich immer nur die eine Frage: ›Was hältst Du von Baruch Goldstein?‹ Ihre Antwort zeigt mir, ob die junge Frau oberflächlich oder ernsthaft und tiefsinnig ist.« In ihren Gesprächen legte Amir Margalit dar, Goldstein sei ein Held gewesen und habe sich für sein Volk geopfert. Aber seine Tat habe keine weiteren Folgen nach sich gezogen, ihre Wirkung sei sehr begrenzt gewesen. Als sie ihn fragte: »Und Du, was hättest Du an seiner Stelle getan?«, erwiderte Amir: »Zum Beispiel Rabin ermordet.« Daraufhin habe sie gelacht: »Paß auf, daß ich Dich nicht anzeige.« Diese Reaktion gefiel Amir.

Mit der Zeit wurde sie seine Komplizin, sie war auch über die früheren Versuche eines Anschlags im Bild. Yigal hatte ihr sogar seine Pistole mit den Worten gezeigt: »Mit dieser Pistole werde ich Rabin töten.« Sie kannte die Mitglieder der zweiten Gruppe und half bei der Vorbereitung der Solidaritäts-Wochenenden in den Siedlungen in den besetzten Gebieten. Einer von Yigals Freunden sagte, Yigal hätte sie liebend gerne geheiratet. Sie aber lehnte seine Annäherungsversuche ab:

Politik ja, Heirat nein. Auf seine Bitte versuchte sie, Waffen aus dem Arsenal der Siedlung, in der sie lebte, zu stehlen. Sie schickte sich auch an, Digitaluhren für die Herstellung von Zeitbomben zu kaufen, und gab Amir den Namen eines Chemikers, bei dem er Rat für die Produktion von Bomben oder Sprengsätzen einholen konnte. Yigal verließ sich auf Margalit. Einmal schlug er ihr sogar vor, sich dekolletierte Kleider einer nichtreligiösen Frau zu besorgen, damit sie auf einer Versammlung leichter an Rabin und Peres herankäme.

In ihren Gesprächen nahm das Vorhaben von Rabins Ermordung einen wichtigen Platz ein. Sie schlug Amir einen Monat vor dem Anschlag vor, den Rabbiner ihrer Siedlung, Shlomo Aviner, zu fragen, ob man Rabin als *Rodef* betrachten könne, der deshalb getötet werden dürfte. »Die Hälfte aller Studenten an der Bar-Ilan-Universität ist dieser Meinung«, hatte sie zu ihm gesagt. Er aber hatte mit Ausflüchten geantwortet. Margalit war dagegen der Ansicht, der Ministerpräsident habe den Tod verdient. Bei ihrer Vernehmung wurde sie gefragt: »Haben Sie in Ihren Gesprächen mit Yigal und anderen den Wunsch geäußert, Rabin möge sterben?« Margalit: »Es ist möglich, daß ich sagte, ich wünsche mir seinen Tod.« Ihre Vernehmung begann einige Minuten vor dem Ertönen der Sirenen; damit wurde ganz Israel aufgefordert, zu Ehren des ermordeten Ministerpräsidenten eine Minute lang stillzustehen. Es war üblich, daß alle aufstanden. Margalit erklärte dem Untersuchungsbeamten: »Beginnen Sie mit der Vernehmung. Ich bin nicht bereit, zum Andenken an Rabin aufzustehen.« Haggai Amirs Aussage über Margalit war ganz eindeutig: »Sie vertrat die gleiche Meinung wie wir. Was die Anschläge auf die Araber betrifft, war sie die Nummer drei.«

Bevor Yigal am Samstagabend, dem 4. November, aus dem Haus ging, rief er Margalit an. Das fand die Polizei heraus, als sie alle Telefonate der Amirs vor dem Attentat überprüfte. Zweifellos machte er dabei eine Anspielung, möglicherweise sagte er ihr sogar, er schicke sich an, seine »Pflicht« zu erfüllen. Gleich nach dem Attentat rief Margalit Yigal in Herzliya unter der Nummer 09–55 95 27 an. Sein Bruder Haggai hob den Hörer ab. Sie bat ihn, Yigal von ihrem Anruf zu unterrichten. Als der Untersuchungsbeamte sie fragte: »Warum haben Sie Yigal angerufen?«, antwortete Margalit: »Es hieß, jemand aus Herzliya habe auf ihn geschossen, und ich befürchtete, es sei Yigal, weil er aus Herzliya ist und wiederholt erklärt hat, er wolle Rabin töten.«

Im Verlauf der Vernehmung war sie recht gesprächig und gab auch Namen preis, etwas, das Yigal vermieden hatte. Als man ihm wiederholte, was sie in der Vernehmung gesagt hatte, murmelte er bedrückt: »Verrat durch Margalit, Verrat.«

Sie wurde verhaftet als verdächtigte Mitwisserin eines Verbrechens, als Mitglied einer illegalen Organisation, und man beschuldigte sie auch, nichts getan zu haben, um das Verbrechen zu verhindern. Die Untersuchung dauerte 20 Tage. Bei der Heimkehr in ihre Siedlung bereitete man ihr einen Empfang wie einer Volksheldin mit Tanz, Gesang und Konfetti, als kehre sie aus der Gefangenschaft zurück. Ihr wurde kein Prozeß gemacht.

Mit der letzten Aussage aus Yigal Amirs Umfeld kommt eine unglaubliche, aber wahre Begebenheit ans Licht. Im Rahmen der Vernehmung aller Freunde des Mörders wurde auch eine 23jährige Geschichtsstudentin von der Bar-Ilan-Universität, Hila Frank, vorgeladen. Zur Verblüffung der Untersuchungsbeamten berichtete sie, sie habe Yigal Amir bei einer Demonstration auf der Brücke bei der Bar-Ilan-Universität kennengelernt, und sie habe zu den rund Dutzend Personen gehört, mit denen er seine Solidaritäts-Wochenenden in den Siedlungen in den besetzten Gebieten organisierte. Sie berichtete außerdem, sie habe Yigal Amir sagen hören, er beabsichtige, Yitzhak Rabin zu liquidieren, und zu diesem Zweck

habe er schon zweimal eine Beichte abgelegt wie jemand, der
den Tod erwartet...

Obwohl Hunderte von Personen Yigal Amirs Drohungen
gehört hatten, beschloß Hila Frank trotz ihrer rechten Ansichten als einzige, sie nicht stillschweigend zu übergehen.
Entsetzt erzählte sie ihrem Verlobten Shlomi Halevy davon,
einem 25jährigen Philosophiestudenten in Jerusalem und
gleichzeitig Reservist im militärischen Geheimdienst. Sie beschlossen gemeinsam, die zuständigen Behörden zu warnen.
Am 15. Juni 1995 teilte Shlomi Halevy seinem Kommandanten mit, ein »kleiner religiöser Jemenite« beabsichtige, den
Ministerpräsidenten zu töten, dafür habe er sich schon eine
Pistole besorgt, und seine Absichten seien ernst zu nehmen,
denn außerdem habe er schon eine Beichte abgelegt. Da er
nicht als Lügner dastehen wollte, falls sich die Information
als falsch erwies, verschwieg er Amirs Namen und erfand statt
dessen die Geschichte, er habe zufällig das Gespräch zweier
junger Männer auf der Toilette im Busbahnhof von Tel Aviv
mit angehört. Der Offizier gab die Information an den Shin
Bet weiter, dieser wies seinerseits die Polizei an, Shlomi Halevy
zu befragen. Dort wiederholte er seine Geschichte noch am
gleichen Tag vor einem Polizeibeamten. Dieser vermerkte in
seinem Bericht, die gelieferte Information erscheine ihm »ernst
und konkret« und dem Informanten sitze »der Kopf fest auf
beiden Schultern«.

Der Bericht ging der für Juden zuständigen Abteilung des
Shin Bet zu. Herr »Alef«, der Abteilungsleiter, las die Aussage, hielt es aber nicht für nötig, mit Halevy zu sprechen. Nach
der Ermordung machte man beim Shin Bet Ausflüchte und
behauptete, die Information sei nicht ausreichend genug gewesen, um Amir zu finden. Vielleicht. Warum hatte niemand
beim Shin Bet, gewöhnlich weniger mit Routine belastet als
die Polizei, daran gedacht, Shlomi Halevy vorzuladen? Und
selbst ohne die näheren Angaben durch Shlomi gab es nun

doch wirklich keine Legion »kleiner, magerer und religiöser Jemeniten«, die lauthals überall herumschrien, man müsse Rabin töten. Hinzu kommt, daß Yigal Amir an einer Reihe von Demonstrationen der Rechten teilgenommen hatte; deshalb dürfte sich ein Foto von ihm, bei einer dieser Gelegenheiten gemacht, sicher in den Akten sowohl der Polizei als auch des Shin Bet befinden. Wie dem auch sei, die Sache wurde damals zu den Akten gelegt.

Als nach der Ermordung Shlomi Halevys ursprüngliche Mitteilungen beim Shin Bet wieder auf den Tisch kamen, war man mehr als verlegen. Diesmal wurde Shlomi Halevy vorgeladen, und er bestätigte die schon im Juni gelieferte Information. Auf eine Frage an ihn erwiderte er: »Hätte man darauf bestanden, ich hätte zweifellos auch den Namen gesagt.« Im übrigen kannte er Yigal Amir auch persönlich, denn er hatte an der Bar-Ilan-Universität ein Jahr lang Kontakt mit ihm, bevor er an die Universität von Jerusalem ging. Aber er teilte seine Ansichten nicht, vielmehr stand er dem sehr bekannten Professor Yeshayahu Leibowitz nahe, auch er ein praktizierender Jude, der jedoch der Besetzung arabischer Gebiete den politischen und ideologischen Kampf angesagt hatte.[4]

Der Prozeß: »Ich bereue nichts«

Der Prozeß gegen Amir war kurz und ohne Überraschungen, und doch verfolgte die Öffentlichkeit ihn mit Spannung. Zu Beginn erklärte der Angeklagte: »Ich habe nicht die Absicht, mir einen Rechtsanwalt zu nehmen. Ich möchte mich am liebsten selbst verteidigen. Es ist mir gleichgültig, zu einer lebenslänglichen Gefängnisstrafe verurteilt zu werden. Was ich getan habe, habe ich aus meinem innersten Herzen getan. Wichtig für mich ist jetzt, meine Tat zu erklären und die Wahrheit zu sagen.«

Amirs gesamtes Verhalten, von seiner Verhaftung bis zur Rekonstruktion des Verbrechens, sowie seine Erklärungen im Verfahren selbst wiesen darauf hin, daß der Mörder nichts bereute, im Gegenteil: Alles ließ darauf schließen, daß er stolz auf seine Mordtat war. Dadurch machte er der Anklage die Arbeit sehr leicht. Alle Anklagepunkte in der Akte 498/95 im Verfahren des Staates Israel gegen Yigal Amir waren von vornherein erwiesen. Der Angeklagte nahm der Anklage die Arbeit ab. Nichts war leichter.

Der Prozeß wurde am 19. Dezember 1995 eröffnet. Am gleichen Tag wurde im zweiten Programm des israelischen Fernsehens auch der Videofilm mit dem Mord gezeigt. Er führte die gesamte Bevölkerung noch einmal sechs Wochen zurück zu jenem schicksalhaften Samstag, an dem Ministerpräsident Rabin getötet wurde. Am Abend waren die Straßen menschenleer. Ganz Israel mußte verblüfft mit ansehen, wie leicht es gewesen war, Rabin zu ermorden.

Die drei Richter in Yigal Amirs Verfahren strebten zwei Ziele an: darüber zu wachen, daß der Prozeß ordnungsgemäß geführt wurde, ohne daß er in einen Schauprozeß ausartete, mit anderen Worten, dafür zu sorgen, daß gerecht geurteilt wurde und die ganze Welt dies sah. Gleichzeitig aber wollten die Richter nicht das Spiel des Angeklagten mitmachen, das Verfahren zu einem politischen Prozeß umzufunktionieren. Diese beiden Ziele wurden erreicht.

Das Gericht ordnete aus eigener Initiative und mit gutem Grund eine psychologische Untersuchung Yigal Amirs an. Unter den gegebenen Umständen, wenn nicht der geringste Zweifel an der Täterschaft bestand und der Täter auch alles gestanden hatte, konnte nur eine Geistesstörung die Verurteilung wegen Mordes, das heißt eine lebenslängliche Gefängnisstrafe verhindern. Dieser Punkt mußte völlig geklärt werden, selbst wenn der Angeklagte sich nicht darauf berief. Nach dem Gutachten der drei Psychiater bestand denn auch nicht der geringste Zweifel daran, daß Yigal Amir für seine Tat voll verantwortlich war.

In ihrem Urteil übten die Richter strenge Kritik an der ideologisch begründeten Kriminalität im allgemeinen und am Mord insbesondere, soweit seine Beweggründe aus einer religiösen Erziehung resultierten. Für die Israelis war dies eindeutig, solange es um *Hamas*-Terroristen ging; in bezug aber auf integralistische, fanatische Juden war es etwas ganz Neues für sie. Übrigens zögerten bestimmte Leute auch nach der Ermordung nicht, »Es lebe Yigal Amir!« und: »Peres als nächster!« zu rufen. Daß sie weiterhin auf freiem Fuß sind, beweist, daß die Lektionen des Dramas weder begriffen noch angewandt werden.

Den drei Richtern standen drei Verteidiger gegenüber. Zwischen ihnen bestand keinerlei Verbindung, vielmehr verfolgte jeder seine eigene Verteidigungsstrategie, und Amir war mit keiner einverstanden. Ihre Strategien interessierten ihn nicht. Er sprach, ohne sich darum zu kümmern, daß seine Worte ihn belasteten. Das Gericht mußte ihn somit unweigerlich zu einer lebenslänglichen Freiheitsstrafe verurteilen. Auf keinen Fall wollte Amir als reuiger Täter dastehen. Von allen drei Verteidigern stand Rechtsanwalt Yonathan Goldberg, bekannt für seine rechtsextremen Ansichten, Yigal Amir am nächsten; die beiden anderen wurden ihm zugeteilt. Aber selbst Goldberg gab sich alle Mühe zu verhindern, daß aus dem Verfahren ein politischer Prozeß wurde.

Verteidiger Shmuel Fleischman versuchte, Amir als Gefangenen einer Denkstruktur darzustellen, welche ihn daran hinderte, die sich ihm bietenden verschiedenen Möglichkeiten mit einer inneren Ausgeglichenheit zu betrachten. Zwar sagte er nicht, Yigal Amir sei labil, aber er gab vor, möglicherweise kämen mildernde Umstände in Frage.

Der Mord: »Ich hätte nicht geglaubt, daß es so leicht sein würde«

Der dritte Verteidiger, Gabi Shahar, ging noch weiter. Anhand bestimmter Punkte der Untersuchung wollte er beweisen, die Behauptungen der Anklage, der zufolge Yigal Amir als einziger am Tatort gehandelt hatte, gäben Anlaß zu Zweifeln. Er behauptete nicht, Yigal Amir habe nicht geschossen, er wollte lediglich andeuten, Yigal Amirs alleinige Täterschaft sei zweifelhaft. Dabei stützte er sich unter anderem auf die Tatsache, daß am Tatort eine Brille und eine Uhr gefunden wurden, deren Besitzer nicht ausfindig gemacht werden konnte. Auch zitierte er den Befehl eines Polizeibeamten, nach dem Mord Patronenhülsen vom Kaliber 2,2 mm zu suchen, während Yigal Amirs Pistole nur Geschosse vom Kaliber 9 mm enthielt. Alle seine Argumente wurden zurückgewiesen. Die niederschmetterndste Antwort kam von Amir persönlich, denn er wiederholte unablässig: »Ich war allein am Tatort – ganz allein.«

Aufgrund der seltsamen Verteidigungsstrategie war das Gericht mehr als einmal versucht, die Verteidiger wegen ihrer Mittelmäßigkeit zu ersetzen. Auch machte Yigal Amir alle ihre Anstrengungen zunichte, besonders in den Sitzungen, in denen er allein auftrat. Das gelang ihm vor allem mit seiner Überheblichkeit. Als Beispiel dafür mag seine Frage an Yehuda Hiss dienen: »Welcher Schuß ist tödlicher: einer in den Körper oder in den Kopf?«, worauf dieser antwortete: »In den Kopf, aber es ist schwerer, ihn zu treffen.« Amir fiel ihm zynisch ins Wort: »Das ist mein Problem.«

Woran man sich noch lange nach diesem Prozeß erinnern wird, ist das ironische, manchmal beinahe schon krampfhafte Lächeln des Angeklagten, das seinen mehr als komplexen Charakter offenbarte. Man wird sich auch an die Art, seinen Kaugummi zu kauen, erinnern, womit er seine Verachtung der Zuhörer ausdrücken wollte, und immer wieder diese Arroganz mit dem hoch erhobenen Kinn, wie ein Sieger. Als im Gerichtssaal der Film mit dem Mord vorgeführt wurde, zeigte er eine erschreckende Kälte, und als er die Flammen aus seiner Pistole kommen sah, lächelte er. Danach richtete er seinen Blick direkt auf die Richter, wie um ihre Reaktionen abzuschätzen, ohne ein einziges Zeichen des Bedauerns. Von Zeit zu Zeit streute er Bemerkungen ein, wie um seine Gedanken mitzuteilen:»Wie absurd! Ein Mann hat sich für das Volk geopfert und wird wie ein Verbrecher behandelt! Darüber kann ich nur lachen.«

Als Rabins Leibwächter, Yoram Rubin, der beim Attentat verletzt worden war, in den Zeugenstand gerufen wurde, wandte sich Amir plötzlich an ihn und fragte ihn, wie es ihm gehe; so als sei nichts geschehen. Die Zuhörer hielten den Atem an. Rubin ließ ihn seinen Satz nicht beenden, sondern rief empört:»Halt die Klappe, Du Mistkerl. Wage es nicht noch einmal, mit mir zu sprechen!«

Als am 27. März 1996 das Urteil verlesen wurde, war Amir sehr blaß. In seinem Blick lag so etwas wie Sorge, obwohl er sich bemühte, gleichgültig zu wirken. Seine letzte Erklärung gab er etwas zögernd ab. Man hatte den Eindruck, er beginne erst jetzt zu begreifen, daß die Show vorüber war und er dazu verurteilt worden war, den Rest seines Lebens isoliert in einer Spezialzelle ohne jeden Kontakt zu seinen Mithäftlingen zu verbringen, um einen möglichen Racheakt zu vermeiden. Selbst mit seinen Wächtern würde der »böse Diener des Todes«, wie ihn einer der Richter bei der Verurteilung nannte, kaum in Berührung kommen.

Er wurde zu lebenslänglichem Gefängnis verurteilt und für die Verletzung des Leibwächters zu einer weiteren Haftstrafe von sechs Jahren ohne Bewährung. Auf diese Weise wollte man ein mögliches Begnadigungsverfahren durch den Staatspräsidenten erschweren. In einem weiteren Verfahren gegen ihn und seine beiden Komplizen, seinen Bruder Haggai und seinen Freund Dror Adany, kamen für Amir dann noch zusätzlich mehrere Dutzend Jahre hinzu.

Der Mord: »Ich hätte nicht geglaubt, daß es so leicht sein würde«

Zu Beginn des Verfahrens hatte Eytan Haber, der persönliche Referent des getöteten Ministerpräsidenten, gesagt:»Ich werde Yigal Amir bis ans Ende seiner Tage verfolgen.« Am Tag nach der Verurteilung veröffentlichte er einen Artikel in der Tageszeitung *Yediot Aharonot*:»Kann es sein,« schrieb er,»daß der Mörder und ich Söhne des gleichen Volkes sind? Ist es möglich, daß wir der gleichen Gemeinschaft, dem Staat Israel, angehören? Daß wir den gleichen Gott haben? Stünde der Mörder allein da, er verdiente es nicht, auch nur eine Minute beachtet zu werden. Von mir aus soll er wirklich bis an sein Lebensende in seiner Zelle sitzen. Aber Yigal Amir steht nicht allein da. Unter uns gibt es Menschen mit den gleichen Gedanken wie er. Sie denken in den gleichen Schablonen wie er, sie besitzen eine Pistole, und nichts kann sie aufhalten. Um uns herum wachsen Menschen heran, deren Gesetze nicht die unseren sind, deren Kultur nicht die unsere ist. Menschen, die für uns wie Fremde sind, und für die wir Fremde sind.«

Trauer: Die Kinder der Kerzen

Dieses Kapitel über die Ermordung Rabins und seinen Mörder darf nicht zu Ende gehen, ohne die beispiellose Trauer zu erwähnen, die nach dem Drama ganz Israel überschattete. Fast alle weinten. Noch nie in der Geschichte Israels hatte es in der gesamten Bevölkerung Trauerveranstaltungen wie die nach Rabins Tod gegeben. Die Trauer war überwältigend und spontan, und sie kam aus dem Herzen; es gab weder Aufschrei noch Haß, und niemand rief nach Rache. Das war der erste politische Mord eines Spitzenpolitikers seit der Gründung des Staates Israel. Bis dahin hatten die Israelis immer mit einem Gefühl der Überlegenheit gesagt, im Nahen Osten gebe es politischen Mord nur bei den Arabern. Diesen Mythos mußten sie zusammen mit vielen anderen am 4. November 1995 begraben.

Wochenlang waren der Tatort und Rabins Grab zu Orten einer permanenten Zeremonie geworden, mit Tausenden von Kerzen und Blumen. Abertausende kamen, um dem ermordeten Politiker die letzte Ehre zu erweisen. Zehntausende von Briefen in Gedichtform an den verstorbenen Ministerpräsidenten wurden an der Stätte des Verbrechens und an seinem Grab niedergelegt ebenso wie auf den Bürgersteigen vor seinem Haus in Jerusalem und seiner Residenz in Tel Aviv. Seine Witwe erhielt rund hunderttausend Briefe.

Am Ende der Trauerwoche fand auf dem Platz der Könige Israels, seither in Yitzhak-Rabin-Platz umbenannt, eine große Kundgebung statt. Es war die größte, die je in Israel veranstaltet wurde. Hunderttausende kamen. Viele junge Menschen, durchaus, aber nicht nur sie. An dieser Demonstration nahmen auch die bekanntesten israelischen Sänger teil. Lea, Rabins Witwe, ergriff als einzige das Wort. »Yitzhak, Du mußtest ganz allein kämpfen. Niemand sah die Schrift an der Wand.« Rabins persönlicher Referent Eytan Haber sagte dazu: »Zu der Trauerkundgebung kamen 250 000 Menschen. Wären zu jeder Veranstaltung, an der Rabin teilnahm, nur 25 000 gekommen, um den Rowdies entgegenzutreten, die ihn mit Schmähungen und Drohungen überhäuften, alles wäre ganz anders verlaufen.«

Vor allem unter den jungen Menschen, den Gymnasiasten, den »Kindern der Kerzen«, wie man sie nannte, wurde die Trauer besonders stark empfunden; es war eine aufrichtige Trauer, eine mächtige Energie, Ausdruck einer neuen Säkularisierung, befreit nicht nur von der Religion, sondern auch vom traditionellen israelischen Heroismus. Sie hatten durchaus zu Recht das Gefühl, mit Rabin den Vater verloren zu haben, der ihnen eine bessere Zukunft, eine Zukunft ohne Kriege, versprach. Sie spürten, wie er sich zwischen sie und

den Krieg stellte, zwischen sie und die Besetzung der palästinensischen Gebiete, zwischen sie und den blutgetränkten Südlibanon, wohin sie geschickt würden, wenn sie in ein oder
zwei Jahren zum Militärdienst eingezogen wurden. Eine Zeitung zitierte die Worte eines Siebzehnjährigen auf dem Yitzhak-Rabin-Platz zu seiner Freundin: »Er ist gestorben, mußt
Du wissen, damit wir nicht noch einmal in den Gazastreifen
geschickt werden.«

Die jungen Menschen lagen sich weinend in den Armen;
immer wieder sangen sie Lieder vom Frieden und von der
Trauer. Wenn es das Wahlrecht schon für Sechzehnjährige gegeben hätte, wäre Rabins Erbe Shimon Peres [im Mai 1996]
mit großer Mehrheit gewählt worden.

Yitzhak Rabin war kein Charismatiker gewesen, aber die
Umstände seines Todes, die Bedeutung dieses Todes und sein
Opfer wühlten alle bis ins Innerste auf. Zu Lebzeiten hatte er
stets seine Gefühle verborgen, mit seinem Tod löste er eine
ungeheure, beispiellose Gefühlswelle aus.

Die Beerdigung wurde dann eine der größten und ein-
drucksvollsten dieses Jahrhunderts. Eine Million Menschen
aus einer Bevölkerung von fünf Millionen zogen an seinem
Sarg vorbei. Etwa 80 Staatspräsidenten, Ministerpräsidenten,
Könige und prominente Vertreter aus der ganzen Welt kamen mit einer klaren politischen Absicht zu seiner Beerdigung: den Friedensprozeß zu unterstützen. Der ägyptische
Präsident Mubarak, König Hussein von Jordanien sowie die
Vertreter mehrerer anderer arabischer Staaten waren gekommen. Nur ein einziger, der unbedingt hätte teilnehmen müssen, war abwesend: Yassir Arafat, Rabins palästinensischer
Partner, mit dessen Unterschrift er eine neue Seite in der Geschichte des Nahen Ostens aufgeschlagen hatte. Die Israelis
hatten ihm gesagt: »Nehmen Sie lieber nicht teil, aus Sicherheitsgründen.« Ein weiterer Grund – dabei handelte es sich
allerdings eher um einen Vorwand – war der, daß nur Staats-

und Regierungschefs geladen worden waren. Arafats Abwesenheit wurde von vielen kritisiert, denn ohne ihn fehlte ein Teil des Friedensprozesses.

Zwei Personen wurden gleichsam die symbolischen Vertreter des Unglücks, von dem das Land heimgesucht worden war. Aviv Gefen, das Rockidol Israels, aus der Familie Moshe Dayans, einem der Väter des Staates Israel, galt als *das* Protestsymbol. Er hatte nie in der Armee gedient, für den durchschnittlichen Israeli ein eher negativer Aspekt. Er sang von der Angst der israelischen Soldaten in den besetzten Gebieten; in einem anderen Lied übte er strenge Kritik an Rabin. Am Samstag, dem 4. November, sollte Aviv Gefen nach dem *Lied für den Frieden* als letzter auf der Kundgebung singen. Man hatte ihn um ein zuversichtliches Lied gebeten, er aber sang lieber vom Abschied von seinem bei einem Verkehrsunfall umgekommenen Freund. Sein Lied begann mit den Worten: »Ich will Dich beweinen, sei stark dort oben«, und es endete: »Bis in die Ewigkeit, mein Bruder, werde ich mich Deiner erinnern, für immer.« Nach dem Lied hatte Rabin ihm die Hand gedrückt und ihn umarmt. Zwei Minuten später trafen ihn die Schüsse. Dieses Lied wurde von den jungen Menschen auf dem Platz und im ganzen Land immer wieder gesungen; es war Rabins Trauerhymne geworden.

Nach der Ermordung hatte man Aviv Gefen nach Deutschland geladen. In einem Fernsehinterview sagte er: »In jedem Land gibt es beeindruckende Menschen und furchtbare. In Deutschland hat es jemanden wie Hitler gegeben, Israel hat einen Menschen wie Yigal Amir hervorgebracht.«

Die zweite herausragende Person ist Lea Rabin, die Witwe des Ministerpräsidenten. Sie offenbarte nach dem Mord ihre ganze Größe, ihre Würde, aber auch ihre Entschlossenheit. Ihre Festigkeit angesichts der Angriffe der extremen Rechten weckten allgemeine Bewunderung. Sie verurteilte die Rechte, die zum Verbrechen an Rabin angestiftet und die Gewalt legitimiert hatte, indem sie vorgab, daß »wir Israel ausverkaufen und Israel nach Oslo nicht existieren kann«. Sie kritisierte gleichermaßen das Milieu der religiösen Fanatiker, in dessen Schoß der Mörder geboren wurde. Sie ignorierte sogar den Chef des rechtsnationalistischen Likud-Blocks, Benyamin Netanyahu, als er zu einem Beileidsbesuch kam.

Lea Rabins Worte kamen aus dem Herzen – ohne Berechnung, ohne irgendwelche Zugeständnisse. In einem Interview im israelischen Radio sagte sie, wie sehr sie bewegt gewesen sei, Yassir Arafat in ihrem Haus in Tel Aviv anläßlich seines Beileidsbesuches zu empfangen. Es war Arafats erster Besuch in Tel Aviv. »Yitzhak Rabin ist ein Held des Friedens«, hatte er ihr gesagt. »Und ich habe einen Freund verloren. Das ist ein großer Verlust für den Frieden und für mich. Ich bin von diesem tragischen Ereignis noch immer zutiefst schockiert.« Bei einem Treffen mit König Hussein und Rabin in Amman ein paar Wochen vor dem Attentat hatte Arafat ihm ans Herz gelegt, wachsam zu sein: »Paß gut auf Dich auf«, hatte er Rabin damals gewarnt. »Die israelischen Extremisten wollen Dich von der politischen Bühne entfernen.«

In dem Interview sagte Lea Rabin weiter: »Mein Mann und ich achteten und schätzten Arafat sehr. Er und mein Mann haben als Politiker praktisch das gleiche Führungstemperament. Sie mogeln nicht. Ich entdeckte in Arafat einen ernsten, verantwortungsbewußten Menschen und lernte ihn schätzen. Seine menschliche Wärme mir gegenüber hat mich sehr berührt.« Sie fuhr fort: »Meiner Ansicht nach finden wir eher eine gemeinsame Sprache mit den Arabern als mit den extremen Juden. Diese Extremisten leben in einer anderen Welt.«

Auch Lea Rabins Mann teilte ihre Meinung über Arafat. Anfangs, als beschlossen wurde, das Abkommen von Oslo zu unterzeichnen, hatte Rabin noch gewisse Vorbehalte. Nach Aussagen von ihm Nahestehenden wollte er nicht einmal nach Washington reisen und dort Arafat die Hand drücken. Aber nach und nach änderte sich seine Einstellung. Durch die persönlichen Begegnungen mit Arafat wurde sein Urteil deutlich milder. Trotz der Differenzen zwischen ihnen lernten sie, einander zu achten. Und Arafats Trauer über Rabins Tod war aufrichtig, genauso wie sein Beileid. Auf jeden Fall aufrichtiger als das gewisser prominenter israelischer Oppositionspolitiker.

2. Kapitel

Die Zeichen an der Wand

Yitzhak Rabins Ermordung kam nicht wie ein Donnerschlag aus heiterem Himmel. Die Zeichen an der Wand waren bereits im Vorfeld klar und deutlich erkennbar: die Aufrufe gegen die »illegitime« Regierung, die Hetze, den »verräterischen« Ministerpräsidenten zu stürzen; die Aufrufe zum Mord ebenso wie die Ausschreitungen der Rechten auf der Straße gegen Rabin, »der das Vaterland opfert«; die religiösen Erlasse rassistischer Rabbiner und ihre Bedrohung für die demokratische Ordnung; die Ohnmacht aller die Rechtsordnung garantierenden Organe, angefangen von der Polizei über den Generalstaatsanwalt bis zu den Gerichten und schließlich auch – leider kann man nicht umhin, es zu erwähnen – das Zögern der Regierung angesichts der vielfältigen Gewalt. Dies alles bereitete den Boden für den Mord.

Der Historiker Professor Yehoshafat Harkabi, ehemals ein führender Gegner der Palästinensischen Befreiungsorganisation (PLO), aber in den letzten Jahren ein glühender Befürworter der Aussöhnung mit der von der PLO vertretenen nationalen palästinensischen Bewegung und entschiedener Gegner der Siedlungen in den besetzten Gebieten, hatte Rabins Ermordung schon im Januar 1994 vorausgesehen. Kurz vor seinem vorzeitigen Tod erklärte er in einem Interview, »die innere Polemik [das heißt in Israel selbst] wird immer schrecklicher werden. Es wird«, prophezeite er, »Anschläge auf Prominente geben. Rabin wird keines natürlichen Todes sterben, und Israel wird von einem Schock erschüttert werden.« Professor Harkabi war bestens mit der Geschichte des jüdischen Fanatismus vertraut. Er hatte unter anderem über den Bar-Kochba-Aufstand geschrieben, benannt nach Simon Bar Kosiba, dem Anführer der zweiten jüdischen Erhebung gegen die Römer in den Jahren 132–135 n.Chr. Nach diesem Aufstand gab es kein jüdisches Leben mehr in Palästina, das jüdische Volk wurde 1800 Jahre lang in alle Welt zerstreut. Harkabi verglich die Zeloten des alten Tempels mit den Kämpfern für die Siedlungen in den besetzten Gebieten. Er erkannte hier wie dort den empörenden Fanatismus, der nichts als Unglück und Blutvergießen hervorgebracht hat und schließlich in Zerstörung mündete.

Rabin: Vom Helden zum Verräter

Der Likud-Block, Israels nationalistische Rechte, bildete seit den Wahlen im Jahre 1977 die Regierung; 1992 verlor sie die Macht wieder. Fünfzehn Jahre lang förderte sie mit Siedlungen in den besetzten Gebieten – und hier vor allem in Gegenden mit einer besonders dichten palästinensischen Bevölkerung – nach Kräften die Etablierung eines Großisraels als unumkehrbare Tatsache.

1992 kehrte die Arbeitspartei an die Regierung zurück, und knapp ein Jahr später nahm sie ihre Geheimgespräche mit der PLO in Oslo auf. Das Abkommen zwischen Israel und der PLO vom September 1993 resultierte in der Anerkennung der PLO durch Israel, und diese wiederum stellte ihren bewaffneten Kampf gegen Israel ein. Rabin und Arafat reichten sich in aller Öffentlichkeit auf dem Rasen des Weißen Hauses in Washington die Hand. Die israelische Rechte begriff schnell, daß diese Geste das Ende ihres Traums von einem Großisrael bedeutete. Sie brach zu ihrem Feldzug gegen die Regierung auf. Die Rechte mobilisierte die Menschen und beherrschte die Straße, ohne daß die Regierung wirklich reagiert hätte. Das Blutbad an palästinensischen Gläubigen in der Moschee von Hebron Ende Februar 1994 sollte genau wie Rabins Ermordung den Friedensprozeß mit der PLO torpedieren, aber selbst das veranlaßte die Regierung weder dazu, gegen die Gewalt einzuschreiten noch etwas gegen die Drohungen der Rechten und der extremen Rechten zu unternehmen; beide fühlten sich durch diese Nachsicht ermutigt. Aus Sorge um gewalttätige Auseinandersetzungen innerhalb der israelischen Gesellschaft tolerierte Rabin die verbalen Exzesse und die Demonstrationen auf der Straße. Er begriff nicht, daß diese Konfrontation unvermeidbar war und daß den Provokationen nur mit gesetzlichen Mitteln Einhalt geboten werden konnte, weil sonst am Ende eine abgefeuerte Pistole stehen würde.

Die israelische Bevölkerung stand vor einer ganz eindeutigen Wahl: entweder Aufrechterhaltung der Besetzung oder Frieden mit dem palästinensischen Volk und seiner Vertretung, der PLO. Die Regierung Rabin entschied sich für die zweite Option. Die Rechte zog daraus ihre eigenen Schlußfolgerungen und rief zum Sturz der Regierung auf. Aber was sie vor allem erzürnte, war die Tatsache, daß ein Mann an der Spitze der Regierung stand, der bis dahin als das Symbol all dessen gegolten hatte, was den Israelis am teuersten war: die Sicherheit und ihre Armee. Rabin war einer der Helden des Krieges im Jahre 1948, danach Generalstabschef im Krieg von 1967 und damit Begründer des Sieges, dessen Ergebnis die Besetzung weiter arabischer Gebiete gewesen war. Die Rechte konnte ihm diesen »Verrat« nie verzeihen. Rabin, der »Befreier der Gebiete« im Junikrieg, gab sie nun den Arabern zurück. Aus Rabin, dem Helden der Nationalisten, war ein »Verräter« geworden. Auch hörten Linke wie Liberale jahrelang nicht auf, vergessene Affären heraufzubeschwören, nur um sie sogleich zu verurteilen – Affären, die Yitzhak Rabin im Handeln und Denken eindeutig dem Lager der »Falken« zuordneten. Zum Beispiel erinnerten sie gerne daran, daß Rabin als Befehlshaber der israelischen Streitkräfte bei der Einnahme der arabischen Städte Lydda und Ramle im Juli 1948 mit der stillschweigenden Zustimmung Ben-Gurions die sofortige Ausweisung von 50 000 Bewohnern dieser Ortschaften angeordnet hatte, ohne sich um ihr weiteres Schicksal zu kümmern.

Die Armee hatte die beiden Städte unter pausenloses Feuer genommen, bis den Palästinensern nichts anderes übrigblieb, als sie zu verlassen. Rabin entschuldigte sich später damit, der Staat Israel könne nicht zwei große arabische Städte zwischen seiner Hauptstadt Jerusalem und Tel Aviv, der größten Stadt in Israel, dulden. In der hebräischen Ausgabe von Rabins *Memoiren* wurde diese Affäre zensiert. Aber Rabin wollte die Passage in die englische Fassung hinneinnehmen. Der Justizminister der damaligen Likud-Regierung, Shmuel Tamir, lehnte dies jedoch ab. Rabins persönlicher Referent Eytan Haber fragte ihn in einer Unterredung: »Darf man in Israel etwa nicht mehr die Wahrheit sagen? Noch dazu eine, die jedermann bekannt ist?« Darauf erwiderte Tamir: »Doch, aber die Wahrheit darf nicht aus dem Mund eines direkt Betroffenen kommen, vor allem dann nicht, wenn es sich um eine hochgestellte Persönlichkeit handelt. Denn das zerstört unser Bild von jener Zeit ebenso wie unsere Version über die Flucht der Araber aus eigenem Antrieb beziehungsweise aufgrund der unaufhörlichen Appelle führender arabischer Politiker. Das würde beweisen, daß wir die Schuld für die arabischen Flüchtlinge tragen.« Verärgert versuchte Rabin, Tamir eines Besseren zu belehren – vergeblich. Es ist dem Übersetzer seines Buches, Peretz Kidron, zu verdanken, daß diese Tatsachen trotzdem im Ausland bekannt wurden. Der ihm zugeschickte Text enthielt aus Versehen den zensierten Abschnitt. Er hat niemandem etwas davon gesagt und die Übersetzung einfach seinem Lektor gegeben.

Ebenso erinnerten Linke wie Liberale gern an die Zerstörung dreier Dörfer bei Latrun, darunter der historische Ort Emmaus, gleich zu Beginn des Sechstagekrieges 1967. Im Libanonkrieg im Jahre 1982 unterstützte Rabin öffentlich Sharon, als dieser Beirut belagerte. Er riet ihm sogar zu einer Verschärfung der Belagerung. Zu Beginn der Intifada rief Rabin, damals Verteidigungsminister der Regierung der nationalen Einheit, die Soldaten dazu auf, jungen Palästinensern »die Knochen zu brechen«, falls sie am »Aufstand der Steine« teilnahmen, und mit größerer Härte gegen sie vorzugehen. Liberale wie Gemäßigte in der Arbeitspartei meinten damals, Rabin verwandle ihre Partei in einen zweiten Likud.

Auch haben viele nicht vergessen, daß Rabin damals die palästinensische Frage generell nicht für das Hauptproblem des israelisch-arabischen Konflikts hielt. Nach dem Oktoberkrieg im Jahre 1973 trat Golda Meir 1974 zurück, und Rabin, damals Botschafter in Washington, wurde ihr Nachfolger. Wie das gesamte israelische Establishment verkannte auch er die Bedeutung des palästinensischen Problems. In einem Interview im Juli 1974 führte er aus: »Meiner Meinung nach steht das palästinensische Problem nicht im Mittelpunkt des israelisch-arabischen Konflikts. Ich sehe die Beziehungen zwischen Israel und den arabischen Ländern als das Hauptproblem an.« Aber kaum saß er im Sessel des Ministerpräsidenten, veränderte der »unnachgiebige« Rabin Ton und Meinung und maß dem palästinensischen Problem fortan eine herausragende Bedeutung bei.

Als Rabin im Jahre 1992 siegreich aus den Wahlen hervorging, sah er sich einer komplexen Realität gegenüber. Die Intifada war nicht zu stoppen; die israelische Armee tötete junge Demonstranten, aber auch israelische Soldaten und Zivilisten kamen ums Leben; die israelische Gesellschaft litt unter den Folgen von Besatzung und Unterdrückung der Intifada. Gleichzeitig trat man bei den Verhandlungen auf der im

Oktober 1991 einberufenen Friedenskonferenz von Madrid auf der Stelle, ohne jede Hoffnung, je aus der Sackgasse herauszukommen. Die PLO war gemäß der Forderung der damaligen rechten Regierung von den Gesprächen ausgeschlossen. Der Likud-Block verdankte einer Analyse zufolge seinen Aufstieg zur Regierungspartei dem *Status quo*, aber Israel versank immer tiefer im Morast der Besatzung.

Rabin ließ die Palästinenser wissen, sie würden »mit Gewalt nichts erreichen«. Und doch dürfte die Intifada viel zu einem Umschwung der öffentlichen Meinung im allgemeinen und bei Rabin im besonderen beigetragen haben. Er begriff, daß er der Oberbefehlshaber einer Besatzungsmacht mit allen ihren Konsequenzen war. Laut Eytan Haber wurde sich Rabin bewußt, daß die Intifada auf Dauer nicht zu unterdrükken war und daß ein Gebiet mit zweieinhalb Millionen Palästinensern nicht gewaltsam besetzt werden konnte, ohne daß sich das negativ auf den moralischen Zustand der Israelis auswirkte.

»Ich glaube«, sagte Eytan Haber, »daß Rabin von der Lektüre eines Berichts zweier Offiziere beeindruckt gewesen ist, in dem sie festhielten, was Hunderte von Gefangenen im Gefängnis in Gaza zu Beginn der Intifada als Grund für ihre Erhebung angegeben hatten. Ihr Hauptmotiv waren nicht etwa nationale Bestrebungen, sondern die tagtäglichen, ständigen, unwürdigen Demütigungen, die sie von den Israelis, der Besatzungsmacht, zu erdulden hatten. Die meisten betonten vor allem das Verhalten israelischer Soldaten an der Absperrung in Erez zwischen dem Gazastreifen und Israel. Die Beschreibung hinterließ einen traumatischen Nachgeschmack. Ich gab Rabin diesen Bericht mit den Worten: ›Schauen Sie, wie wir uns selbst zerstören.‹«

Als Rabin begriff, daß er die Palästinenser nicht besiegen konnte, suchte er den Kompromiß. Mit wem? Mit der PLO, der Organisation, die hinter der ausschließlich aus Bewohnern der besetzten Gebiete bestehenden palästinensischen Delegation bei den Friedensgesprächen stand. Alle Erklärungen der palästinensischen Delegation wurden ihr per Fax aus dem PLO-Hauptquartier in Tunis übermittelt. Das wußte jeder. Aber Rabin erkannte als erster, es habe keinen Zweck, mit untergebenen Vertretern zu sprechen, vielmehr mußte er mit der vom Volk anerkannten Führung verhandeln. In seinen Augenblicken des Zweifels – und davon gab es viele, denn Rabin war ein sehr mißtrauischer Mann – wurde er nachdrücklich von Shimon Peres unterstützt. Rabin, der Mann des Militärs, hat der einzig möglichen Formel zum Durchbruch verholfen, der einzigen, die im gesamten Konflikt mit den Palästinensern noch nie zuvor zur Anwendung gekommen war: mit den authentischen Vertretern der Palästinenser, der PLO, zu reden. Wenn Rabin die Verhandlungen auch erst spät und zögerlich aufgenommen hat, so wurde diese historische Wende, einmal beschlossen, von ihm nie wieder aufgegeben.

Als Rabin und Arafat im September 1993 in Washington den israelisch-palästinensischen Vertrag unterzeichneten, war das für die nationalistische und religiöse Rechte Israels ein schwarzer Tag. Diese Grundsatzerklärung zwischen Israel und der PLO zerstörte den Traum der Fanatiker von einem Großisrael. Aus dem Helden der Vergangenheit war ein Verräter geworden. Unvermittelt war ein anderer Ton zu hören, und das machte die Rechte wütend. Unter anderem sagte Rabin: »Wir wollen nicht über ein anderes Volk herrschen.« »Wir sind nicht in ein leeres Land gekommen, hier gab es schon Palästinenser.« »Frieden ist wichtiger als Land.« »Ich glaube nicht an die Heiligkeit des Landes, ich glaube an die Heiligkeit des Menschenlebens.« »Die PLO hat ihre Terroranschläge eingestellt.«

Rabin war nie ein guter Redner, und sein persönlicher Referent schrieb ihm seine Reden. Ebensowenig war er eine charismatische Persönlichkeit, und seine hebräische Muttersprache war keineswegs perfekt. Auf seine Zuhörer wirkte er jedoch immer aufrichtig, entschlossen und überzeugt davon, eine Mission zu haben. Auf diese Weise verstand er es, die Zögernden im eigenen Lager zu überzeugen. Über seine ihn schmähenden Widersacher sagte er, sie hätten »Angst vor dem Frieden«. Die Rechte warf ihm vor, er habe die Stimmen der arabischen Abgeordneten gesucht, um seine Politik durchzusetzen, und sie verkündete, das widerspreche den »nationalen« Interessen. Aber Rabin verteidigte mutig das Recht der arabischen Bürger im Staat Israel, an den politischen Entscheidungen teilzuhaben. Die in seinen beiden letzten Lebensjahren ausgesprochene Anerkennung der nationalen Rechte des palästinensischen Volkes und der PLO-Führung war etwas völlig Neues. Er ließ sogar die Anspielung fallen, er sei bereit, in Zukunft auch die Gründung eines palästinensischen Staates zu akzeptieren, was bis dahin als Tabu, als Blasphemie galt.

Zusammen mit Shimon Peres und Yassir Arafat reihte sich Yitzhak Rabin in den hehren Kreis der Friedensnobelpreisträger ein, und zwei Wochen vor seiner Ermordung wurde er mit bis dahin für einen israelischen Spitzenpolitiker beispiellosen Ehren anläßlich des 50. Jubiläums der Gründung der Vereinten Nationen in New York empfangen. Arafat war als Vertreter des palästinensischen Volkes ebenfalls anwesend. Rabin starb mit 73 Jahren auf dem Höhepunkt seiner politischen Karriere. Er hat sein Land auf einen neuen Weg geführt. Die Schüsse des Mörders trafen seinen Körper, während ihn die Gefühle von Hunderttausenden von Menschen umgaben. Mit seinem Tod ist er als größter Staatsmann Israels gleich nach dem Staatsgründer, David Ben-Gurion, in die Geschichte eingegangen.

Nach Rabins Ermordung, einem der spektakulärsten politischen Morde des 20. Jahrhunderts, hat man natürlich historische Vergleiche herangezogen. Man erinnerte an Kennedys

Ermordung, obwohl das eigentliche Motiv für diesen Mord bis heute unbekannt ist und man sich darüber immer noch in Spekulationen ergeht. Andere gingen weiter in die Geschichte zurück und verglichen Rabins Ermordung mit der Abraham Lincolns 300 Jahre früher. In beiden Fällen war es das gleiche Motiv: den Fortschritt aufzuhalten. In den Vereinigten Staaten sollte die Sklavenbefreiung verhindert werden, »denn unser Land wurde den Weißen, nicht den Schwarzen gegeben«, wie Lincolns Mörder sagte. Er war übrigens genauso alt wie Rabins Mörder und genau wie dieser ein religiöser Extremist. Auch in Tel Aviv sollte verhindert werden, die Unterdrückung eines Volkes durch ein anderes zu beenden. Beide Mörder beriefen sich auf Gott. Hier wie dort wurde das Opfer aus allernächster Nähe erschossen.

Wieder andere verglichen Rabins Ermordung mit der Walther Rathenaus, des Außenministers der Weimarer Republik im Jahre 1922. Wie Rabin verlor er sein Leben, weil er seinem Volk Frieden und Wohlstand bringen wollte. Und genau wie Rabin wurde er nach einer Gewaltkampagne von Verbrechern im Zusammenwirken mit der extremen Rechten getötet. Noch eine weitere Parallele: Rathenau wie Rabin änderten beide ihre Meinung und Einstellung. Weil sie sich der neuen Realität anpassen wollten, verließen sie ihre verhärtete, festgefahrene Politik, um den Frieden mit den Nachbarn zu suchen.

Aber mehr als alles andere erinnert der Mord an Rabin an die Ermordung von Haim Arlosoroff, dem Leiter der politischen Abteilung der *Jewish Agency* in Palästina zur britischen Mandatszeit im Jahre 1933. Dies war der damals bedeutsamste politische Mord, auch er begangen aufgrund einer Gewaltkampagne, in der unter anderem zur »Liquidierung des Verräters«, das heißt zum Mord an Haim Arlosoroff aufgerufen worden war; die jüdische extreme Rechte in Palästina kritisierte fortdauernd seine liberale Haltung. Arlosoroff wurde am 16. Juni 1933 von einem Juden ebenfalls mit Dum-Dum-

Geschossen getötet, als er mit seiner Frau am Strand von Tel Aviv einen Spaziergang machte. Man braucht nur die Veröffentlichungen der extremen Rechten aus jener Zeit zu lesen, um eine erstaunliche Ähnlichkeit mit den Ereignissen von 1995 festzustellen. Es empfiehlt sich die Lektüre der Wochenzeitung *Die Volksfront* des Bundes der Gewalttätigen *(Brit Habirionim)* – sie trägt den Namen der Zeloten, die in der Antike gegen die Römer kämpften –, um zu verstehen, was sich im Anschluß daran ereignete. Die extreme Rechte führte eine scharfe Kampagne gegen Arlosoroff und stellte ihn gern als Verräter dar, weil er sowohl mit Hitler als auch mit Stalin einen Pakt geschlossen hatte. Er wurde einmal als proenglisch, dann wieder als proarabisch bezeichnet. Am Morgen nach dem Mord erschien ein beispiellos brutaler Artikel in dieser Wochenzeitung, in dem Arlosoroff vorgeworfen wurde, das Land gegen Geld an Hitler verkauft zu haben: »Wer die Ehre des jüdischen Volkes verkauft, für den gibt es kein Pardon. Das Volk wird auf diese Schandtat schon die richtige Antwort finden.« Arlosoroffs Frau identifizierte die beiden Attentäter; sie waren Mitglieder des Bundes der Gewalttätigen. Einer wurde zum Tode verurteilt, aber nach dem damals im Land gültigen türkischen Recht benötigte man zwei Zeugen, und es gab nur einen, die Frau des Opfers.[5]

Yitzhak Ben-Aharon, ein prominentes Mitglied der Arbeitspartei, schrieb, er habe im Jahr vor Rabins Ermordung das gleiche Trauma durchlebt wie 50 Jahre davor. »Das Szenario vor dem Mord an Arlosoroff glich aufs Haar dem vor dem 4. November 1995.« Vor Rabins Ermordung hatte Ben-Aharon in einem Artikel an die Ereignisse von 1933 erinnert. Damit wollte er seine Mitbürger auf die Möglichkeit eines neuerlichen politischen Mordes aufmerksam machen.

Gleich nach dem Mord sagte Lea Rabin: »Sobald ich begriff, daß hier ein Attentat stattgefunden hat, kam mir der Gedanke: Hier wiederholt sich das gleiche Szenario wie bei

Haim Arlosoroffs Ermordung. Damals wurde eine ungezügelte Kampagne gegen ihn geführt, und jemand war bereit, den Mord auszuführen. Wer auf meinen Mann schoß, tat es, weil er wußte, daß die Extremisten geschlossen hinter ihm standen.«
Aber im Gegensatz zum Mordfall Arlosoroff wurde der Mörder diesmal gefaßt. Man kann sich mühelos die Reaktionen und Kommentare vorstellen, wenn es ihm gelungen wäre, zu entkommen. In Arlosoroffs Fall behauptete die Rechte, die Araber seien die Schuldigen.

Rechte Schmutzkampagne gegen Rabin: Schmähungen, Flüche und Provokationen

Die nationalistische Rechte begann mit dem Druck von Anti-Rabin-Aufklebern. Man fand sie an Wänden und Autos, Schaufenstern und Studententaschen. Es gab außerdem Graffiti, Spruchbänder und Parolen auf den Demonstrationen, auf denen die Propaganda der Rechten entfesselt wurde. Hier einige Beispiele unzähliger Parolen, an denen man den giftigen Ton erkennen kann und die fast alle aus dem Jahr 1995 stammen:

»Das Volk gegen den Verrat«, »Das Volk gegen Rabin«, »Rabin, Verräter!«, »Rabin wegen Verrats vor Gericht!«, »Rabin, Mörder!« (das steht an der Außenwand eines Kontrollpostens in Hebron), »Rabin-Peres zuerst« (eine Anspielung auf »Gaza-Jericho zuerst«, das heißt auf die erste Phase des Abkommens von Oslo), »Rabin, der Hund!« (dazu eine Karikatur von Rabin mit Hundekopf), »Rabin, der Homo!«, »Die Regierung – eine Zeitbombe«, »Die Rabin-Regierung opfert das Leben von Juden«, »Die Regierung ist verrückt – und auch der Ministerpräsident«, »Das Volk wirft die Rabin-Regierung auf den Müll«, »Die Tage des Tyrannen sind gezählt«, »Rabin, scher Dich zum Teufel!«,»Mit Blut und Feuer verjagen wir Dich, Rabin« (von der Menschenmenge auf Demonstrationen skandiert), »Auf die Barrikaden, die Auflösung von Israel muß aufhören«,»Die Regierung ist die Sklavin der Feinde des Volkes«,»Rabin hat einen Vertrag mit dem Feind unterzeichnet«,»Rabin kollaboriert mit dem Kriegsverbrecher Yassir Arafat« (unter einer Karikatur Rabins, auf der er Arafat die Hand gibt und sich danach seine blutige Hand wäscht) und »Rabin verkauft unser Vaterland«. Die Regierung wird meistens als »die Bande an der Macht«,»die Verbrecherbande« oder auch als »die blutige Regierung« bezeichnet. Rabin heißt auch »Ceauşescu« oder »Rabin, der ›Ingenieur‹« (der Yahya Ayasch gegebene Beiname; als Bombenbauer der *Hamas* verursachte er den Tod von Dutzenden von Israelis bei Anschlägen in Israel; das stand über einem Bild, auf dem Rabin eine *Kuffiye* trägt).

Viele Parolen spielten auf die Nazizeit an:

»Der Vertrag mit Arafat ist der Vertrag von München«,»Der Vertrag mit Arafat ist der Ribbentrop-Molotow-Pakt, aber Stalin hat Hitler nicht die Hand gereicht«,»Rabin – Quisling«,»Rabin – Pétain[6]«,»Rabin geht auf Hitlers Weg«,»Rabin, der Vorsitzende des Judenrates«,»Rabin, der Kapo«,»Rabin, der Judenrat, hilft uns in die Züge« (die die Juden in die Todeslager brachten),»Mündet Oslo in die Gaskammern?«,»Rabin führt das Land in einen neuen Holocaust«,»Rabin schiebt uns nach Auschwitz ab«. Und auch das: »Rabin ist Aschmodai« (in der jüdischen Mythologie der König der Dämonen).

Zehn Tage vor der Ermordung wurden in den Siedlungen im Westjordanland Flugblätter mit einer gefälschten Todesanzeige (Rabin habe Selbstmord begangen) verteilt. Das Datum war noch offen, darunter stand: »Rabin! Trag selbst schnellstens das Datum ein. Wir werden Deiner als des ersten Friedensopfers gedenken.« Auch Broschüren waren im Umlauf, so die des »Generalstabs im Kampf gegen das Projekt palästinensische Autonomie«, in der es unter anderem hieß:»Rabin, ein ruhmreicher Generalstabschef? Marschall Pétain, der Held von Verdun, war glorreicher als er. Ist Rabin mit demokratischen Mitteln an die Macht gekommen? Genau wie Marschall Pétain 1940 nach der Niederlage von Frankreich durch Nazi-Deutschland: Er wurde durch ein juristisches Procedere zum Präsidenten ernannt. Aber nach der Befreiung von Frankreich im Jahre 1945 wurde Pétain der Prozeß gemacht, und er wurde zum Tode verurteilt, aber aus Altersgründen hat man das Urteil in ein milderes umgewandelt. Warum wurde er verurteilt? Weil er mit Hitler kollaborierte, einen für die ganze Welt gefährlichen Terroristen im Gewand eines Staatsmannes. Auch Arafat, mit dem Peres und Rabin einen Kollaborationspakt unterzeichneten, ist ein als Staatsmann verkleideter Terrorist. Wenn es einen Unterschied gibt, dann nicht zugunsten Rabins.«

In Frankreich wird man wegen solcher Reden gerichtlich verfolgt. In den Vereinigten Staaten ist es zum Beispiel unmöglich, vor dem Weißen Haus mit einem Spruchband »Clinton, Mörder« zu demonstrieren. In Deutschland wird jeder mit einem Plakat, auf dem ein Politiker in Gestapo-Uniform zu sehen ist, wie man es in Israel mit Rabin tat, unverzüglich verhaftet. In Israel drückten die Behörden beide Augen zu… Diese Parolen tauchten auch in Yigal Amirs Erklärungen bei seiner Vernehmung immer wieder auf, ebenso gegenüber Journalisten während des Gerichtsverfahrens sowie in seinen öffentlichen Reden vor der Ermordung Rabins.

Am Tag nach dem Mord erzählte Lea Rabin: »Eines Tages vor dem Anschlag auf Yitzhak kamen wir nachmittags nach Hause. Das war am Freitag, und wie jeden Freitag demonstrierten dort 49 Personen. Wir haben sie gezählt. Bei 50 wäre es eine unerlaubte Versammlung gewesen, die von der Polizei hätte genehmigt werden müssen. Fast alle Demonstranten gehörten dem Likud-Block an. Sie riefen: ›Verräter! Mörder!‹ Und plötzlich wandten sie sich an mich: ›Noch lächeln Sie, aber warten Sie nur, in einem Jahr [das heißt, nach den Wahlen] machen wir Ihnen den Prozeß für Verrat. Sie werden aufgehängt, wie Mussolini und seine Geliebte, auf dem Platz der Könige Israels.‹« Diese Demonstration vor Rabins Haus in der Rehov [Straße] Aschi Nummer 5 war Augenzeugen zufolge ganz besonders haßerfüllt. Eine Ironie des Schicksals: Rabins Straße trug den Namen von Rabbi Aschi, eines Redakteurs des Babylonischen *Talmud*; Yigal Amir wohnte wiederum in einer nach dem Begründer des sozialistischen Zionismus benannten Straße: Borochow.

Einen Monat vor der Ermordung, am Vorabend des Versöhnungstages, versammelte sich eine Gruppe von zehn Personen, darunter drei Kabbalisten, mit Gebetsschal um den Schultern vor Rabins Residenz in Jerusalem und stimmte laut eine Verfluchung an, in der die Engel des Bösen aufgefordert wurden, »den verfluchten Yitzhak, Sohn der Rosa, möglichst schnell zu holen wegen seiner bösen Pläne für das auserwählte Volk«. Das ist der schrecklichste Fluch in der ganzen jüdischen Magie, die sogenannte *Pulsa Denura* (*Pulsa*: griechisch »Geißelung«, *Denura*: aramäisch »durch das Feuer«).

Trotz mehrerer Anzeigen gegen diese neue Form von Aggression unternahmen weder Justiz noch Polizei etwas dagegen. Auf dieselbe Weise verlief der Protest der Knessetabgeordneten Naomi Hazan von der linkszionistischen Meretz-Partei. Sie hatte ihrer Anzeige den Text dieser in den Synagogen verteilten Verwünschung beigefügt. Nach der Ermordung wandte sich die Polizei an die Abgeordnete mit der Bitte, ihr doch eine Kopie der Anzeige zuzuschicken, das Original sei abhanden gekommen…

Hier Verfluchung, dort Provokation, alles schien in der Kampagne gegen Rabin erlaubt. So gelang es zum Beispiel Tzahi Hanegbi, dem Knessetabgeordneten vom rechten Flügel des Likud-Blocks, vor der Bühne, auf der Rabin anläßlich des Jerusalem-Marsches am 10. Oktober 1995 zu den Teilnehmern sprechen sollte, Lautsprecher zu verstecken. Als der Ministerpräsident die Tribüne betrat, hörten die Teilnehmer plötzlich mehrere Minuten lang Hanegbis feindliche Rede gegen Rabin und seine Politik. Es herrschte totale Verwirrung. »Die Regierung zerbröckelt«, sagte jemand unter den Teilnehmern. »Nein«, erwiderte ein weiterer, »im Augenblick macht man sich über sie lustig...«

Kurz zuvor, am 5. Oktober 1995, schockierte eine überdurchschnittlich gewalttätige Demonstration ganz Israel. Sie fand auf dem Zionsplatz, einem der wichtigsten Plätze in Jerusalem, statt.[7] Das war ein Monat vor der Ermordung Rabins. Nach Aussage seines Bruders nahm auch Yigal Amir daran teil. Die Rechte hatte über 30 000 Demonstranten aus allen Landesteilen in Bussen nach Jerusalem gebracht. In ihren Reden von erschreckender Feindseligkeit gegen den Ministerpräsidenten brandmarkten die Sprecher, einer heftiger als der andere, Rabins »illegale« Regierung, wobei sie die Worte »Verräter«, »Auschwitz«, »Liquidation des Staates« regelrecht auf die Menge einhämmerten; die Menschen skandierten dazu: »Mit Blut und mit Feuer verjagen wir Dich, Rabin« und: »Rabin, Mörder!«

Unter den Teilnehmern war eine Fotomontage im Umlauf. Sie zeigte Rabin in der Uniform von Himmler; es war das Werk von zwei minderjährigen Schülern einer religiösen, der faschistischen Bewegung *Kahane Hai* nahestehenden Schule. Vor Journalisten wiesen die Organisatoren jede Schuld an dieser Montage von sich. »Aber«, fügten sie hinzu, »wenn der Ministerpräsident das Leben von Juden opfert, ist er ein Verräter, und wir verstehen die Gefühle der für die Verbreitung dieser Bilder verantwortlichen Personen.« Es ist bekannt, daß die Redner auf dieser Demonstration die Fotomontage wenige Minuten vor ihrem Beginn im Fernsehen sahen. Niemand protestierte gegen diese Ungeheuerlichkeit.

Den Ton auf dieser Versammlung gab Benyamin Netanyahu, der Chef des Likud-Blocks, an: »Heute wurde der Knesset das defätistische Abkommen Oslo II vorgelegt. Die jüdische Mehrheit in Israel hat diesem Abkommen nicht zugestimmt. Wir werden dafür kämpfen, die Regierung zu stürzen. Dieser Vertrag ist ein Alptraum. Er ist eine direkte Bedrohung unserer Sicherheit. Rabin demütigte die Nation, als er das Diktat des Terroristen Arafat akzeptierte.« Am gleichen Tag hatte Netanyahu in der Knesset gesagt: »Rabin liebt sein Land nicht. Er betrachtet Israel nicht als sein Vaterland: Er verkauft sein Land wie ein Krämer.«

Nach diesen Reden zogen die Demonstranten, überwiegend junge Männer mit einer *Kippa* auf dem Kopf, mit Fakkeln zur Knesset, in der gerade das Abkommen mit den Palästinensern diskutiert wurde. Es war wie ein richtiger Aufruhr: Fackeln wurden in Richtung Parlament geworfen, und der Wagen des Wohnungsbauministers wurde mit Bierflaschen angegriffen. »Beinahe wäre Blut geflossen«, sagte Minister Benyamin Ben-Eliezer. »In den Augen der Demonstranten habe ich Mordlust funkeln sehen. Nie habe ich eine solche Gewalt erlebt. Obwohl ich in vielen Kriegen war [er ist General] und in unzähligen Kämpfen auch schon einmal verwundet wurde – niemals bin ich Schlimmerem begegnet.« Im Knessetrestaurant traf er Benyamin Netanyahu, der gerade gut gelaunt von einem Treffen mit einigen Abgeordneten seiner Partei zurückgekehrt war. »Wenn Sie Ihre Extremisten nicht zügeln«, warnte er ihn, »wird das noch mit einem Mord enden.« Netanyahu reagierte nicht. Ben-Eliezer fuhr fort: »Sie haben versucht, mich zu töten. Ich rate Ihnen, Ihr Lächeln einzustellen. Ihre Anhänger sind gefährliche Irre. Sie tragen die Verantwortung für ihre Verbrechen.«

Hanan Porat von der Nationalreligiösen Partei antwortete ihm: »Wenn der Ministerpräsident nicht *Eretz Israel* verkaufen würde, dann würden die Demonstranten sich nicht so aufführen.« Der gleiche Porat hatte vor laufenden Fernsehkameras am Morgen nach Goldsteins Blutbad gerufen: »Ein schönes Fest!« Sicher, man feierte *Purim* [eine Art fröhlicher Karneval], aber jeder begriff, wie er diese Worte gemeint hatte.

Zwei Tage nach dieser Demonstration erhielt Benyamin Netanyahu einen Brief von Gil Samsonow, einem führenden Mitglied des Jugendflügels des Likud-Blocks; er schrieb darin, daß er über die Gewalttätigkeit der Demonstranten sowie über alles, was sich bei diesem Treffen abgespielt habe, schockiert sei. Warnend forderte er Benyamin Netanyahu auf, »den in unserem Lager um sich greifenden Wahn zu bekämpfen, die Demokratie gegen alle Gewalt zu verteidigen und einen politischen Mord zu verhindern, zu dem sich ein Schwärmer angestachelt fühlen könnte.«

Der Chef des Likud-Blocks trägt zweifellos eine gewaltige Verantwortung für diese Gewalt gegen die Regierung, zu der er sowohl stillschweigend als auch offen ermutigt hat. Er selbst bezeichnete Rabin als Verräter und verurteilte niemals weder die verbalen Auswüchse noch die Hetze gegen den Ministerpräsidenten. Sein Schweigen wurde als Zustimmung ausgelegt. Nur kurz vor der Ermordung nahm Netanyahu an einer Demonstration teil, auf der die Teilnehmer einen schwarzen Sarg mit der Aufschrift trugen: »Rabin begräbt den Zionismus.« In seinen aufstachelnden Reden verglich er Rabins Methoden mit denen von Ceauşescu. Er trieb das Ganze schließlich auf die Spitze, als er in einem Fernsehinterview im März 1995 behauptete, die *Hamas* habe eine Botschaft von Rabin und Arafat erhalten, wonach diese Organisation Juden, zwar nicht im Gazastreifen, wohl aber im Westjordanland töten dürfe, um die Räumung dieses Gebietes zu beschleunigen, so daß dort eine Palästinenserbehörde eingerichtet werden könnte.

Am Morgen des 10. Oktober 1995 blinkten bei den Sicherheitskräften alle Lichter: Rabin fuhr zu einem Treffen mit Neueinwanderern aus englischsprachigen Ländern im Wingate-Sportinstitut nördlich von Tel Aviv. Ein paar aufgeregte Menschen versuchten, sich dem Ministerpräsidenten zu nähern. Dabei stießen sie Beleidigungen und Drohungen aus: »Nieder mit Rabin!«, »Hier ist der Hund!« Die Stimmung war dermaßen erregt, daß er seine Rede abbrechen mußte. Entfesselt schob sich der Rabbiner von der Hebräischen Universität in Jerusalem, Nathan Ophir, vor die Polizisten und überhäufte Rabin mit Schimpfworten. Er kam seinem Leibwächter so nahe, daß er ihn beißen konnte. Dem Sicherheitsbeamten gelang es, den Rabbiner mit der Hand zurückzustoßen. Um Rabin aus der johlenden Menschenmenge herauszuholen, brachte man seine Limousine direkt bis an die Bühne. Das Ereignis wurde von einem Journalisten der amerikanischen Fernsehgesellschaft ABC gefilmt und hat sehr viel Aufsehen erregt.

Der ehemalige stellvertretende Leiter des Shin Bet, Reuven Hazak, merkte dazu folgendes an: »Für mich hat man Rabin in Wingate praktisch ermordet. Der Angreifer näherte sich ihm, um auf ihn zu schießen.« Shimon Roma, ein hoher Shin-Bet-Beamter im Ruhestand, meinte dazu: »Es besteht wirklich die Gefahr eines Anschlags auf Rabins Leben. Ich erinnere mich nicht, je eine Zeit erlebt zu haben, in der der Ministerpräsident als Verräter und Mörder bezeichnet wurde oder in der man offen zu seiner Ermordung aufrief.« Am gleichen Tag erklärte Abraham Rotem, ehemaliger Leiter der Shin-Bet-Abteilung für den Schutz Prominenter: »Die Straße ist heute bereit für eine Mordtat gegen die Spitzenpolitiker des Landes. Die Parolen sind blutgetränkt.« Nach der Ermordung wurde er gefragt: »Wie wußten Sie, daß sich das ereignen würde?« »Das ist ganz einfach«, erwiderte er, »ich höre, wie die Leute offen sagen, Rabin verdient nichts anderes, als be-

seitigt zu werden. Wenn ich das mit eigenen Ohren von zwei
Personen höre, bedeutet es, daß mindestens hundert weitere
es wiederholen.«

Am Tag danach verkündeten die beiden großen Tageszeitungen in Israel warnend:»Der Shin Bet befürchtet extremistische Aktionen gegen Rabin und hochgestellte Persönlichkeiten«, so die Abendzeitung *Yediot Aharonot*, und:»Beunruhigung im Büro des Ministerpräsidenten angesichts der Gewaltwelle gegen Rabin und die Minister seiner Regierung«,
der *Maariv*. Die Besorgnis griff auf die Straße über. Aber die
Rechte behauptete, es handele sich um Manipulationen durch
die Machthaber.

Ariel Sharon, einer der führenden Männer des Likud-Blocks
gab zur Gefahr für den Ministerpräsidenten folgende Presseerklärung ab:»Das ist nichts anderes als Provokation. Schauen Sie sich nur an, was sich in Rußland unter Stalin abgespielt
hat. Mitte der dreißiger Jahre verbreiteten die Behörden Gerüchte über drohende Anschläge auf Stalin. Dies erlaubte es
ihm, die Befehlshaber der Roten Armee zu liquidieren. Das
gleiche Schicksal ereilte auch die jüdischen Schriftsteller und
Ärzte. Ihnen warf man vor, ihn vergiften zu wollen. Hier in
Israel geht die Rabin-Regierung genauso vor: dieses vorgebliche Attentat auf die Person Rabins, nichts als ein Vorwand.
Das Ziel ist klar. Sehen wir aber einmal, woher diese Information stammt. Nur die Linke ist zu einer derartigen Provokation fähig. Da stelle ich mir die Frage: Sind wirklich alle
Mittel erlaubt, um in den Wahlen zu siegen, das nationale
Lager anzuschwärzen, Judäa, Samaria und den Gazastreifen
aufzugeben, einen Bürgerkrieg anzuzetteln? Man muß es ganz
laut rufen: Die Tyrannen stehen vor unserer Tür!« Sharons
Erklärungen, im Organ der chassidischen *Habad*-Bewegung
veröffentlicht, wurden am 15. Oktober 1995 in *Haaretz* wieder aufgenommen. Der Korrespondent der Zeitung hatte dazu
Sharons Zustimmung erhalten:»Ich bestätige die Richtigkeit

meiner Worte.« Das war zweieinhalb Wochen vor der Ermordung. In diesem Interview verglich Sharon die Abkommen von Oslo mit denen Marschall Pétains mit den Nazis. Er forderte, Rabin und Peres vor Gericht zu stellen, denn ihm zufolge seien sie unzurechnungsfähig.

Schon lange vor dieser beispiellosen verbalen Gewalt, wie sie auf der Straße und in den Medien in den letzten beiden Monaten [vor Rabins Ermordung] zum Ausdruck kam, war man sich beim Shin Bet bewußt, daß tatsächlich die Gefahr eines Anschlags auf politische Persönlichkeiten durch die extreme Rechte bestand. Die Schutzmaßnahmen wurden verschärft, vor allem für Teilnehmer an öffentlichen Kundgebungen. Karmi Gilon, im März 1995 zum Leiter des Shin Bet ernannt, hatte schon 1990 in seiner Dissertation an der Universität Haifa auf die Gefahren einer ideologisch bedingten Kriminalität der extremen Rechten in Israel hingewiesen. Sie trug den Titel: *Der Verstoß gegen das Gesetz aus ideologischen Gründen innerhalb der extremen Rechten in Israel vor dem Hintergrund des israelisch-arabischen Konflikts.* Das sind seine Schlußworte: »Diese ideologisch bedingte Kriminalität stellt für den Fortbestand von Israel als Demokratie eine Gefahr dar... Indem die israelische Gesellschaft die ideologisch bedingte Kriminalität der extremen Rechten nachsichtig duldet, legitimiert sie sie von vornherein.«

Das hatte Karmi Gilon lange vor Oslo geschrieben. Er kannte das Problem. In der ersten Hälfte der achtziger Jahre führte er mit anderen die Verhöre der jüdischen terroristischen Untergrundgruppe in den besetzten Gebieten durch. Diese hatte damals Anschläge auf palästinensische Bürgermeister im Westjordanland und gegen palästinensische Studenten der islamischen Hochschule in Hebron verübt, bei denen es drei Tote gab. Dieselbe Gruppe hatte auch geplant, sechs arabische Busse in Ostjerusalem in die Luft zu sprengen, ebenso wie die Moscheen auf dem *Haram esh-Sharif* [Tempelberg] in Jerusalem, auf dem im Altertum der jüdische Tempel gestanden hatte.

Der Ministerpräsident unterschätzte seinerseits durchweg die ihm persönlich drohende Gefahr. Als Karmi Gilon ihm mitteilte, er habe Mittel für dreißig weitere Leibwächter erhalten, reagierte Rabin unzufrieden:»Wenn schon zusätzliche Stellen besetzt werden, dann sollen sie gegen *Hamas* eingesetzt werden.« Trotzdem rief der Leiter des Shin Bet alle Leibwächter seiner Organisation zweimal zusammen, um sie zu ermahnen, ihre Aufmerksamkeit zu Rabins Schutz zu verdoppeln und vor einem entschlossenen, allein handelnden jüdischen Angreifer auf der Hut zu sein, der einen Anschlag planen könnte. Wütend warf Rabin ihm vor:»Der Leiter des Shin Bet ist ein Angsthase. Er besteht immer wieder auf der Notwendigkeit, die Bewachung meiner Person zu verschärfen...«

Der Chef des Shin Bet hielt jüdischen Terrorismus in der Tat für möglich. Aber es gelang ihm weder, Rabin davon zu überzeugen noch diese Botschaft allen relevanten Dienststellen mitzuteilen; deshalb versagte seine Organisation bei der erstbesten Gelegenheit. Im übrigen reiste der Leiter des Shin Bet einen Tag vor der Kundgebung am 4. November für eine als wichtig eingestufte Angelegenheit ins Ausland, obwohl seine Anwesenheit eigentlich dringend erforderlich gewesen wäre. Zweifellos hätte sie am Verlauf der Ereignisse nichts geändert. Aber das Verschieben der Reise hätte wenigstens bewiesen, daß Karmi Gilon zumindest seine eigenen Warnungen ernst nahm.

Auch der Rechtsberater der Regierung, Michael Ben-Yair, hatte vor der Gefahr eines politischen Mordes gewarnt. Knapp zwei Wochen vor dem Drama hatte er vor dem Polizeichef, dem Leiter des Shin Bet und dem Generalstaatsanwalt gesagt: »Ich fürchte mich vor der Tat eines Verrückten unter dem Einfluß der gewalttätigen Stimmung gegen die Regierung.«

Und nach dem Ereignis fügte er hinzu: »Diese Tat, die für eine Öffentlichkeit mit einer extremistischen, fanatischen und gefährlichen Weltanschauung eine psychologische Schranke abgebaut hat, wird einen weiteren Mord erleichtern. Für diese Menschen war Rabins Ermordung ein Sieg, der nach einem weiteren Verbrechen ruft.«

Historiker wie Politologen sind sich einig, daß die Argumente der Rechten das Terrain vorbereiteten und sie deshalb die Hauptschuld an der Ermordung trägt. »Schon immer bin ich davon überzeugt gewesen«, sagte der Historiker Zeev Sternhell, »daß nicht nur der mit dem Finger am Abzug die Schuld trägt; für mich sind die Prediger von Haß die wahren Mörder. Sie stempeln ihre ideologischen Widersacher, in den meisten Fällen die Linke, zu Verrätern ab, während sie selbst sich zu Verteidigern des nationalen Interesses und Rettern des Vaterlandes hochstilisieren. So war es vor über fünfzig Jahren in Deutschland und Italien, und so ist es heute in Israel. Wer Rabin als Verräter bezeichnet, der das heilige Land der Nation dem Feind aushändigt, trägt die Verantwortung für seinen Tod. Wer dann auf den Abzug drückte, ist nicht weiter wichtig. Die israelische Demokratie hat ein Stadium erreicht, in dem sie sich gegen die Gefahr einer Zerstörung von innen verteidigen muß. In diesem Kampf kann es keine Kompromisse geben.«

Su Artzenu: »Ein Tyrann, dessen Tage gezählt sind«

Besondere Beachtung verdient die rechtsextreme Bewegung *Su Artzenu* (»Das ist unser Land«). Im Sommer 1995 nahm diese Bewegung nach einer Pause von fast zwei Jahren erneut ihre Tätigkeit auf und trat für eine Verstärkung der Demonstrationen gegen die Regierung ein. *Su Artzenu* rief offen zum bürgerlichen Ungehorsam auf. In ihrer ersten großen Pro-

testaktion verursachte diese Bewegung gewaltige Verkehrsstaus an mehreren strategischen Punkten des Straßennetzes
in Israel. Darauf war die Polizei nicht vorbereitet gewesen,
und es herrschte ein beträchtliches Durcheinander. Die Demonstranten setzten Reifen in Brand und griffen die Polizisten an, von denen mehrere verletzt wurden.

Der Anführer der Bewegung, Moshe Feiglin, praktizierender Jude wie zahlreiche andere in der Führung dieser Gruppe, sprach offen von der Notwendigkeit, »sich zu weigern,
sich den Gesetzen dieses Regimes zu beugen, denn es vertritt
nur eine Minderheit der jüdischen Bevölkerung, liefert unser
Land Fremden aus, opfert das Volk von Israel und verrät die
jüdischen Werte«. In ihren Veröffentlichungen pries die Bewegung zwar den gewaltlosen Ungehorsam, aber ihre Anhänger begriffen die Botschaft schnell, nämlich, daß man sich
dem Gesetz widersetzen und das Regime destabilisieren müsse. Für sie war die Regierung Israels nicht »legitim«, und alles
oder fast alles war erlaubt. So holte man für eine Demonstration zum Beispiel nicht einmal mehr die Genehmigung der
Polizei ein, wie vom Gesetz vorgeschrieben.

Die Aktivitäten von *Su Artzenu* wirkten sich größtenteils
indirekt aus. Die Bewegung wollte den Beweis erbringen, daß
die Regierung keinen Rückhalt im Land besaß, und bemühte
sich, sie zu stürzen. Schon drohte die Gefahr, daß die öffentliche Meinung das Gesetz des Stärkeren akzeptierte. Dazu
trugen zu einem nicht geringen Teil wohl auch die vielen Bilder von den unaufhörlichen Verkehrsstaus bei. Hunderte von
Fahrzeugen waren an den Demonstrationen von *Su Artzenu*
beteiligt. Darunter auch ein alter kastanienbrauner Volkswagen, das Auto der Familie des Mörders von Yitzhak Rabin.
Die Polizisten erhielten Befehl, die Demonstranten zu zer-
streuen. Sie wurden angegriffen und wendeten ihrerseits Gewalt an, woraufhin die Demonstranten sie als »Soldateska«
beschimpften. Der Knessetabgeordnete Rehavam Zeevi, ein

General im Ruhestand und Vorsitzender der ultrarechten Moledet-Partei (Vaterland), unterstützte die Aktionen von *Su Artzenu*. Nach den Zusammenstößen mit der Polizei gab er folgende Warnung ab: »Wer immer von den Polizeioffizieren Gewalt gegen rechte Demonstranten anwendet, kommt auf unsere schwarze Liste, und wir werden sie uns vorknöpfen, sobald wir wieder an die Macht gekommen sind.« Und auch das: »Wenn die Polizei Gas gegen uns einsetzt, werden wir es wie eine Feuerwaffe betrachten und unverzüglich darauf antworten.«

In einer besonders scharfen Erklärung sagte Zeevi noch: »Rabin und Peres, alle Minister der Regierung und ihre hohen Beamten werden eines Tages vor Gericht gebracht, weil sie sich unseren Feinden unterwarfen und das Volk demütigten.«

Einer von *Su Artzenus* Anführern, Rabbi Benny Allon, ein Onkel von Yigal Amirs Freundin Margalit Harshefi, auch er Mitglied der Moledet-Partei, beschuldigte Rabin, das Land in einen Bürgerkrieg zu führen. Er riet ihm zur Vorsicht, wenn er nicht sterben wolle. Und er fuhr fort: »Unter uns gibt es viele Baruch Goldsteins. Ich bin davon überzeugt, daß bei der jetzigen Stimmung ein neuer Goldstein aufstehen und dieses Mal vierzig Linke töten wird.« Diese Worte hat er kurz vor der Ermordung des Ministerpräsidenten gesagt. Von allen *Su-Artzenu*-Mitgliedern war jedoch Feiglin der extremste. Auf der berüchtigten Demonstration auf dem Zionsplatz in Jerusalem sagte er unter anderem: »Rabin ist ein Mörder, ein Tyrann, dessen Tage gezählt sind. Es ist eine Pflicht, seinen Wagen zu treffen. Er ist der Judenrat, der uns in die Züge steigen läßt. Ich bin ein echter Jude, Rabin dagegen ein falscher. Für mich ist Rabin heute Feind Nummer eins, und er kommt für mich noch vor der *Hamas* und jeder anderen [arabischen] Terrororganisation.« Feiglin verbreitete seine rassistische und faschistische Ideologie in den Medien. Für ihn existierte kein palästinensisches Volk: »Es ist nur eine Gruppe Arabisch sprechender Menschen, die sich plötzlich für ein Volk halten. Es sind Parasiten, Untermenschen. Auch bei den Afrikanern gibt es keine Völker, nur Stämme.« Unvorstellbar sind seine Worte über den Nazismus in einem Interview mit der seriösen Tageszeitung *Haaretz* vom 8. Dezember 1995: »Dank des Nazismus konnte Deutschland die vorherrschende Dekadenz hinter sich lassen und zu einer aus physischer und ideologischer Sicht phantastischen Zeit aufbrechen. Die Jugend, bis dahin der Ausschuß der Gesellschaft, wurde richtig angefaßt und organisiert, und Deutschland gab sich eine vorbildliche öffentliche Ordnung. Hitler liebte gute Musik, er malte. Da kann man nicht von einer Bande von Rowdies sprechen...« Schon vor dem Zweiten Weltkrieg identifizierten sich bei der Rechten in der jüdischen Gemeinde in Palästina Gruppen mit den Faschisten. Der rechtsextreme Schriftsteller Abba Ahimeir beispielsweise, Chefredakteur der Wochenzeitung *Die Volksfront* – er verfolgte, wie bereits oben erwähnt, den Arbeiterführer Arlosoroff mit seinem unversöhnlichen Haß – zeichnete verantwortlich für die Rubrik »Notizbuch eines Faschisten«. Während der Zweite Weltkrieg wütete und die Ermordung der Juden von den Nazis zum Programm erhoben und ausgeführt wurde, nahm die Terrorgruppe *Stern* – sie führte Aktionen gegen die Engländer in Palästina durch (während die zweite rechte Terrorgruppe *Irgun* unter der Leitung von Menachem Begin ihren Kampf gegen London eingestellt hatte) – Kontakte zu den Nazis auf, um sie zu unterstützen und im Gegenzug um Hilfe bei der Vertreibung der Engländer aus Palästina zu bitten.[8] Neueinwanderer aus den Vereinigten Staaten spielten bei den Aktivitäten von *Su Artzenu*, die Bewegung hat Ableger in mehreren amerikanischen Städten, eine bedeutende Rolle. Unter den Aktivisten der gegen den Friedensprozeß eingestellten israelischen Rechten waren die Einwanderer aus den

Vereinigten Staaten besonders stark vertreten, obwohl es immer eine ziemlich geringe Einwanderung aus den USA nach Israel gegeben hat. Die Zahl amerikanischer Neueinwanderer in einem Jahr entspricht der in einer Woche aus der ehemaligen Sowjetunion.

Die amerikanischen Neueinwanderer machen 1,2 Prozent der israelischen Bevölkerung aus, aber von allen Gemeinden stellen sie den höchsten Anteil von rechten Extremisten. Und in den letzten Jahren war die Mehrzahl der Einwanderer religiös und stark rechtsgerichtet. Ein Viertel davon lebt in Siedlungen in den besetzten Gebieten. In Ephrat zum Beispiel, einer Siedlung bei Bethlehem, stellen die 392 Neueinwanderer 8,5 Prozent der Bewohner dar. In Siedlungen mit einem sehr hohen Anteil an militanten Rechtsextremisten ist die Zahl amerikanischer Juden noch sehr viel größer. Nicht zufällig ist einer von Yigal Amirs drei Rechtsanwälten, Yonathan Goldberg, ein Neueinwanderer aus den Vereinigten Staaten und lebt in der Siedlung Emmanuel.[9]

Es ist auch kein Zufall, daß die gewalttätigste Demonstration, auf der Rabin physisch bedroht wurde, im Wingate-Institut stattfand, wo amerikanische Neueinwanderer die Mehrheit bilden. Später veröffentlichte der Verband der Neueinwanderer aus den Vereinigten Staaten ein vieldeutiges Kommuniqué über diesen verpaßten Angriff auf Rabin.

Dabei darf nicht vergessen werden, daß Baruch Goldstein, der Mörder von Hebron, ebenfalls aus den Vereinigten Staaten stammte. Ebenso ist der jetzige Chef der faschistischen *Kach*-Bewegung, Baruch Marzel, ein amerikanischer Neueinwanderer aus Boston.

Yigal Amir stieß bei den Juden in den Vereinigten Staaten auf sehr viel Sympathie, besonders unter den Orthodoxen. Er hatte den Mann getötet, der »das Vaterland an die Feinde verkaufte«. Für die Finanzierung seiner Verteidigung wurde eine Spendensammlung veranstaltet. Im Internet ist ein ehemaliger Amerikaner für die Propaganda zugunsten Yigal Amirs verantwortlich. Auf der ersten Seite steht folgender Satz: »Ich habe es für Gott, Volk und Vaterland getan.« Die Hetzreden amerikanischer orthodoxer Juden gegen Rabin standen jenen der extremen Rechten in Israel nicht nach. Im Oktober vertrat unter anderem Rabbi Abraham Hecht von der Synagoge Shaarei-Zion (»die Pforten Zions«) in Brooklyn noch vor der Ermordung die Ansicht, Rabin habe gemäß dem jüdischen Gesetz den Tod verdient, weil er den *Gojim* [Nichtjuden] ganz bewußt Leben und Güter der Juden aushändige. »Nur dieses Urteil kommt für ihn in Frage.« Auch weitere orthodoxe Rabbiner in den Vereinigten Staaten veröffentlichten einen ähnlichen Urteilsspruch; Rabin wurde darin abwechselnd als Verfolger und als Spitzel bezeichnet. Ebenso hieß es, er verdiene es, ohne Prozeß getötet zu werden. Die orthodoxe Wochenzeitschrift *Jewish Press* mit einer Auflage von rund 90 000 verglich Rabin mit Hitler. Und ähnlich bezeichnete auch die größte jiddische Wochenzeitung, das *Algemaine Journal,* Rabin als den »jüdischen Hitler«.

Erst nach dem Attentat wurden sich die israelischen Behörden der Tatsache bewußt, daß fanatische amerikanische Juden in Israel die Reihen der extremen Rechten stärkten, indem sie ihr gesetzlich verankertes Recht auf Heimkehr nutzten, um Haß zu säen und antidemokratischen Aktivitäten nachzugehen. In der israelischen Regierung wurden daher Überlegungen laut, dieses Gesetz abzuändern. Es zeigte sich jedoch, daß die bestehenden Gesetze bei richtiger Anwendung durchaus ausreichen, um unerwünschten Elementen die Einreise nach Israel zu verwehren. Seither untersagt der Innenminister jüdischen rechtsextremen Aktivisten aus den USA die Einreise. »Wir haben schon genug mit den hier Anwesenden zu tun«, erklärte ein Beamter dieses Ministeriums.

Das Recht auf Heimkehr, ein in der Welt beispielloses Gesetz, verleiht jedem Neueinwanderer automatisch die israeli-

Rabin – Ein politischer Mord

sche Staatsangehörigkeit ohne eine Überprüfung seiner Identität und auch ohne jede Probezeit. Die Befürworter einer Änderung wünschen sich ein strengeres Einwanderungsgesetz, vereinbar mit den wahren Interessen eines Staates Israel in friedlicher Koexistenz mit seinen Nachbarn, anstelle des permanenten Kriegszustandes, wie er bis zur Unterzeichnung der Abkommen von Oslo bestand. Im Falle eines hypothetischen Pogroms würden die in Israel Zuflucht suchenden Juden Schutz finden, ohne aber automatisch eingebürgert zu werden. Sie würden die israelische Staatsangehörigkeit erst nach mehreren Jahren bekommen, vorausgesetzt, der Bewerber gefährdet nicht die Sicherheit Israels und ist nicht in Verbrechen verwickelt.

Aber auch in den Vereinigten Staaten selbst vollzog sich in der Führungsspitze der jüdischen Gemeinden angesichts der Propaganda bestimmter orthodoxer Kreise gegen die israelische Regierung und Rabin persönlich ein Wandel. Einige führende Juden in den USA sagten sogar: »Yitzhak Rabin, vergib uns unser Schweigen.« Die Vorsitzenden jüdischer Gemeinden und Organisationen in den Vereinigten Staaten beriefen eine außerordentliche Versammlung ein, auf der beschlossen wurde, der israelischen Regierung aktiv zu helfen. Im Mittelpunkt stand die Veranstaltung einer Massenkundgebung im *Madison Square Garden* als Ausdruck ihrer Unterstützung für den Friedensprozeß. Shimon Peres und Lea Rabin gehörten zu den Gästen. Unglaublich aber wahr: Es war die erste Kundgebung der jüdischen Gemeinde in den Vereinigten Staaten für den Frieden seit dem Wahlsieg der Arbeitspartei 1992. Der Abend war religiös verbrämt, um auch die Rabin-feindlichen orthodoxen Kreise zufriedenzustellen. Zudem wurde weder der Begriff »Friedensprozeß« benutzt, noch durfte die Sängerin Miri Aloni – sie hatte das *Lied für den Frieden* auf der Kundgebung gesungen, auf der Rabin ermordet worden war – in New York auftreten; die Orthodoxen hatten ihr Veto eingelegt, denn für sie ist traditionsgemäß »die Stimme einer Frau unanständig...«

Sicher, nach der Ermordung erlebte man keine Demonstrationen gegen die israelische Politik mehr wie jene mit 40 000 jüdischen Teilnehmern fünf Monate davor im Central Park, auf der Parolen wie »Rabin, Verräter, Mörder, Nazi!« zu hören waren. Allerdings hat auch kein einziger unter den Hunderten von amerikanischen Rabbinern seine Unterschrift von dem Erlaß zurückgezogen, in dem die Rückgabe von Teilen von *Eretz Israel* an die Palästinenser untersagt wurde.

Gemäß einer Umfrage im Februar 1996 trug Rabins Ermordung dazu bei, daß die Unterstützung amerikanischer Juden für den Friedensprozeß um 11 Prozent angestiegen ist. 79 Prozent waren dafür, 13 Prozent dagegen, und 8 Prozent hatten keine Meinung. Im übrigen sind 56 Prozent der orthodoxen Juden gegen diesen Prozeß, und vor allem unterstützen sie auch weiterhin die Aktivitäten der Bewegung *Su Artzenu* und anderer Gruppen der extremen Rechten in Israel.

Der Staatspräsident höchstpersönlich...

In dem Bemühen, die Legitimation der Regierung in Frage zu stellen, hat – zur Überraschung aller – auch der erste Bürger von Israel, Staatspräsident Ezer Weizman, eine nicht gerade geringe Rolle gespielt. Seine Äußerungen waren Wasser auf die Mühlen der rechten Propaganda. Er beanstandete, ja diskreditierte die Politik der Regierung in bezug auf alles, was mit dem Frieden mit den Palästinensern zusammenhing. Rabin war darüber sehr verärgert, aber aus Achtung vor dem Präsidentenamt reagierte er nicht darauf. Eine wachsende Zahl von Befürwortern des Friedens war der Ansicht – soweit ist man bis dahin in Israel noch nie gegangen –, der Präsident vertrete sie nicht mehr. Andere bedauerten offen, daß nicht sein Rivale Lova Eliav von der Arbeitspartei, ein Pazifist sowie Humanist und seit langem schon Befürworter eines Friedens mit den Palästinensern mit Hilfe der PLO, nicht an seiner Stelle gewählt wurde.

Ezer Weizman, daran muß erinnert werden, war von der Arbeitspartei wegen seiner – damaligen – Ansichten als »Taube« als Kandidat aufgestellt worden. Aber nach seiner Wahl kehrte er schrittweise zu seinen früheren Ansichten zurück, als er noch ein »Falke« war und Mitglied von Menachem Begins Herut-Partei. Er entpuppte sich als populistischer Staatspräsident, ziemlich locker, wie einige sagen, opportunistisch nach Meinung anderer. Kein israelischer Staatspräsident, Symbol der Synthese der meisten politischen Strömungen im Land, hatte sich bis dahin je in die tägliche Politik eingemischt. Weizman machte es sich dagegen seit seiner Wahl 1993 zur Gewohnheit, politische Erklärungen abzugeben, »Noten« auszuteilen und bei heiklen Themen – dazu angetan, das Land zu spalten – einzugreifen. Er ist darüber hinaus der in den Medien am häufigsten präsente Staatspräsident in der Geschichte Israels. Seit den Abkommen von Oslo griff er immer wieder in die Debatte zwischen Befürwortern und Gegnern des Friedens mit den Palästinensern ein und ließ der Rechten manchmal stillschweigend, manchmal offen seine Unterstützung zukommen. Er ließ durchklingen, Yitzhak Rabin wisse nicht immer, was er tue, er gehe zu schnell vor und sogar, er sei unbesonnen. Nach jedem Anschlag, bei dem Israelis, Zivilisten oder Soldaten, umkamen, ergriff er das Wort: »Der Friedensprozeß muß eingestellt werden, um die Lage zu überprüfen«, oder auch: »So kann das nicht weitergehen« – zwei wichtige Sätze von Weizman. Die Befürworter der Abkommen von Oslo hätten statt dessen gerne von ihm gehört, die Verwirklichung des Friedensprozesses müsse entschlossen weiter vorangetrieben werden, denn Ziel der Terroristen sei es ja, ihn zu stoppen; das wäre geradezu ein Geschenk für sie. Präsident Weizman weigerte sich zum Beispiel, die Vertreter mehrerer tausend Siedler zu empfangen, nachdem sie beschlossen hatten, die besetzten Gebiete zu verlassen und sich mit Hilfe der Friedensbewegung *Peace Now* in Israel niederzulassen. Seiner Ansicht nach eignete sich dieses Thema gerade damals nicht für eine Debatte. Aber er setzte seine Besuche der Siedlungen in den besetzten Gebieten fort, in denen er mit Gegnern der Abkommen von Oslo sprach. Eine Woche vor der Ermordung Rabins sagte er bei einer Zusammenkunft mit Knessetabgeordneten: »Das Abkommen von Oslo ist nicht gültig, denn es wurde mit nur einer Stimme Mehrheit ratifiziert.« Er sabotierte sogar das Abkommen mit der PLO, in dem Israel sich bei seiner Unterzeichnung am 28. September 1995 verpflichtet hatte, alle palästinensischen Gefangenen freizulassen. Für die Freilassung von Gefangenen braucht man in Israel – außer bei Kriegsgefangenen – die Unterschrift des Staatspräsidenten. Aus populistischen Erwägungen heraus zwang Weizman Israel, das Abkommen in diesem Punkt zu verletzen: Er lehnte es trotz allen politischen Drucks ab, fünf palästinensische Gefangene zu begnadigen, weil »sie Blut an den Händen haben«. Dazu sagte einer der Befürworter von Oslo bitter: »Noch ist nicht klar, wer in diesem langen und noch immer nicht beendeten Krieg mehr Blut an den Händen hat.«

Bis zum Schluß traf Weizman – schon vorher hatte er sich unablässig ziemlich vieldeutig geäußert – haargenau den falschen Ton. Als sich am 4. November spätabends noch die Nachricht von Rabins Ermordung wie ein Lauffeuer verbreitete, ergriff der Staatspräsident vor einem zu Boden geschmetterten Volk das Wort in einem völlig neutralen Ton und wiederholte zum x-ten Mal seinen Aufruf zur Einheit. Als er im Krankenhaus eintraf, nachdem der Regierungschef gerade gestorben war, schrie ihn einer von Rabins Enkeln unbeherrscht an:»Gehen Sie weg, verschwinden Sie!«Auf der Beerdigung, einem derart von Emotionen getragenen Ereignis, das ganz Israel und die Welt ergriff, enthielt Weizmans Rede Dissonanzen. Er hatte den für ihn vorbereiteten Text vergessen, statt dessen improvisierte er eine zweideutige Ansprache, in der er den Frieden, Rabins größtes Werk, gerade einmal streifte, so daß sogar seine eigenen Freunde bestürzt waren.»Das war eine unglaubliche, eine schockierende Rede, als habe der Präsident nichts Konkretes zu sagen«, so der Tourismusminister und frühere Generalsekretär der Arbeitspartei, Uzi Baram.»Weizman hat sich seines Präsidentenamtes nicht würdig gezeigt«, schloß er seine Worte.

Die Rolle der Medien

Nach jedem Terroranschlag auf den Straßen von Israel nährten und verstärkten die Medien – das war zu erwarten – Zorn und Wut des Volkes. Die rechten Extremisten verstanden es, sich ihrer zu bedienen. Die gewaltigen roten Schlagzeilen der beliebten Zeitungen trugen häufig zur Hysterie bei. Das Motiv für diese Eskalation des Sensationellen lag auch in der gnadenlosen Konkurrenz zwischen den beiden großen israelischen Tageszeitungen und den Fernsehsendern. Nach der Ermordung kritisierte man, wie so oft, die Rolle der Medien und warf ihnen vor, Öl ins Feuer gegossen zu haben. Eine im großen und ganzen ungerechtfertigte Kritik, denn die Medien spiegeln lediglich Meinungen und Ideen wider, selbst wenn sie den Beschwörungen der Rechten, das stimmt durchaus, manchmal mehr Platz eingeräumt haben. Der Rechtsberater der Regierung hatte zwar auf die zur Ermordung führende Haßkampagne nicht reagiert, aber nachdem das Unvorstellbare passiert war, wollte er eine Zensur einführen; er zog seinen Vorschlag jedoch schnell wieder zurück. Die Presse blieb weiterhin frei und gab und gibt alle Äußerungen wieder, auch die von Yigal Amir vor Gericht, über die so viele Menschen schockiert waren.

Im ersten Fernsehprogramm bekommt man in einer wöchentlichen Sendung, einer Diskussion mit dem Titel *Popolitica*, gespickt mit Ordinärem, Grobheit und verbaler Gewalt, eine Vorstellung von der Stimmung, wie sie auf der Straße an der Tagesordnung ist. Man diskutiert laut schreiend, niemandem gelingt es, auch nur einen Satz zu vollenden. Eine Kultur der Marktschreierei. Sicher verstärkte auch diese Sendung die öffentlichen Unmutsäußerungen. Zahlreiche Beobachter bedauern, daß die heftige politische Diskussion zu einem Symbol der israelischen Gesellschaft geworden ist. In der soeben erwähnten Sendung hatten die Teilnehmer »buchstäblich den Mund voll Blut«.

Natürlich brauchte Yigal Amir keine derartige Sendung, um zum Handeln animiert zu werden. Dennoch war er ein eifriger Hörer von *Kanal 7*, dem Sender der Siedler in den besetzten Gebieten, in dem Rabin und mit ihm seine Regierung ununterbrochen angegriffen wurden. Das ist ein Piratensender in der Siedlung Beit El bei Ramallah. Selbst im Gefängnis darf Rabins Mörder seinen Lieblingssender hören – er hat Anspruch auf ein Radio. Unter anderem war folgendes vor der Ermordung zu hören: »Artikel 97 (1977) des Strafgesetzes schreibt vor: Wer der Souveränität des Landes schadet, den erwartet die Todesstrafe oder aber eine lebenslängliche Freiheitsstrafe. Was ist ein Verräter? Das Wörterbuch definiert ihn als jemanden, der das Vertrauen mißbraucht, gegen seine Kameraden, sein Volk oder sein Land handelt und dem Feind hilft. Was ist Rabin demzufolge?« Das ist der Tenor des ersten Sprechers des Senders, Adir Zik. Sein Thema ist unerschöpflich. »Diese Regierung hat den Zionismus verraten und gegen die Gesetze von Israel verstoßen. Wer der PLO und *Hamas* [mit dem Friedensvertrag] Grund zum Feiern gibt, wird eine passende Antwort bekommen.« »Rabin und Peres, die beiden Verräter, wurden mit Geld gekauft.« »Es überrascht nicht, daß Rabin gesagt hat, die Demonstrationen würden ihn nicht dazu bringen, eine andere Richtung einzuschlagen. Wären Tausende von Menschen gewaltsam bei ihm eingedrungen oder hätten sie ihn einfach nach draußen geschleppt, er hätte es sich anders überlegt. Es ist an der Zeit, Rabin nicht mehr mit Samthandschuhen anzufassen, sondern ihn so zu behandeln, wie er es verdient hat.«

Und auch das war auf *Kanal 7* zu hören: »Rabin versteht nur die Sprache der Gewalt, dann muß man eben in der ihm vertrauten Sprache mit ihm sprechen« (Uri Ariel, Vorsitzender des Siedlerrates in den besetzten Gebieten).

»Nein, Yitzhak Rabin ist kein Nazioffizier, wie in der Fotomontage auf der Demonstration in Jerusalem gezeigt, er kollaboriert mit Tausenden von Nazioffizieren. Er läßt sie hinein mitten ins Herz des Staates Israel mit ihrem Führer ›Adolf‹ Arafat an der Spitze, um das jüdische Volk auszurotten« (der Schriftsteller Moshe Shamir am 18. Oktober 1995).

Übrigens hatte Yigal Amir Avi Rat, einen der Stars von *Kanal 7*, zu einem Vortrag an einem von ihm veranstalteten Wochenende in den Siedlungen eingeladen.

Unter den religiösen Zeitungen nimmt die Wochenschrift *Hashawua* (»Die Woche«) im Feldzug gegen Rabin eine Sonderstellung ein. Über ein Jahr lang bis zum Tod des Ministerpräsidenten übertraf die im Blatt verwendete Sprache alle anderen an Gewalt und Brutalität. Wiederholt befaßte es sich mit der Frage, ob Rabin wegen seiner Politik sterben müsse. Immer wieder tauchten in den Spalten die Wörter »Verräter«, »Verrückter«, »Nichtjude«, »Nazi«, »Kapo« und »Judenrat« auf. Der Chefredakteur hatte vorgeschlagen, Rabin zu schlagen, »bis das Blut spritzt«. In einem Artikel ist zu lesen:

»Eines Tages wird das Volk von Israel Rabin und Peres auf die Anklagebank setzen, ihnen den Prozeß machen, und dann werden sie nur noch zwischen Galgen oder Irrenanstalt wählen können.« Im August 1995 hieß es, bestimmte Gruppen würden sogar so weit gehen, Rabins Hinrichtung zu fordern. Nach der Ermordung stellte die Zeitschrift ihr Erscheinen für einen Monat ein, danach kam sie wieder heraus. Und auch die Angriffe wurden wieder aufgenommen. »Ein Mörder bleibt ein Mörder, selbt wenn er tot ist«, hieß es in der Zeitschrift, in der Yigal Amir als eindrucksvoller Mann beschrieben wird. Asher Zuckerman, der Zeitungsherausgeber, sagte dazu: »Unsere Linie wird sich nicht ändern, dafür gibt es keinen Grund.«

Die verbale Gewalt fanatischer orthodoxer Kreise kannte keine Grenzen. Am 26. Januar 1995 war Yitzhak Rabin bei einer Zeremonie zur Vereidigung junger Fallschirmjäger an der Westmauer [Klagemauer] anwesend. Plötzlich ertönten Parolen wie: »Rabin, Verräter! Rabin, Mörder!« Die Rufe kamen von der *Yeshiva Esh ha-Thora* (»Feuer der Thora«), von der man direkt auf die Mauer blickt. Rabins persönlicher Referent forderte einen Polizeioffizier auf, den jungen Studenten diese skandalösen Schreie sofort zu verbieten. Der Offizier kam seiner Aufforderung nach, aber gleich nach seiner Rückkehr erklangen die Rufe erneut, diesmal noch heftiger.

In den religiösen Schulen der Siedlungen erzieht man die Kinder schon früh zum Haß auf die Araber, die Palästinenser: Wer sich mit ihnen abgibt, ist bösartig und ein Verräter. Eine solche Erziehung bringt einen Yigal Amir hervor. Der israelische Filmemacher Micha Peled drehte in Kiryat Arba, der Siedlung oberhalb der arabischen Stadt Hebron, in der auch der Moschee-Attentäter Baruch Goldstein lebte, einen Film mit dem Titel *Gottes Bunker*. Eine Szene drehte er in der Schule dieser Siedlung. Der Lehrer fragt: »Was habt ihr heute gelernt?« Ein Schüler: »Wir haben gelernt, daß Rabin das Volk spaltet.« Ein anderer Schüler: »Wir haben gelernt, daß Rabin Fehler begeht.« Eine weitere Szene zeigt Kinder der Siedlung im Bus, sie singen: »Alle hassen die Araber. Aber am wichtigsten ist es, sie zu töten, einen nach dem anderen.« Und der Refrain: »Ha! Ha! Ha! Ich habe mich noch nicht richtig gerächt!« Danach skandierte Rufe: »Ami Popper! Keiner kommt Dir gleich!« Der Israeli Ami Popper hatte 1990 sieben palästinensische Arbeiter aus Gaza ermordet, dafür wurde er zu einer lebenslänglichen Freiheitsstrafe verurteilt. Professor Moshe Zimmermann von der Hebräischen Universität in Jerusalem, sein Fachgebiet ist das Dritte Reich, sagte in einem Interview: »Einen bestimmten Teil der israelischen Öffentlichkeit würde ich ohne zu zögern mit deutschen Nazis vergleichen. Die Siedlerkinder in Hebron benehmen sich genau wie die Hitlerjugend. Sie werden mit der Vorstellung aufgezogen, daß alle Araber Übeltäter und alle Nichtjuden, die *Gojim*, gegen uns sind. Man macht sie zu Paranoikern, und sie sind davon überzeugt, daß sie ›einer Herrenrasse‹ angehören, genau wie die Hitlerjugend.« Die zukünftigen Amirs und Goldsteins…

Auch nach der Ermordung Rabins wird Siedlerkindern immer noch eingebleut, daß er für das Böse steht. So veröffentlichte die Zeitschrift des Regionalrats von Gush Etzion (zwischen Bethlehem und Hebron gelegen) ein von den Schülern erdachtes »Interview« mit dem Ministerpräsidenten: »Erlauben Sie, Herr Rabin, wie konnten Sie nur so ein schreckliches Abkommen unterzeichnen, das soviel Schlimmes über unser Volk bringt?« Rabin: »Mein liebes Kind, Du weißt also noch nicht, daß der Teufel sich meiner bemächtigt und mich zu so greulichen Taten verführt hat. Ich weine vor Traurigkeit, weil ich es gewagt habe, die Einheit unseres Volkes zu zerstören.« Und in diesem Ton geht es weiter…

Die Justiz: zu wenig und zu spät

Wären die für die Anwendung der Gesetze zuständigen Organe wie Polizei, Generalstaatsanwalt und Richter in den Jahren vor Rabins Ermordung gegen die Aggression und Aufwiegelung, gegen die Aufrufe zum Gesetzesverstoß und zur Hetze zum Mord rechtzeitig eingeschritten, hätte das Attentat vermieden werden können. Der Entwicklungsprozeß mit dem Ziel, die Regierung in Israel zu unterminieren, begann schon in den siebziger Jahren mit der Gründung illegaler Siedlungen. Diese waren eine direkte Folge der »legalen« Siedlungen, auch sie ein Verstoß gegen die Genfer Konvention. Die jeweiligen Regierungen, erst von der Arbeitspartei, danach vom Likud-Block gebildet, duldeten diese »illegale« Erscheinung notorisch nachsichtig. Die »wilden« Siedler verstießen gegen die öffentliche Ordnung und widersetzten sich Polizisten wie Soldaten, wenn sie Land besetzten, das ihnen nicht gehörte. Die Regierung führte Verhandlungen mit ihnen, manchmal wurden die Siedlungen vorübergehend geräumt, aber die Siedler kehrten immer wieder zurück. Für breite Schichten der Bevölkerung waren sie häufig genug Patrioten, obwohl sie gegen das Gesetz verstießen. Siedler wie rechte Aktivisten, stets gut bewaffnet, veranstalteten in den palästinensischen Ortschaften richtige Pogrome. In den meisten Fällen verzichtete man auf eine Anklageerhebung, und die wenigen Übeltäter, denen man den Prozeß machte, kamen meistens mit leichten Strafen davon. Ihre Freunde begrüßten sie beim Verlassen des Gefängnisses wie Helden.

Als nach der Unterzeichnung des Abkommens von Oslo im September 1993 die Rechte die Regierung zu verketzern und Gewalt anzuwenden begann, um ihre politischen Ziele durchzusetzen, hätte das Gesetz zur Verteidigung der Demokratie eingesetzt werden müssen. Die extreme Rechte und – in den meisten Fällen – die Rechte im allgemeinen begannen

nun, sich zu widersetzen. Die Rechtsprechung verfügt über
alle legalen Mittel, um Straftäter zu belangen. Nach dem Blutbad von Hebron erklärte Yitzhak Rabin: »Die Fanatiker der
Rechten sind für uns eine Terrororganisation wie *Hamas*.«
Aber hinter diesen Worten stand nicht der Wille zum Handeln.

Gegen junge palästinensische Intifada-Aktivisten oder gegen an Terroranschlägen Beteiligte griffen Polizei wie Justiz
mit einer sehr harten Unterdrückungspolitik durch; ihre Häuser wurden in die Luft gesprengt. Sie schritten jedoch nicht
gegen die jüdischen Übergriffe in den besetzten Gebieten ein.
So gab es zweierlei Maß bei der Verfolgung von Straftaten,
einerseits die gegen Juden begangenen und andererseits die
gegen Araber.

Die Mitglieder der zweiten Gruppe um die Amir-Brüder,
die bereit waren, »einzig und allein« Araber zu töten, wurden ziemlich schnell wieder auf freien Fuß gesetzt. Die Polizei führte zwar eine Untersuchung der Rabbiner durch, die
verdächtigt wurden, mit ihrer Unterschrift des Erlasses die
Ermordung des Ministerpräsidenten erlaubt zu haben; gegen
die Rabbiner jedoch, mit deren Erlaubnis arabisches Blut vergossen wurde, ging niemand konsequent vor. Nach Rabins
Ermordung wurde jeder verhört, der seine Freude darüber
äußerte, aber niemand schritt gegen die Erbauer des Mauso-
leums für Goldstein ein. Zu dieser Pilgerstätte kommen seither viele, die sich dem Mörder mitteilen möchten. Die für die
Einhaltung des Gesetzes verantwortlichen Organe haben anscheinend noch immer nicht begriffen, daß es keine partielle
oder doppelte Gerechtigkeit geben kann. Wer nicht entschie-
den auf die Ermordung eines Arabers durch ein rechtsextre-
mes Mitglied reagiert, trägt unvermeidlich zum Mord eines
Juden bei, der als schlechter Jude dargestellt wird. Zur Rechtfertigung seines Handelns behauptete Amir übrigens, Rabin
sei kein richtiger Jude...

In Wirklichkeit war die öffentliche Meinung in Israel nicht reif, um ein konsequentes Vorgehen gegen die rechten Übeltäter zu akzeptieren. Schließlich hatte die extreme Rechte ihre Waffen nur auf Araber gerichtet. Zwar gab es manchmal Angriffe auf Juden, aber nie mit Waffengewalt. Die einzige Ausnahme war Emil Grünzweig, der 1983 bei einer Demonstration der Friedensbewegung *Peace Now* von einer auf die Demonstranten geworfenen Granate getötet wurde. Aber nicht einmal Goldsteins Massaker hat die Meinung auf der Straße zum Umdenken bewegt. Die Verbrechen von Juden gegen Palästinenser wurden allzu nachsichtig registriert, man führte mildernde Umstände an. Gegenüber den Palästinensern war man jedoch immer für hartes Vorgehen.[10] Der Untersuchungsausschuß über das Blutbad in der Moschee von Hebron unter dem Vorsitz von Meir Shamgar hatte auf die Gefährlichkeit der Kluft zwischen Worten und Taten im Umgang mit Rechtsextremen und Fanatikern hingewiesen. »Viel Tinte ist geflossen, und viele Worte wurden dazu gesagt, aber effektiv unternommen wurde zu wenig und zu spät. Deshalb wurde diese Botschaft von den Gewalttätern offensichtlich nicht als negativ interpretiert.« Meir Shamgar, der auch den Vorsitz des Untersuchungsausschusses zur Ermordung Rabins führte, hätte diesen Satz auch in seinen neuen Bericht aufnehmen können. Im vorherigen steht er auf Seite 192. Er hat dies aber nicht getan.

Es entsteht der Eindruck, daß die Justiz ohnmächtig war. Bekannte Rabbiner erließen ein Edikt, in dem sie dazu aufriefen, die Umsetzung der Abkommen von Oslo mit allen Mitteln zu verhindern. Das war ein direkter Aufruf zum Ungehorsam und zum Gesetzesverstoß. Gegen diese Rabbiner wurde nichts unternommen, obwohl mehrere von ihnen Staatsbeamte waren und von der Regierung bezahlt wurden, gegen die sie zum Widerstand aufriefen. Deshalb dürfte es nicht überraschen, wenn Yigal Amir wie ein Echo der Stimme dieser

Rabbiner den Mord mit den folgenden Worten erklärte: »Wer einem anderen das Land Israel aushändigt, verdient den Tod.« Die beiden faschistischen Organisationen, *Kach* und *Kahane Hai*, wurden nach dem Blutbad in Hebron für illegal erklärt. Die Presse verkündete diesen Schritt in großen Schlagzeilen, aber nach einer Ruhepause nahmen beide Gruppen ihre Aktivitäten wieder auf. Ihre Büros in Jerusalem sind zwar noch immer geschlossen, aber ihre Agitationen gehen wie in der Vergangenheit weiter. In Kiryat Arba haben sie ein Mausoleum zum Andenken an Goldstein gebaut. Das war ein krimineller Akt. Als vielleicht einzige Demokratie der Welt gestattete Israel den Bau eines Denkmals zur Erinnerung an einen Mörder, veranwortlich für den Tod Dutzender Unschuldiger beim Gebet.

In jedem demokratischen Land kommt eine Person, die in der Öffentlichkeit für die Ermordung des Ministerpräsidenten eintritt und ihn als Mörder bezeichnet, für einige Jahre hinter Gitter. Bis zu Rabins Ermordung wurde gegen keinen einzigen Anklage erhoben, obwohl Rabin von Unzähligen als Verräter, Mörder oder Nazi beschimpft wurde und obwohl Artikel 4 des Strafrechts über den Kampf gegen den Terrorismus bestimmt, daß derjenige, der eine Gewalttat gutheißt, ein Verbrechen begeht und mit bis zu drei Jahren Gefängnis ohne Bewährung bestraft werden kann.

Mit ihrer Nachsicht gegenüber den »ideologischen« Gewalttätern haben die Richter eine schwere Verantwortung auf sich geladen. Der Chef von *Kahane Hai*, ein Sohn von Rabbi Kahane, und seine Komplizen veranstalteten in einem palästinensischen Dorf im Westjordanland ein Pogrom (dieser Begriff stammt von dem Richter). Die vom Generalstaatsanwalt vorbereitete Anklageschrift forderte eine Gefängnisstrafe zwischen sieben bis achtzehn Jahren. Der Richter reduzierte die Strafe auf gemeinnützige Arbeiten außerhalb der Gefängnismauern für die Dauer von sechs Monaten.

Nach Rabins Ermordung erinnerten sich die Justizorgane plötzlich an die – schon staubigen – Untersuchungsakten über Übergriffe von rechtsextremen Israelis auf Palästinenser. Einige der Anklageschriften wurden aus der Schublade geholt, aber auch diesmal war es zu wenig und zu spät. Man erinnerte sich auch an einen der schlimmsten Verbrecher unter den Siedlern von Hebron, Rabbi Moshe Levinger, dem gegenüber die Richter immer erstaunliche Milde gezeigt hatten. Nach Rabins Ermordung wurde er zu sechs Monaten Gefängnis ohne Bewährung für Straftaten verurteilt, die er viereinhalb Jahre zuvor in Hebron begangen hatte, unter anderem Schüsse und Gewalt gegen palästinensisches Eigentum.[11]

Bestimmte Justizbehörden führten sich fahrlässig, um nicht zu sagen lächerlich auf. Im Frühjahr 1994 schickte Doron Spector vom Kibbuz Merhavia einen Brief an das Siedlerkomitee auf dem Golan und forderte es auf, seine Kampagne einzustellen, die »unweigerlich zu einem politischen Mord führen kann«. Ein paar Tage später stellten sich zwei Polizisten mit einem Durchsuchungsbefehl bei ihm ein, beschlagnahmten Briefe und nahmen ihm seine Fingerabdrücke ab. Man teilte ihm mit, daß er wegen eines Aufrufs zum Ungehorsam angezeigt sei. »Es war schrecklich«, sagte er später. »Ich kam mir vor wie ein erbärmlicher Verbrecher.« Sechs Wochen nach Rabins Ermordung erhielt er einen Brief vom Staatsanwalt des Bezirks Nordisrael, in dem dieser ihm schrieb: »Ich habe Ihre Akte überprüft und mußte verblüfft feststellen, daß Sie die Warnzeichen [vor dem Mord] an der Wand erkannten, und zwar schon im April 1994. Ich bedaure, ein Verfahren gegen Sie eingeleitet und die Untersuchung, in der Sie als verdächtig galten, aufgenommen zu haben. Ganz offensichtlich rief Ihr Brief in keiner Weise zum Ungehorsam auf. Wir entschuldigen uns bei Ihnen, und ich bitte Sie um Verzeihung.«

Nach dem Mord am 4. November leiteten die Justizbehörden gegen einige Personen ein Verfahren ein, die laut ihre Freude über den Tod geäußert hatten; dies geschah zum Beispiel in mehreren Siedlungen im Westjordanland, unter anderem in Ariel. Dort hatten Dutzende von Personen bei der Nachricht mitten in einer Veranstaltung in die Hände geklatscht. In der Siedlung Tapuah tanzten die Einwohner zum Zeichen ihres Jubels. In der Siedlung Maale Amos verkündete ein Spruchband: »Wir sind alle Yigal Amir.« Auch in Kiryat Arba gab es hier und da Anzeichen von Freude. Das gleiche gilt für bestimmte Kasernen und Synagogen wie jener in Holon, einem Vorort von Tel Aviv, in der man geradezu jubelte, als die Nachricht bekannt wurde.

Zustimmung und Gewissensprüfung

Weder die Rechte noch die extreme Rechte wandten sich unmißverständlich gegen den Mord; davon waren sie weit entfernt. Zwar verurteilten bestimmte Personen die Ermordung, dachten sich dabei aber doch, Rabin habe mit seiner Politik sein Ende beschleunigt. Andere bastelten sich eine »Drei-Etagen-Theorie«: Auf der obersten Etage steht der Täter, der auf den Abzug drückt; die Etage darunter stellt die Hetze gegen die Regierung dar, aber im Erdgeschoß befindet sich die Regierung selbst. Sie hat durch ihr Handeln das Gewissen der wahren Patrioten gegen sich aufgebracht und mit der Aufgabe von Gebieten des Heimatlandes das Leben von Juden gefährdet. Wo sitzt also der wahre Schuldige?, heißt demnach die Frage.

General Raphael Eitan, Knessetabgeordneter und Vorsitzender der rechtsextremen Tsomet-Partei, schob höchstpersönlich dem Ministerpräsidenten ausdrücklich jede Verantwortung für den eigenen Tod zu. In einem Vortrag vor Schülern in Haifa erklärte er zwei Wochen nach der Ermordung, nach israelischem Gesetz stehe auf der Aufgabe von Teilen von *Eretz Israel* entweder die Todesstrafe oder eine lebenslängliche Freiheitsstrafe. Diese Worte wurden schon vorher im Radio der Siedler, auf *Kanal 7*, ausgesprochen und galten als Anstiftung zum Mord. Heute erregen sie offenkundige Wut. »Der Zusammenhang zwischen diesen Worten und Rabins Ermordung ist schrecklich offensichtlich«, sagte der Sekretär der Arbeitspartei, Nissim Zvili. Darauf erwiderte Raphael Eitan: »Ich nehme meine Worte nicht zurück. Was geht hier vor? Darf man nicht einmal mehr die offiziellsten Dokumente des Staates Israel, die Gesetzestexte, zitieren?«[12]

Für die Fanatiker war das der rechte Augenblick zum Handeln. Der Mord an Ministerpräsident Rabin sollte dabei aber nur ein erster Schritt sein. Genau wie am Tag nach dem Blutbad in der Moschee von Hebron am 25. Februar 1994 forderten rechte Extremisten einmal mehr die Zerstörung der *El-Aqsa-Moschee* in Jerusalem, der drittheiligsten Stätte des Islam. Die dadurch in der gesamten muslimischen Welt hervorgerufene Empörung würde dem Friedensprozeß damit endgültig den Todesstoß versetzen. Kurze Zeit nach dem Blutbad in Hebron erklärte *Kach*-Mitglied Yoel Lerner vor der amerikanischen Presse: »Der Zwischenfall in Hebron hat den Friedensprozeß um einen Monat verzögert. Ein ähnliches Unternehmen auf dem Tempelberg [dort befinden sich die *El-Aqsa-Moschee* und der Felsendom] würde ihn völlig zum Erliegen bringen.« Ähnliche Worte waren auch von Rechtsanwalt Kasper zu hören, einem führenden Mitglied der Bewegung für den Bau des dritten Tempels: »Es ist leichter, die *El-Aqsa-Moschee* in die Luft zu sprengen, als dreißig Personen in der Moschee von Hebron zu töten. Das könnte ich ganz alleine machen«, erklärte er am 18. Mai 1994 dem *Wall Street Journal*. Dieser Alptraum ist unvermindert aktuell.

Yehuda Etzion, ein Mitglied der Splittergruppe *Hai Veka-yam* [(das jüdische Volk) lebt und existiert] – in den achtziger Jahren Teil des jüdischen Terroristenringes in den besetzten Gebieten –, hatte damals tatsächlich versucht, die *El-Aqsa-Moschee* zu zerstören; die Behörden vereitelten den Anschlag jedoch rechtzeitig. Etzions 1992 gegründete Organisation bereitet die ideologische Infrastruktur für die Schaffung eines Königreiches Israel vor. Außerdem strebt er den Bau des dritten Tempels – an der Stelle der Moscheen – auf dem Tempelberg an. Presseberichten zufolge sind er und die anderen Mitglieder sorgfältig beim Shin Bet dokumentiert.

Seit der Besetzung im Jahre 1967 zogen die *El-Aqsa-Moschee* und der Felsendom die Aufmerksamkeit und Phantasie von Fanatikern sowie rechten Terroristen auf sich. 1982 drang ein Neueinwanderer aus den Vereinigten Staaten, Alain Goodman, in der Uniform eines israelischen Soldaten auf den Tempelberg vor. Dabei schoß er wahllos um sich und tötete mehrere muslimische Gläubige im Namen der heiligen Erde Israels. Rabbi Meir Kahane sorgte für einen Rechtsanwalt. Bereits vierzehn Jahre vorher, im Jahre 1968, hatte ein australischer Tourist die *El-Aqsa-Moschee* in Brand gesteckt; dabei wurde unter anderem die im 12. Jahrhundert von Saladin errichtete monumentale Kanzel zerstört.

Einige Tage nach Rabins Ermordung ließ sich eine neue Partei, die Rechte Israels, für die Wahlen im Mai 1996 registrieren. Diese ultrarechte Partei befürwortet unter dem Vorsitz des Abgeordneten Saul Gutmann nicht nur die Ausweisung der Palästinenser, sondern auch die Zerstörung der beiden Moscheen und den Bau des dritten Tempels. Dieser Partei gehören einige Personen der illegalen *Kach*-Bewegung an. So können *Kach*-Anhänger heute zwischen zwei Parteien wählen, der Moledet-Partei und der Rechten Israels, beide Befürworter der Ausweisung der Palästinenser beziehungsweise ihres »Transfers«, wie es so schön verschleiernd heißt.

Nachdem die beiden Bewegungen *Kach* und *Kahane Hai* verboten worden waren, legten ihre Mitglieder eine gewisse Vorsicht an den Tag; sobald sie jedoch feststellten, daß die Regierung ihnen Raum zum Manövrieren ließ, zögerte man nicht, sich auch in der Öffentlichkeit wieder auf die beiden illegalen Gruppen zu berufen, selbst nach Rabins Ermordung. *Kach* hat zwar in Israel mehr Aktivisten als *Kahane Hai*, letztere Gruppe ist aber in den Vereinigten Staaten stärker vertreten und verfügt in New York über einen harten Kern von rund zweihundert Anhängern. *Kahane Hai* besitzt auch Trainingslager, in denen junge Menschen eine regelrechte militärische Ausbildung erhalten; extrem antiarabische Parolen und Angriffe gegen die Arbeitspartei bestimmen das Trainingsprogramm. Vor der Ermordung Rabins fragte ein Journalist bei einem Besuch eines Lagers den Ausbilder Lenni Goldberg: »Was wollen Sie mit all diesen Gewehren tun?«»Wenn mir Rabin ins Visier kommt, drücke ich ab«, war die Antwort. Goldberg ist Neueinwanderer und wohnt in der Siedlung Tapuah; natürlich hat er eine eigene Waffe. Ein Journalist, der die extreme Rechte in Israel beobachtet, fragte die Behörden: »Wie kann man einem solchen Kerl eine Waffe geben?«»Keine Sorge«, erwiderte man, »seine Waffe wurde ihm abgenommen.« Die beschlagnahmten Waffen wurden tatsächlich im Arsenal der Siedlung, einer Kahane-Hochburg, in Sicherheit gebracht, aber der Bewacher des Arsenals ist ebenfalls ein Kahane-Anhänger…

Rabbi Kahane kam 1969 als Neueinwanderer nach Israel. Er brachte politische Gewalt und religiösen Rassismus mit, wie man ihn bis dahin in Israel kaum gekannt hatte. Er forderte als erster öffentlich die Ausweisung von Palästinensern aus den besetzten Gebieten und auch aus Israel selbst. Er etablierte sich in der extremen Rechten der politischen Arena, wo er religiös-nationalistische Elemente anzog. 1984 kam er als Abgeordneter in die Knesset, 1988 wurde seine Partei verboten.

Heute gibt es 15 außerparlamentarische rechtsextreme Gruppen. Der harte Kern der Aktivisten dieser Organisationen, insgesamt rund 1000 zu allem entschlossene Personen, verfügen über Waffen und in den Siedlungen über mehrere Stützpunkte für ihre Aktionen. Alle nahmen Rabins Ermordung mit Befriedigung auf.

Nach Rabins Tod schlug die Rechte allen – einschließlich der Arbeitspartei und der Linken – vor, ihr Gewissen zu überprüfen; gleichzeitig wiederholte sie den alten heuchlerischen Slogan von der »nationalen Versöhnung«, der »nationalen Einheit« in dieser schweren Stunde. Im Gegensatz dazu hat die Linke nie die Legitimität der Regierung angezweifelt, selbst als die Rechte den schrecklichen Krieg im Libanon begann. Weder wegen des Krieges im Libanon noch in anderen Situationen haben linke Oppositionelle einen rechten Spitzenpolitiker oder nationalistischen Aktivisten getötet; umgekehrt ist das durchaus vorgekommen. Ebensowenig haben die Anhänger der Arbeitspartei und die Linke je einem politischen Gegner mit einem Todesurteil gedroht wie die religiöse Rechte mit ihren Erlassen, von denen auch Yigal Amir beeinflußt war. Sicher, die Linke verurteilte die Besetzung der palästinensischen Gebiete, weil sie die israelische Gesellschaft korrumpiert und die menschlichen Werte zerstört; sie kritisierte die Gründung von Siedlungen, die Aktivitäten der terroristischen Siedler, das Blutbad in Sabra und Shatila, die brutale Unterdrückung der Intifada usw. Hat das alles aber je dazu geführt, daß jemand ermordet wurde? Die Mörder kamen aus dem rechten Lager und trugen in den meisten Fällen eine *Kippa*.

Der Knessetsprecher, Shevah Weiss von der Arbeitspartei, sagte unverblümt die Wahrheit: »Ich trage in mir den stummen Schmerz als jemand, der die schrecklichen, ungeheuerlichen Spruchbänder sah und nicht reagiert hat, der den Ruf

›Den Tod!‹ hörte, aber geschwiegen hat.« Und er fügte hinzu: »Wer ›Tod den Arabern!‹ ruft, wird schließlich auch Juden töten.«

Obwohl die Regierung den schweren Weg einer Aussöhnung mit den Palästinensern einschlug, trägt sie trotzdem Mitschuld an der Entwicklung, weil sie nicht entschlossen genug gegen jene Kräfte einschritt, deren Ziel es war, das demokratische System zu zerschlagen, ihre Ansichten mit Gewalt durchzusetzen und die Besetzung zu verewigen. Einen ersten Fehler begingen die staatlichen Institutionen, als sie es vermieden, die nationalistisch-rassistischen, antidemokratischen Bewegungen als faschistisch zu bezeichnen. Daneben fehlte aber auch die Erziehung zu einer staatsbürgerlichen Gesinnung mit dem Ergebnis, daß viele junge Israelis nichts über die Rechte des anderen – in diesem Fall der Araber in den besetzten Gebieten – wissen. Unter anderem wäre es notwendig gewesen, ihnen zu erklären, wie die Verständigung mit den Nachbarn schließlich zu Sicherheit führt und Israel, wenn es den Frieden anstrebt, die Tore zur arabischen und muslimischen Welt öffnet (das hat die jüngste Geschichte gezeigt). Auf diesem Gebiet wurde in der Erziehung kein ernsthafter Versuch unternommen, vielleicht, weil man noch zögerte und zu stark der Vergangenheit verbunden war. Rabins Gesicht beim historischen Händedruck mit Arafat im September 1993 war deutlich anzusehen, wie schwer ihm diese Geste fiel. Er brauchte Zeit, um allmählich seine Einstellung zum Feind von gestern, dem Partner von heute, zu ändern. Yassir Arafat hat sich schneller als Rabin an dieses neue Kapitel gewöhnt, obwohl er jeden Grund gehabt hätte, nach dem, was sein Volk seit 1948 und dann wieder seit 1967 durchgemacht hat, ebenfalls starrsinnig zu reagieren.

Das Friedenslager verhielt sich zögerlich und überließ die Straße der gemäßigten und extremen Rechten, die eine Rückkehr in die Vergangenheit anstrebte. Gewisse Rabbiner nutzten ihre Autorität und Macht, um die Demokratie ins Wanken zu bringen; einige von ihnen trugen auch eine große Verantwortung für die von Yigal Amir am 4. November 1995 auf dem Platz der Könige Israels in Tel Aviv begangene Tat.

3. Kapitel

Religion, Rabbiner und jüdischer Integralismus

Die jüdischen Integralisten und ihre geistigen Vorbilder stehen beide in einem engen Zusammenhang mit der Ermordung des israelischen Ministerpräsidenten. Wer von den Rabbinern ernsthaft die Frage aufwarf, ob Rabin es wegen seines »Verrats« verdient habe, ermordet zu werden – und viele stellten diese Frage –, trägt eine ebenso große Verantwortung wie jene, für die »das Aushändigen von Teilen von *Eretz Israel* an *Gojim* eine Gotteslästerung« ist. Auf diesen Rabbinern lastet zweifellos eine schwere moralische Verantwortung. Aber auch die Sicherheitskräfte tragen Schuld, weil sie nicht aufmerksam genug waren. Diese Rabbiner waren nicht nur die direkten Komplizen in der Angelegenheit, sie trugen nach israelischem Strafgesetz auch die Verantwortung dafür. Ohne den Dispens eines Rabbiners hätte Rabins Mörder nie auf den Abzug gedrückt, das hat er selbst zugegeben. Dies gilt auch für die Mitglieder des in den achtziger Jahren aktiven jüdischen Terrorrings. Haggai Segal erhielt als Mitglied dieser Organisation für seine Teilnahme am Anschlag auf die Bürgermeister von Ramallah und El-Bireh eine Gefängnisstrafe. Heute ist er Redakteur von *Kanal 7*, des Radiosenders der Siedler in den besetzten Gebieten. In seinem Buch *Liebe Brüder* über die Geschichte dieser Terrorgruppe berichtet er in dem Kapitel mit der Überschrift »Auf

der Suche nach einer geistigen Autorität«, daß die Rabbiner
bis zum Hals in die Anschläge verstrickt waren.

Im Mai 1980 trafen sich mehrere Siedleraktivisten aus Kiryat
Arba und dem jüdischen Viertel von Hebron. Sie diskutierten über Gegenschläge auf die palästinensischen Kommando-
aktionen, bei denen mehrere Siedler getötet und verletzt worden waren. An dem Treffen nahmen auch die Rabbiner Dov
Lior, Eliezer Waldman und Moshe Levinger teil; alle drei übten in diesem Kreis eine absolute moralische Autorität aus.
»Die Rabbiner sagten unverblümt, daß man angesichts der
Schwäche der israelischen Regierung die Bevölkerung beein-
drucken müsse. Es wurde einstimmig beschlossen, einen massiven Anschlag zu verüben, bei dem es unter den Palästinensern viele Opfer geben würde. Am Ende des Treffens forderte Rabbi Waldman einen der Führer der Gruppe, Menachem
Livni, auf, sich persönlich an dem Attentat zu beteiligen.«
Das Buch beschreibt ausführlich Moshe Levingers Rolle bei
der Ermordung dreier Studenten der Islamischen Universität
in Hebron, eine Tat, an der unter anderem sein Schwieger-
sohn Uzi Sharbaf beteiligt war. Weitere Rabbiner in Kiryat
Arba und Jerusalem schlugen vor, arabische Busse zu den
Hauptverkehrszeiten in die Luft zu sprengen; dieser Anschlag
konnte vom Shin Bet in letzter Minute vereitelt werden.

Weiter erzählt Haggai Segal, Livni habe im Gefängnis eine
genaue Liste aller über das Vorhaben informierten Rabbiner
– sie hatten auch dazu ihren Dispens gegeben – aufgestellt.
Da er mit den Untersuchungsbeamten zusammenarbeiten
wollte, händigte er ihnen aus Enttäuschung darüber, daß Siedler und Rabbiner die Mitglieder des Ringes ihrem Schicksal
überlassen hatten, seine Liste aus. Letztendlich hätten die rund
30 für diese Affäre inhaftierten Terroristen aber beschlossen,
die Rabbiner nicht zu kompromittieren; deshalb wurden keinerlei juristische Schritte gegen sie eingeleitet.

Der Polizei und dem Shin Bet wäre es ein leichtes gewesen, ihnen ihre moralische und direkte Verantwortung für die Aktivitäten des Ringes nachzuweisen, aber der politische Druck hat die Rabbiner vor einer Strafverfolgung bewahrt. Ein konsequentes Vorgehen gegen sie hätte möglicherweise ihre Gesinnungsgenossen davon abgehalten, sich später erneut bei tödlichen Anschlägen zu involvieren. Bei praktizierenden Juden ist es Brauch, vor einer wichtigen Entscheidung einen Rabbiner um Rat oder seinen Segen zu bitten; das gilt natürlich noch mehr vor einem Anschlag oder der Ermordung einer Person. Stellt ein Rabbiner fest, jemand habe den Tod verdient, gibt es keine Diskussionen. Der Gläubige begreift seine Pflicht. Die Milde der Justizbehörden den Rabbinern gegenüber widerspricht übrigens dem Strafgesetz. Wer zu einem Verbrechen rät oder einen anderen dazu anstiftet, trägt die volle Verantwortung für die Tat, auch wenn er im Augenblick des Verbrechens nicht anwesend war.

1967: Ein messianisch-nationales Wunder

Der religiöse Zionismus hat einen langen Weg zurückgelegt, bis einer seiner Anhänger einen israelischen Ministerpräsidenten tötete. Als die zionistische Bewegung Ende des 19. Jahrhunderts in Europa gegründet wurde, standen die Rabbiner und ihre Anhänger ihr zunächst ablehnend gegenüber. Angesichts antisemitischer Pogrome riefen sie die jüdischen Massen auf, mehr auf Gott und die *Thora* zu vertrauen und sich als Mittel gegen das Unglück stärker als in der Vergangenheit der Religion zuzuwenden. Dagegen forderte der Gründer des Zionismus, Theodor Herzl, ein völlig säkularer Jude, alle Juden auf, sich nur auf sich selbst zu verlassen und einen jüdischen Staat zu gründen, in dem sie ihr Schicksal selbst bestimmen würden. Für die religiösen Juden waren Synagoge, *Thora* und das unveränderliche rabbinische Gesetz das Wichtigste; für Herzl hingegen der Nationalismus, der Zionistenkongreß und die Werte einer modernen säkularen Zivilisation.

Nach und nach bildete sich jedoch parallel zur nichtzionistischen Orthodoxie eine religiöse zionistische Bewegung. Während der britischen Mandatszeit in Palästina und auch nach der Gründung des Staates Israel arbeitete sie in vielen Bereichen mit der Arbeiterbewegung zusammen. Die religiösen Zionisten waren in allen politischen Fragen gemäßigt. Moshe Haim Shapira, eine Gallionsfigur der Nationalreligiösen Partei in den ersten beiden Jahrzehnten nach der Staatsgründung, war vor allem für seine moderaten Ansichten im Konflikt mit den Arabern bekannt. Auf Sitzungen des Ministerrates versuchte er immer wieder, Ben-Gurion in seinem Elan zu bremsen. Gleich nach dem Krieg im Jahre 1967 brachte er vor demselben Gremium das Drama der palästinensischen Flüchtlinge zur Sprache, die von der israelischen Armee auf das östliche Jordanufer vertrieben worden waren. Wer heimlich den Fluß zu überqueren versuchte, um nach Hause zurückzukehren, wurde von israelischen Soldaten getötet. »Das Wasser des Jordan ist rot von ihrem Blut«, sagte Shapira. Er hatte dem damaligen Ministerpräsidenten Levy Eshkol das Versprechen abgerungen, daß sich dies nicht wiederholen würde.

Unmittelbar nach dem Krieg im Jahre 1967 entstand eine weitere nationalreligiöse Bewegung mit messianischem und expansionistischem Charakter. Vielen frommen Juden erschien die Gründung des Staates Israel nach einem 1800jährigen Exil wie ein Wunder, als Ausdruck von Gottes Willen und als Beginn der Erlösung und Ankunft des Messias. Die nichtzionistische Orthodoxie teilte diese Auffassung nicht. Für sie war und ist die Gründung des Staates Israel ein menschlicher Akt, der nichts mit Gottes Willen zu tun hat. Ihr zufolge muß die jüdische Gemeinschaft geduldig auf die Ankunft des Messias warten. Dagegen waren die religiös-nationalistischen Juden davon überzeugt, diese Erlösung stehe kurz bevor.

Im Junikrieg 1967 besetzte der jüdische Staat die Gebiete des biblischen Judäa und Samaria, das heutige Westjordanland. Für die nationalreligiösen Juden war das ein weiteres Zeichen für das Eingreifen Gottes. »Großisrael wurde wiederhergestellt«, sagten sie, »und wir leben in einer messianischen Zeit. Vielleicht steht der Messias schon vor der Tür…«

Die Rabbiner gaben ihnen mit ihren Interpretationen recht. Plötzlich war alles heilig geworden. Die Erde von Israel ist heilig, natürlich auch das Volk Israel, genauso wie die israelische Armee heilig war, und selbst »die Panzer der israelischen Armee sind wie Kultgegenstände«, gemäß den Worten des ultrarechten Rabbi Haim Druckman, der seinerseits damit den berühmten Rabbi Zvi Yehuda Kook zitierte. B. Michael, ein Chronist mit scharfem Verstand, auch er mit einer *Kippa* auf dem Kopf, faßte diese unglaubliche Situation wie folgt zusammen: »Gleich nach dem Junikrieg begann am 11. Juni 1967 eine irrationale Phase des Judentums. Auf einmal all das, direkt wie aus der *Thora*: Großisrael, die neuen Gebiete, die Gräber, die Erlösung, der Messias, Gottes Versprechen an unseren Stammvater Abraham, die Pflicht, zu vernichten und zu rächen – nicht mehr Gegenstand eines demütigen Gebetes, sondern auszuführender Befehl. Ein gewaltiger Apparat von Rabbinern und religiösen Seminaren, Schulen und Jugendbewegungen begann mit der Gehirnwäsche einer ganzen Generation und setzte ihr in den Kopf, der Messias stehe schon vor der Tür und nur die Bösewichte verzögerten sein Kommen. Aber der Finger Gottes zeigte sich nicht, an seiner Stelle drückte ein menschlicher Finger den Abzug, um Gott beim Vertreiben der schädlichen Regierung aus dem heiligen Land ein wenig zu helfen.«

Die Siedlungen waren eines der Symbole dieser messianischen Zeit. Als die Gebiete 1967 erobert wurden, war die

Arbeitspartei an der Macht, und sie gründete die ersten Siedlungen in den sogenannten Sicherheitszonen. Dagegen gab der Likud-Block mit der Unterstützung des nationalistisch-religiösen Lagers alle besetzten Gebiete für neue Siedlungen frei. Die religiösen Parteien und mit ihnen die Rabbiner verbündeten sich nach dem Regierungswechsel 1977 mit der Rechten und traten der Koalition unter Menachem Begin bei. Die Nationalreligiöse Partei näherte sich dem Likud an, und was den Nationalismus betraf, vertrat sie unter allen anderen religiösen Gruppierungen die schärfste Haltung. Ihre Rabbiner, als geistige Führung an der Spitze, beriefen sich auf Religion und rabbinisches Gesetz, um ihr Vorhaben – die Annektion der palästinensischen Gebiete – zu fördern. An ihrem Rand entwickelte sich die faschistische Strömung eines Meir Kahane, auch sie nicht ohne Einfluß auf die Nationalreligiöse Partei. In diesem Umfeld wuchs Yigal Amir auf.

Demokratie oder Theokratie?

Die beiden Abkommen von Oslo und die Gefahr für eine fortgesetzte israelische Herrschaft über das Westjordanland führten zu einer Radikalisierung der religiösen Kreise. Sie standen vor einem Dilemma: Was sollten sie wählen? Großisrael und seine Dogmen oder den Staat Israel mit seinen Gesetzen? Außerdem: Wer verfügte über die Macht? Die Bürger beziehungsweise das Parlament oder die Rabbiner, Interpreten von Gesetzen aus einer anderen Zeit, entstanden unter völlig anderen Bedingungen? Mit anderen Worten: Macht der Mensch das Gesetz, oder kommt es von Gott und wird von den Rabbinern interpretiert? Demokratie oder Theokratie?

Die Extremsten unter den religiösen Israelis antworteten darauf, ohne zu zögern: Das religiöse Gesetz steht über allem anderen. Die Gemäßigten gaben eine zweideutige Antwort:

Wir hoffen, daß die Regierung uns nicht zwingt, zwischen den beiden Gesetzen zu wählen, denn wir können das religiöse Gesetz nicht ignorieren. Die Befürworter der reinen, harten Linie im religiösen Lager gewannen die Oberhand über die Gemäßigten. Dabei beriefen sie sich vor allem auf einen jüdischen Gelehrten des Mittelalters, nach dem die göttliche Pflicht, sich in *Eretz Israel* niederzulassen, alle 613 Gebote und Verbote der jüdischen Religion aufwiegt. Das heilige Land kommt also noch vor dem Menschen, und den Fanatikern sind alle – natürlich heiligen – Mittel recht, einschließlich der Gewalt, um Gottes Willen auszuführen. Yigal Amir badete sozusagen in dieser Mischung aus religiösem Fanatismus und rassistischem Nationalismus.

Rabins Ermordung beweist einmal mehr auf tragische Weise, daß in Israel zwei Identitäten im Widerstreit liegen: Die eine gründet sich auf demokratische Werte, die andere auf die Theokratie mit den erstarrten Vorschriften der Religion. Großisrael ist nur ein Ziel dieser Bewegung unter anderen. Sie strebt die Schaffung eines Staates an, dessen Verfassung das rabbinische Gesetz wäre und in dem es keinen Platz oder aber nur eine sehr untergeordnete Stellung für Nichtjuden gäbe. Übrigens bezeichneten einige fanatische religiöse Israelis Yitzhak Rabin in ihren Texten als nicht jüdisch genug. Im Juli 1995 stand in der religiösen Wochenzeitschrift *Hashawua*: »Es wäre keine Überraschung, wenn der Ministerpräsident und die Mitglieder seiner Regierung eines Tages zum Christentum überträten. Für solch einen Schritt sind sie schon lange reif. Das sind keine Juden mehr, sie haben das Judentum hinter sich gelassen.«

Die lange Liste von Erklärungen, Erlassen, Urteilen, Meinungen und Veröffentlichungen integralistischer Rabbiner entstand über mehrere Jahre hinweg und forderte die demokratisch gewählte Regierung ständig heraus.

Schon gleich nach den Gebietseroberungen 1967 veröffentlichte Rabbi Zvi Yehuda Kook, der geistige Vater von *Gush Emmunim* (»Block der Getreuen«) – eine außerparlamentarische Organisation, die sich vor allem für die Gründung von Siedlungen in den besetzten Gebieten einsetzt – die folgende Lehrmeinung: »Das ganze Land gehört uns und nur uns; es ist nicht dazu da, noch einmal geteilt zu werden. Es gibt keinerlei arabisches Gebiet, ja überhaupt kein arabisches Gebiet.« Zum damaligen Zeitpunkt dachte noch niemand im politischen Establishment an Frieden und auch nicht an die Möglichkeit, Land gegen Frieden einzutauschen, sondern nur an Siedlungen. Mit den Abkommen von Oslo ergab sich dann aber eine völlig neue Situation. Rabins Handschlag mit Arafat im September 1993 und die Fortschritte im Friedensprozeß führten dazu, daß die Rabbiner in den Siedlungen und auch teilweise in Israel angesichts eines möglichen Rückzugs aus den besetzten Gebieten eine radikalere Stellung bezogen. Einige gingen sogar so weit, im Gebet die traditionelle Bitte um göttlichen Schutz für Minister und hohe Staatsbeamte auszulassen. Damit taten sie es der antizionistischen Orthodoxie gleich, denn diese hat es schon immer vermieden, in ihren Synagogen ein Gebet für den Staat und seine Führung zu sprechen. Die Rabbiner Abraham Shapira (ehemaliger Oberrabbiner von Israel), Moshe Zvi Neria und Saul Israel, alle drei sehr einflußreich und der Nationalreligiösen Partei nahestehend, befahlen kurz nach dem Blutbad in Hebron im Februar 1994 in einem Erlaß allen Soldaten, keinem Befehl zur Räumung von jüdischen Siedlern aus den Siedlungen zu gehorchen. Sie empfahlen, »die Ausführung dieses Befehls genauso zu verweigern wie den, Schweinefleisch zu essen«. Statt gegen die Unterzeichner dieses Aufrufs Schritte wegen Anstiftung von Soldaten zum Ungehorsam in die Wege zu leiten, begnügte sich Ministerpräsident Rabin damit, General Gur, seinen stellvertretenden Verteidigungsminister, zu den drei Rabbinern zu schicken. Er sollte sie zur Rücknahme ihres Aufrufs bewegen. Wie zu erwarten war, lehnten sie es ab. Darüber hinaus erhielten sie implizit die Unterstützung des Oberrabbinats (es genießt einen offiziellen Status im Staat), denn es wollte ihre illegale Initiative nicht verurteilen. Im Juli 1995 veröffentlichte die *Weltunion der Rabbiner für Eretz Israel*, die mehrere tausend Rabbiner aus Israel, den besetzten Gebieten und den Vereinigten Staaten zählt und an deren Spitze der ehemalige Oberrabbiner Abraham Shapira steht, einen Erlaß. Demnach dürfen sich weder Soldaten noch Zivilisten an der Räumung von Siedlungen oder Kasernen in »Judäa und Samaria« beteiligen. Ministerpräsident Rabin bezeichnete diesen Aufruf zwar als Anstiftung zum Gesetzesverstoß, aber unter Berufung auf das Recht der freien Meinungsäußerung ergriff der Rechtsberater der Regierung, Michael Ben-Yair, keinerlei Maßnahmen gegen die Rabbiner.

Solche Urteile häuften sich. Eine Gruppe von Rabbinern hatte unter der Parole »Rettung von Menschenleben« zur Einstellung des Friedensprozesses (»der falsche Weg«, wie sie es nannten) aufgefordert und fügte an die Adresse von Regierung und Regierungschef hinzu: »Sie kollaborieren mit Attentätern und Mördern.«

Rabbiner-Diskussion über den Mord

Auch Rabbiner stellten sich die Frage, ob Rabin in die Kategorie eines *Rodef* und *Mosser*[13] falle, mit anderen Worten, ob er wegen seiner Politik den Tod verdient habe. In einem Brief wandten sich drei Rabbiner aus den besetzten Gebieten, Dov Lior vom militärischen Rabbinerseminar in Kiryat Arba, Eliezer Melamed aus der Siedlung Har Bracha, gleichzeitig Sekretär des Rabbinerkomitees in den besetzten Gebieten, sowie Daniel Shilo aus der Siedlung Kedummim unter anderem an die vierzig bekanntesten Rabbiner in Israel, die beiden Oberrabbiner, den Rat der Thoragelehrten und den Rat der Thoraweisen sowie die Rabbiner der großen Städte in Israel. In dem Brief befragten sie sie über das Schicksal der Regierung und des Regierungschefs, deren Handlungsweise den Tod von Juden zur Folge hätte. Sie drückten sich in ihrem Brief ganz klar aus: »Welche Strafe verdient diese schlechte Regierung und der Mann an ihrer Spitze? Muß man sie nicht als Mordkomplizen der Terroristen betrachten? Muß man sie gemäß dem Religionskodex nicht vor Gericht stellen, und welche Strafe kommt für sie in Frage, wenn sich erweist, daß sie wirklich Komplizen waren? Wenn man ihnen nach dem religiösen Gesetz den Prozeß machen kann, muß dies dann vor einem Rabbinergericht oder vor einem Zivilgericht geschehen? Muß man den Ministerpräsidenten und seine Minister in dieser schwierigen Zeit davor warnen, daß sie, falls sie die Abkommen [von Oslo] in Judäa und Samaria [Westjordanland] verwirklichen, nach den heiligen Texten als *Mossrim* [Plural von *Mosser*] gelten, das heißt als solche, die Juden und ihr Eigentum an *Gojim* ausliefern?« Daneben enthielt der Brief auch rassistische Elemente, denen zufolge Rabin lediglich an der Spitze einer Minderheitsregierung stehe, denn er stütze sich auf die Stimmen der arabischen Abgeordneten in der Knesset.

Mit diesem Brief wollten die Unterzeichner die öffentliche Diskussion über die Regierungspolitik ausweiten, wie sie zu jenem Zeitpunkt in den Siedlungen in den besetzten Gebieten geführt wurde; denn diese Politik würde nach Meinung der Siedler und Verfasser des Briefes zur Ermordung von Juden bei palästinensischen Anschlägen führen.

Daß diese Fragen überhaupt gestellt wurden, bedeutet, daß es im Falle eines »Fehlers« oder »Vergehens« seitens der Regierung eine höhere Instanz gibt; diese besitzt die moralische Macht und historische Pflicht, über die Führungsspitze zu richten und sie zu bestrafen – ein schwerer Verstoß gegen die Demokratie. Eine derartige Diskussion stellt die Legitimität der Regierung in Frage und erhebt das religiöse Establishment zur Quelle aller Macht.

Yigal Amir wartete nicht auf die Schlußfolgerungen dieser Rabbinerdiskussion. Allein die Tatsache, daß sie stattfand, reichte ihm, zur Pistole zu greifen und den Ministerpräsidenten hinzurichten. Es ist unbekannt, wie viele Rabbiner auf den Brief antworteten und wie ihre Antwort ausfiel. Darüber wurde eine totale Nachrichtensperre verhängt. Bestimmten Quellen zufolge soll die Hälfte positiv geantwortet haben: Ja, Rabin verdiene die Todesstrafe. Gemäß einer weiteren Quelle hätten sich nur drei Rabbiner geäußert, aber alle drei positiv. Unglaublich an dem Ganzen ist die Tatsache, daß keiner der Rabbiner nach Empfang des Schreibens die Diskussion über ein mögliches, auf dem rabbinischen Gesetz basierendes Gerichtsverfahren gegen den Ministerpräsidenten, einschließlich einer vorherigen Absolution des Mörders, verurteilt hat.

Vier Tage nach dem Mord ließ Rabbi Yoel Bin-Nun, eine anerkannte Autorität aus der Siedlung Ophra im Westjordanland, eine »Bombe« hochgehen. Schockiert über Rabins Ermordung beschloß er, die Rabbiner anzuprangern, auf die sich Yigal Amir berief. »Seit der Affäre mit dem jüdischen Untergrundring in den achtziger Jahren [als Palästinenser getötet und verletzt wurden]«, sagte er vor rund hundert Rabbinern in Jerusalem, »wurde die Mehrzahl der von unseren Mitbürgern begangenen Greueltaten mit der mehr oder weniger offenen Zustimmung bestimmter rabbinischer Autoritäten verübt. Ich warne sie heute: Wenn jene, deren Schriften und Worte zum Mord an Rabin geführt haben, nicht freiwillig an die Öffentlichkeit treten, keine Selbstkritik üben und nicht von ihrem Amt zurücktreten, werde ich selbst nach der Trauerzeit ihre Identität offenlegen. Ich will sie bekämpfen, selbst wenn ich deswegen sterben muß.« Diese Drohung löste unter den

Rabbinern allgemeines Protestgeschrei aus. Yoel Bin-Nun wurde sofort verurteilt und boykottiert und erhielt anonyme Morddrohungen. Die Polizei stellte ihm Leibwächter, und er trägt seither eine kugelsichere Weste.

Um keine Verwirrung aufkommen zu lassen, muß erwähnt werden, daß Yoel Bin-Nun keineswegs eine »Taube« ist. Im September 1993 veröffentlichte er zum Beispiel nach der Unterzeichnung des ersten Abkommens von Oslo im Blatt der Siedler in den besetzten Gebieten, *Nekuda*, einen Artikel, in dem er die Bürger zum Ungehorsam und zum Widerstand gegen die Umsetzung des Abkommens aufrief. Aber er war auch Realist und nicht blind gegenüber dem, was sich auf der politischen Bühne abspielte. Er erkannte, daß sich die Lage wegen des wachsenden Fanatismus im religiösen Lager immer mehr zuspitzte, und befürchtete, der von den Rabbinern mit ihrer Einmischung in die Politik geförderte Extremismus werde schließlich das religiöse Bildungssystem zerstören. Er war bereits schockiert, als die Rabbiner den Mörder Baruch Goldstein mit Lob überhäuften; die Bewunderung für den Mörder des Ministerpräsidenten war ihm unerträglich. »Man darf nicht schweigen, sondern muß laut dagegen protestieren«, sagte er. Aber er hat noch mehr getan.

In einem Artikel in der Zeitung *Yediot Aharonot* vom 15. November 1995 mißbilligte er das Verhalten seiner Kollegen mit folgenden Worten: »Der Friedensprozeß ist die nächste Phase der Rettung Israels. Die Tatsache, daß ausgerechnet säkulare Israelis vom linken Spektrum den göttlichen Willen und die Pläne einer Erlösung richtig erkannt haben, ist für mich zwar schmerzlich, sollte aber den gläubigen Juden trotzdem nicht an der Anerkennung des göttlichen Willens hindern... Wir haben keine Zeit mehr. Die Karawane des Friedens zieht sonst vorüber. Die Trompete, mit der das Wunder im Jahr 1948 [die Gründung des Staates Israel] und das Wunder der sechs Tage [die Eroberungen im Krieg 1967] angekündigt wurden, verkündet jetzt – ja jetzt – das Wunder des Friedens. Weder der palästinensische Terror noch der von jüdischer Seite können ihn noch aufhalten. Die besten Chancen, soviel wie möglich von den jüdischen Siedlungen in *Eretz Israel* einschließlich dem Golan zu retten, liegen im Festhalten an diesem Prozeß und nicht in dem vergeblichen Versuch, ihn zu stoppen.«

Auf Rabbi Yoel Bin-Nun wurde enormer Druck ausgeübt. Um die Gemüter etwas zu beruhigen, gab er teilweise nach, indem er sich zu einer Pressekonferenz bereit erklärte. Als Zeichen der Aussöhnung mit seinen Verleumdern saß ein Extremist, Rabbi Haim Druckman, zu seiner Rechten. Um jedoch die Rabbiner darauf hinzuweisen, wie gefährlich es ist, einem Mörder im voraus die Absolution zu erteilen, berichtete er auf dieser Pressekonferenz, er habe noch am Tag nach der Ermordung erfahren, daß noch eine andere Person, ebenfalls versehen mit dem Gutachten von einigen Rabbinern, aber ohne jede Verbindung zu Yigal Amir, drei Monate davor versucht habe, den Ministerpräsidenten zu töten. »Zwar verzichtete der Mann auf die Ausführung seines Vorhabens, aber«, sagte Rabbi Bin-Nun, »das beweist nur, in welche Gefahr wir uns als Rabbiner begeben, wenn wir unsere moralische Macht zu politischen Zwecken gebrauchen.« Er gab der Polizei zwar die nötige Auskunft, auf das Drängen seiner Kollegen veröffentlichte er dann aber doch nicht, wie angedroht, die Liste der Rabbiner; die Katze hatte er jedoch schon aus dem Sack gelassen. Seither sind die Namen vieler berüchtigter Rabbiner im Umlauf, die als integralistisch gelten und sich in rassistischen Äußerungen gegenseitig überbieten.

An erster Stelle stand der Rabbiner von Kiryat Arba, Dov Lior. Er war ein großer Bewunderer Goldsteins und hatte ihn mehr als einmal als Märtyrer bezeichnet: »Von den *Gojim* ermordet, weil er ein Jude war.« Nach Ansicht dieses Rabbiners ist Goldstein einem Märtyrer des Holocaust der Nazis

gleichzusetzen. Einige Tage nach dem Blutbad veröffentlichte Rabbi Lior im März 1994 einen Artikel, in dem es unter
anderem heißt: »Wenn *Gojim* Juden angreifen, dann müssen
diese wie im Krieg kräftig zurückschlagen, und es ist eine religiöse Pflicht, sich an den *Gojim* zu rächen, ohne Rücksicht
auf Unschuldige. Außerdem hält solch eine Rache die Wilden
aus der Wüste in Zukunft in Schach. Für jeden getöteten Juden müssen mehrere Araber ins Paradies geschickt werden.«
Das hatte er zum Thema Rache zu sagen. Außerdem zählte er
zu den Befürwortern eines Transfers von Palästinensern aus
den besetzten Gebieten in die arabischen Staaten. »Es ist un-
denkbar, sie an Ort und Stelle zu lassen, denn sie sind unsere
Feinde.«

Auf Bin-Nuns Liste dürfte auch Rabbi Nahum Rabinowicz
aus Kanada gestanden haben, der Leiter des militärischen
Rabbinerseminars in Maale Adummim in den besetzten Gebieten, das zwischen Jerusalem und Jericho liegt. Wenige Monate vor dem Mord hatte er den Ministerpräsidenten zum
Mosser erklärt, und als solcher habe er nach Maimonides, dem
herausragenden jüdischen Philosophen im mittelalterlichen
Spanien, die Hinrichtung ohne vorheriges Urteil verdient.
Diese Worte waren in einer Sendung des staatlichen israelischen Rundfunks *Kol Israel* zu hören. Das ist aber noch nicht
alles. Um bei einem Friedensabkommen mit den Palästinensern die Räumung der besetzten Gebiete zu verhindern, hatte
dieser Rabbiner bei einem Treffen mit Yitzhak Frankental,
dem Generalsekretär der pazifistischen religiösen Bewegung
Netivot Shalom, einen neuen Vorschlag für die Siedler: Um
die Soldaten von der Räumung abzuhalten, sollten sie Land-
minen auf ihrem Gelände verlegen.

Yitzhak Frankental: »Es würden also Soldaten des israelischen Heeres getötet?« Rabbi Rabinowicz: »Die Soldaten
müssen einfach wissen, daß sie sich nicht nähern dürfen. Wir
werden sie vorher warnen.« Frage: »Wenn die Soldaten auf-

grund ihres Befehls trotzdem weiter vordringen?« Antwort: »Wenn sie sich so verhalten, sind sie bösartig, wirklich bösartig.« (»Bösartig« ist in der Sprache eines religiösen Juden eine sehr schwere Beleidigung.) Frage: »Warum bösartig?« Antwort: »Weil es verboten ist, solch einen Befehl auszuführen. Dafür bürge ich mit meiner vollen Verantwortung. Bekanntlich handelten auch die deutschen Soldaten auf den Befehl einer demokratisch gewählten Regierung.« Frage: »Wie kann man den Holocaust mit einer jüdischen Regierung vergleichen?« Antwort: »Nun, zu Beginn der Nazizeit hat man auch nicht ihr Ende vorausgesehen. Die Lage verschlechterte sich nach und nach. Gott behüte uns, wenn wir zulassen, daß Arafat unserer Regierung die Politik vorschreibt. Das wird soweit gehen, bis unser Ministerpräsident eine Marionette in Arafats Händen geworden ist.«

Im Dezember 1995 schrieb Rabbi Rabinowicz in einem Artikel in der *Jerusalem Post* zum fünfzigsten Jahrestag der Befreiung des Todeslagers Auschwitz: »Jetzt kehrt die Erinnerung an Auschwitz zurück und mit der Erinnerung das Dilemma der Juden, sich auch angesichts des Bösartigen treu zu bleiben.« Danach ließ er sich über die Versuche der Nazis aus, die Juden zu täuschen. Damit spielte er auf die israelische Regierung an, denn seiner Meinung nach wendet sie dieselben Methoden an. In seinem Artikel heißt es weiter: »Wenn eine, sogar legitime Regierung zu politischen Zwecken Gewalt gegen Menschen einsetzt, verliert sie unter bestimmten Umständen diese Legitimität und verwandelt sich in einen *Goj* und Unterdrücker. Es ist eine Plicht, die Befehle einer solchen Regierung zu verweigern.«

Ein Ehrenplatz auf Bin-Nuns Liste stände sicher einem weiteren Rabbiner, Yitzhak Ginzburg, zu. Er stammt ursprünglich aus den Vereinigten Staaten, in Israel ist er Leiter des Rabbinerseminars beim Grab Josephs in Nablus. Auch er bewundert den Mörder von Hebron. Nach dem Blutbad brachte er ein Buch mit dem Titel *Baruch, ein ganzer Kerl* heraus. (Der hebräische Name Baruch, auch Goldsteins Vorname, bedeutet auf deutsch »Sei gesegnet!«. So entsteht das hebräische Wortspiel mit dem Titel, denn eigentlich könnte er auch »Sei mir gesegnet!« lauten.) Darin schrieb er insbesondere: »Für Gott sind die Juden das auserwählte Volk. Deshalb ist ihr Blut roter und ihr Leben kostbarer als Blut und Leben der *Gojim*, selbst wenn sie den Juden nicht schaden.« Ginzburg hält den Tod eines Feindes für etwas Positives: »Es ist heuchlerisch zu behaupten, jemand begehe ein Verbrechen, wenn er auf betende Gläubige in einer Moschee schießt. Im Krieg müssen schließlich alle Menschen eines Volkes, gegen das man kämpft, beseitigt werden.« Zum Schluß setzte dieser Rabbiner noch hinzu: »Ohne Rache versinkt das Leben in dumpfe Trauer, denn es fehlt das Selbstvertrauen.«

Rabbi Yitzhak Ginzburg verriet seine Meir Kahane ähnlichen Positionen bei der Verteidigung eines seiner Studenten, der auf der Autobahn bei Tel Aviv auf eine Gruppe palästinensischer Arbeiter geschossen hatte. Ein weiteres Beispiel: Als fünf seiner Studenten unter dem Verdacht verhaftet wurden, eine junge Palästinenserin in einem Dorf im Westjordanland getötet zu haben, wiederholte der Rabbiner: »Es gibt einen Unterschied zwischen dem Blut eines Juden und dem eines *Goj*.« Die Studenten des Seminars von Rabbi Ginzburg wohnen in der kleinen benachbarten Siedlung Yitzhar. Im Dorf sind rassistische und integralistische Parolen an der Tagesordnung, und wer nicht zu »den unseren« gehört, dem wird der Tod gewünscht. Der Sekretär dieser Siedlung, Raphael Miron, erläutert jedem Besucher, Journalisten wie anderen, gern seine Philosophie: »Sowohl ich als auch der Araber sind Integralisten. Uns trennt etwas sehr Wesentliches: auf der einen Seite das Heilige, auf der anderen das Unreine. Der arabische Integralist kann nicht gut sein. Wir sind das Gegenteil. Humanismus, Universalismus, Antirassismus – alles nichts als Dummheiten. Gott hat die Welt in Stufen geschaffen. Es gibt untergeordnete Pflanzen, und es gibt untergeordnete Menschen. Von einer Katze erwartet niemand, daß sie sich in einen Löwen verwandelt.«

Ein weiterer Rabbiner, Israel Ariel vom Tempel-Institut in Jerusalem, führte aus: »Das Land wird nicht mit Friedensabkommen gebaut, sondern mit Blut.« Es versteht sich von selbst, daß er wie viele seiner Kollegen Baruch Goldstein aufrichtig bewundert; er vergleicht ihn mit Juda Makkabi und Simson. In einem mit religiösen Zitaten gespickten Artikel verteidigt er den Mord an Arabern. Seiner Meinung nach dürfte das Gebot »Du sollst nicht töten!« nicht auf Araber angewendet werden. »Tötet ein Jude einen Juden, muß er in dieser Welt vor Gericht gebracht werden. Das Schicksal dessen, der Araber tötet, hängt vom Allmächtigen ab.«

In den Veröffentlichungen des Tempel-Instituts wimmelt es von rassistischen und Gewalttaten bejahenden Zitaten. Dies ging sogar dem Erziehungsminister zu weit, der deshalb beschloß, die Subventionen für diese Einrichtung zu streichen. Rabbi Israel Ariel liebäugelt sogar mit dem Gedanken, den Tempelberg »zu reinigen«, um darauf den dritten jüdischen Tempel zu errichten. Das Vorhaben des Instituts, die *El-Aqsa-Moschee* sowie den Felsendom in die Luft zu sprengen, ist ganz im Geiste von Rabbi Kahane. Deshalb überrascht es nicht, Israel Ariels Name an zweiter Stelle gleich hinter dem von Kahane auf dessen Wahlliste im Jahre 1981 zu finden.

Zwei Wochen nach der Ermordung Rabins veröffentlichte Jakob Ariel, ein anderer Rabbiner, im Organ der Nationalreligiösen Partei, *Hazofe*, einen Artikel: »War der Ministerpräsident ein *Rodef* [und durfte er deshalb getötet werden]?« Dieser Artikel war im gleichen Wortlaut schon einmal zwei Jahre vorher veröffentlicht worden. Am Ende erklärte der bekannte Rabbiner, Rabin sei »indirekt« ein *Rodef*. Deshalb habe er es zwar nicht verdient, auf der Stelle getötet zu werden, aber man müsse ihn »kaltstellen«, um alle Gefährdeten zu retten. Erklärend setzte der Verfasser, der Rabbiner der Stadt Ramat Gan bei Tel Aviv, hinzu, er behandle dieses Thema, weil man sich mit diesbezüglichen Fragen an ihn gewandt habe. »Wer diese Frage stellt, wird von mir nicht gerügt, genausowenig wie jene, denen es zu verdanken ist, daß diese Frage überhaupt erst gestellt wurde [das heißt, die Regierung].«

Zunächst gab es Proteste gegen diesen skandalösen Artikel, vor allem wegen des Beschlusses der Zeitung, ihn nach Rabins Tod noch einmal abzudrucken. Religionsminister Shimon Shitritt von der Arbeitspartei forderte den Rabbiner auf, sich entweder zu entschuldigen oder sein Amt niederzulegen. Nach dem Einspruch der Nationalreligiösen Partei und auch, weil Shimon Peres keinen Aufruhr verursachen wollte, endete diese Affäre mit der Entschuldigung des Religionsministers. Man kann sich mühelos vorstellen, was Shimon Peres zu Shitritt sagte: »Das ist nicht der richtige Augenblick, Streit mit dem religiösen Lager vom Zaun zu brechen. Wir befinden uns in einer kritischen Zeit, vor historischen Wahlen, und ich will mir dieses Lager nicht verscherzen, im Gegenteil, ich brauche seine Stimmen, um die Wahl zum Ministerpräsidenten zu gewinnen.«

Ein weiteres Beispiel ist der am *Technion*, der technischen Hochschule in Haifa, als Rabbiner tätige Eliyahu Zini aus Frankreich. Er zeigte sich unfähig, selbst nach dem Tod des Ministerpräsidenten seinen Haß auf ihn zu verbergen. Am Tag nach der Ermordung setzte er sich in einer biblischen Predigt wie folgt mit dem Ereignis auseinander: »Die Ermordung des Ministerpräsidenten war angekündigt worden, deshalb überraschte sie niemanden. Der Ministerpräsident zeigte sich gegenüber den Wünschen der Bevölkerung stets gleichgültig. Das Ganze hat dann einen Punkt erreicht, an dem dieser Tod nicht verhindert werden konnte.« Diese Worte wurden in der Studentenzeitung der Hochschule abgedruckt, was zu zahlreichen Protesten führte. Wie viele andere seiner Kollegen ist auch Rabbi Zini ein großer Apologet von Goldstein. Er und die anderen feierten den Mörder von Hebron oder zogen es vor, zu schweigen. Nur wenige Rabbiner brachten den Mut auf, dieses Blutbad zu verurteilen. Rabbi Zini führte zu Goldsteins Verteidigung an, er habe kein Blutbad begangen, sondern eine »Heilstat«. Goldstein wollte erfahren haben, daß *Hamas* einen großen Terroranschlag vorbereite; den habe er mit seiner Tat verhindert. Rabbi Zini sprach regelmäßig in einer Sendung in *Kanal 7*, dem Siedlersender. Darin artikulierte er seine extremen antiarabischen Ansichten sowie seine äußerst kritischen Positionen gegenüber der Rabin-Regierung. Der Präsident des *Technion* bat ihn um die Einstellung dieser Zusammenarbeit, denn seine provokanten Äußerungen schadeten dem Ansehen der Hochschule. Widerwillig gab Zini seine Sendung im Verlauf des Jahres 1995 auf.

In der endlosen Reihe integralistischer Rabbiner steht Rabbi Ido Elba aus Kiryat Arba vom weiterführenden Rabbinerseminar der Patriarchen-Höhle ein besonderer Platz zu. Er wurde nicht nur wegen seiner empörenden Worte verurteilt, sondern vor allem wegen seiner Verstöße gegen die Sicherheit. Trotz ihrer Aufrufe zum Mord an ihren Gegnern, seien es Palästinenser oder der Ministerpräsident, galten die Rabbiner als unberührbar. Übrigens gehörte Ido Elba zu einer im September 1994 verhafteten zwölfköpfigen Terroristengruppe, deren Mitglieder fast alle aus Kiryat Arba kamen. Die Polizei faßte die Gruppe, bevor sie etwas gegen Palästinenser unternehmen konnte. Rabbi Elba, ihre geistige Autorität, wurde wegen der Herstellung von Waffen-Schalldämpfern mit gestohlenem Material und Irreführung der Polizei bei ihren Ermittlungen und Verhören verurteilt. Außerdem warf man ihm seine Aufrufe zum Mord an Arabern vor. Elba verfaßte eine rabbinische Studie mit dem Titel *Rechtsprechung beim*

Tod eines Goj, worin er das Töten von Nichtjuden, einschließlich Frauen und Kindern, begründet. Rabbi Elba betonte, die fragliche Studie habe er nach Gesprächen mit dem ehemaligen sephardischen Rabbiner von Israel, Mordechai Eliyahu, einem weiteren berüchtigten Integralisten, verfaßt.

Nach der Unterzeichnung des Abkommens von Oslo wurde 1993 eine Proklamation veröffentlicht, die aufgrund der großen Zahl ihrer Unterzeichner – rund 200 der prominentesten Rabbiner Israels – großes Aufsehen erregte. Darin hieß es unter anderem, mit ihrer Politik schenke die Regierung den *Gojim* Gebiete auf einem Silbertablett, und »das gefährdet das Leben der Bewohner von *Eretz Israel«.* Die Unterzeichner riefen dazu auf, gegen die Palästinenser die Waffe zu erheben, falls sie diese Gebiete in Besitz nehmen wollten.

Einige Wochen nach der Ermordung Rabins wurde die gleiche Proklamation noch einmal im Organ der Nationalreligiösen Partei, *Hazofe,* veröffentlicht. Religionsminister Shimon Shitritt reagierte sofort. Er gab bekannt, er werde gegen 74 Unterzeichner – Rabbiner im Staatsdienst – Schritte einleiten, denn sie hätten gegen das Gesetz verstoßen, welches Beamten verbietet, die Politik der Regierung öffentlich zu kritisieren. Das Manifest war schon bei seiner ersten Veröffentlichung höchst brisant gewesen, aber 1993 war die Aufgabe von Gebieten noch keine reale Option und der Griff zur Waffe, um sie zu verhindern, reine Theorie. Die zweite Veröffentlichung erfolgte dagegen zu einem Zeitpunkt, als die palästinensischen Städte der Palästinenserbehörde übergeben wurden; deshalb wirkte sie wie eine Provokation, und die Möglichkeit eines bewaffneten Widerstandes durch Extremisten war keine bloße Hypothese mehr.

Die betroffenen Rabbiner reagierten nicht auf Shitritts Ankündigung; sie taten so, als habe der Religionsminister nichts gesagt. Noch immer blieben die Rabbiner nahezu unangetastet.

Der Mord an Rabin durch Yigal Amir, der nach eigenen Aussagen im Besitz eines rabbinischen Dispens war, zwang die Polizei jedoch zum Einschreiten. Gleich in der ersten Woche nach dem Attentat lud sie eine Reihe von Rabbinern in das Büro für die Untersuchung schwerer Verbrechen in Petah Tiqwa vor. Der Aufmarsch der Rabbiner, jedermann konnte ihn im Fernsehen verfolgen, war etwas ganz Neues. Man sah die Rabbiner Kav und Dvir – angeblich gaben sie Amir den Dispens – ebenso wie mehrere der schon weiter oben erwähnten Rabbiner, darunter Lior, Rabinowicz, Melamed und andere, insgesamt rund ein Dutzend. Alle leugneten kategorisch ab, irgend jemanden zum Blutvergießen an dem Ministerpräsidenten angestiftet zu haben. Sie interpretierten ihre Worte wie sonst den *Talmud*. Die Erhebung wurde nach den Worten eines von der Polizei Überprüften zu einer »Talmudlektion«. Parallel dazu lief die Vernehmung von Yigal Amir. Als einer der Untersuchungsbeamten ihm sagte: »Die Rabbiner von den Rabbinerseminaren verurteilen Ihre Tat«, erwiderte Amir: »Hören Sie nicht auf das, was sie im Fernsehen sagen. Denn von dem, was sie dort erzählen, ist keine Rede in den Seminaren.«

Wie vorauszusehen war, verhinderte politischer Druck das Anlegen einer Strafakte. Man hätte sich auf das Gesetz berufen und diese Rabbiner anklagen können, hinter dem Mord zu stehen. Der Leiter der Strafabteilung (für Verhöre) meinte, es sei unmöglich gewesen zu beweisen, die Worte oder ein Artikel von diesem oder jenem Rabbiner seien die Ursache für die Ermordung gewesen. Amir behauptete das Gegenteil. Wie dem auch sei, Mitte März 1996 hatte man die Affäre endgültig zu den Akten gelegt. Das geschah nach dem Beschluß des Rechtsberaters der Regierung, aus »Mangel an Beweisen« keine Anklage gegen die Rabbiner zu erheben.

Mit der Vernehmung der Rabbiner wurde ein Tabu gebrochen. Heute ist die panische Angst überholt, ein Strafverfahren wegen einer gesetzeswidrigen politischen Stellungnahme seitens einer religiösen Autorität zu eröffnen. Dennoch sind die Rabbiner immer noch nahezu unantastbar.

Vom Staat finanziert: Militärseminare und fundamentalistische Universitäten

Die meisten der vor die Strafabteilung geladenen Rabbiner arbeiteten an den religiösen Militärseminaren. Einige Wochen nach Rabins Ermordung wurde ein schon vorher wiederholt diskutiertes Vorhaben auf die Tagesordnung gesetzt: die Auflösung dieser Seminare. Der stellvertretende Verteidigungsminister General Or bestätigte, es sei wünschenswert, einen einheitlichen Militärdienst einzuführen, ohne mit Privatarmeen vergleichbaren Sondereinheiten.

In der israelischen Armee gibt es seit den fünfziger Jahren Spezialeinheiten für Studenten dieser Seminare. Sie dienen 16 Monate im Militär statt der sonst üblichen 36; danach studieren sie im Rahmen eines unbezahlten Militärdienstes 32 Monate lang religiöse Fächer.

Die Rabbiner in diesen Einheiten sind durchweg nationalistisch eingestellt, einige auch integralistisch in der vollen Bedeutung dieses Wortes, und üben auf die Studenten unbestreitbar einen moralischen Einfluß aus. Unter diesen Bedingungen fragt man sich, wie diese Soldaten zum Beispiel dem Befehl für die Räumung von Siedlungen in den besetzten Gebieten gehorchen sollen, da doch schon mehrere Leiter dieser Seminare – wie die Rabbiner Druckman, Rabinowicz und andere – die Soldaten zum Ungehorsam aufgerufen haben; die Räumung von Siedlungen widerspricht ihnen zufolge biblischem Gesetz. Die Soldaten stünden dann vor einem Dilemma: Sollen sie ihrem Vorgesetzten gehorchen oder ihrem Rabbiner? Es wurde vorgeschlagen, die Leiter dieser Seminare durch gemäßigtere Rabbiner zu ersetzen. Wie dem auch sei: In der Armee eines demokratischen Staates ist kein Platz für Sondereinheiten, gebildet aufgrund religiöser Überzeugungen und politischer Meinungen.

Heute gibt es 15 religiöse Militärseminare mit etwa 2400 Soldaten. Eines der ersten, *Kerem in Yavne*, an dem Yigal Amir studierte, wurde 1955 gegründet.

Die meisten Soldaten dieser Seminare waren davor Mitglieder der Jugendbewegung *Bnei Akiva*, die der Nationalreligiösen Partei angeschlossen ist. Ende November 1995 erklärte die Führung dieser Jugendorganisation: »Die gegen das rabbinische Gesetz gerichteten Befehle sind illegal, und die Soldaten der israelischen Armee dürfen sie nicht ausführen.« Es wurde auch ausdrücklich darauf hingewiesen, »daß der Soldat in allen wichtigen Fragen seinen Rabbiner konsultieren muß«. Seit einiger Zeit sehen verschiedene Offiziere der israelischen Armee nach eigener Aussage der Zukunft mit einer gewissen Sorge entgegen. Denn die Eingliederung vieler an Rabbinerseminaren ausgebildeten Offiziere mit entsprechender Gehirnwäsche in die israelische Armee könnte sich eines Tages als Katastrophe erweisen. Nach Schätzungen dürfte die Hälfte des Offizierskorps in zehn Jahren eine *Kippa* tragen. Damit würde die Entscheidungsfreiheit der Regierung bei bestimmten Themen eingeschränkt. Schon jetzt machen Soldaten der religiösen Seminare 40 Prozent in den Eliteeinheiten aus, mit entsprechendem Zugang zu hochentwickelten Waffen.

In der Zeit der Likud-Regierung [1977-1992] stellten sich die religiösen Soldaten keine weiteren Fragen. Die große Siedlungskampagne fand unter der Schirmherrschaft der Regierung statt, zu der auch die Nationalreligiöse Partei gehörte. Das Dilemma begann erst mit der Übernahme der Regierung durch die Arbeitspartei, als diese mit dem Gedanken zu spielen begann, eine Trennung zwischen Israel und den besetzten Gebieten auf der Grundlage einer Teilung des Landes ins Auge zu fassen. Damit öffnete sich die Kluft zwischen dem Wort des Rabbiners und dem Befehl des Offiziers. Unter anderem im März 1994, im Juli 1995 und auch bei anderen Gelegenheiten erließen bekannte und hoch angesehene Rabbiner Verordnungen, in denen sie zum Ungehorsam gegen alle Befehle zur Durchführung des Abkommens von Oslo aufriefen. Von neuem widersprach rabbinisches Gesetz den demokratischen Beschlüssen der Führung des Landes.

Die Frage, ob eine Auflösung der religiösen Militärseminare sinnvoll sei oder nicht, wurde bislang jedoch im Keim erstickt. Als der stellvertretende Verteidigungsminister die Sache zur Sprache brachte, forderte ihn Shimon Peres, der sich gerade auf einer Auslandsreise befand, auf, die Sache sofort zu vergessen. Für Peres war die Innenpolitik wichtiger als jeder andere Aspekt. Im übrigen sollte man daran erinnern, daß die Armee sehr heftig gegen Soldaten einschritt, die als Mitglieder der Friedensgruppe *Yesh Gvul* (»Es gibt eine Grenze«) aus Gewissensgründen den Militärdienst in den besetzten Gebieten oder im Libanon verweigerten. Seit rund 15 Jahren wurden Hunderte von Mitgliedern dieser Gruppe zu Freiheitsstrafen im Militärgefängnis von ein paar Wochen bis zu mehreren Monaten verurteilt. Was also wird künftig geschehen, wenn sich ein religiöser Soldat einem Befehl widersetzt?

Die Bar-Ilan-Universität

Es wurden bislang verschiedene Arten religiöser Bildungseinrichtungen vorgestellt. Die renommierteste ist die Bar-Ilan-Universität am Stadtrand von Tel Aviv, eines der aktivsten Widerstandszentren gegen den Friedensprozeß; an ihr studierte auch Yigal Amir. Sie ist die älteste und wichtigste Hochschule in Israel. In den 40 Jahren ihrer Existenz wandte sich die Universität – wie der Großteil des religiösen Lagers – nach und nach dem politischen Extremismus und religiösen Fanatismus zu; sie öffnete den intolerantesten Elementen ihre Tore. Um die Stimmung an dieser Universität zu beschreiben, muß man nur Margalit Harshefi zitieren, Yigal Amirs Freundin. Sie sagte dem Rabbiner ihrer Siedlung, Shlomo Aviner, die Hälfte der Universitätsstudenten sei der Ansicht, als *Rodef* habe Rabin den Tod verdient.

Es muß betont werden, daß die Bar-Ilan-Universität keine demokratische Hochschule ist. Das Lehrpersonal besteht in seiner überwiegenden Mehrheit aus religiösen und praktizierenden Juden. Die säkulare Minderheit ist einem strengen religiösen Reglement unterworfen. Ein säkularer Professor mußte beispielsweise wegen seiner Weigerung, eine *Kippa* zu tragen, die Universität verlassen. Bestimmte Themen, wie die Evolutionstheorie, werden nicht gelehrt, da sie der jüdischen Religion – ein Plichtfach zur Erlangung eines Diploms – widersprechen.

An der Bar-Ilan-Universität bevorzugt man Studenten, die bereits ein religiöses Seminar mit oder ohne Militärdienst besucht haben. Manchmal gilt für Absolventen säkularer staatlicher Gymnasien ein *Numerus clausus.* Auf dem Campus gibt es einen *Kollel,* eine religiöse Fakultät für Männer, und eine *Midrasha,* das Gegenstück für Frauen. Beide Institute gelten als unabhängige Fakultäten. Dort werden zusätzliche Lehrveranstaltungen in Wahlfächern angeboten. Theoretisch stehen diese zwar allen Studenten der Universität offen; tatsächlich sind sie aber praktizierenden Juden vorbehalten, die sich bereits intensiv mit dem *Talmud* beschäftigt haben.

Die nichtzionistischen Orthodoxen von der Partei *Agudat Israel* (»Vereinigung Israels«) warfen dem nationalreligiösen Erziehungssystem mit seiner Kombination aus religiöser und allgemeiner Bildung vor, indirekt für Yitzhak Rabins Tod verantwortlich zu sein. »Diejenigen, die einer Hochschule eine religiöse Fakultät aufgepfropft haben, schufen einen monströsen Bildungsapparat, aus dem dieser Wilde [Yigal Amir] hervorgegangen ist. Er selbst entschied, welches Verbot er einhalten muß und welches nicht. Universität und *Kollel* gehören nicht zusammen«, schrieb die Zeitschrift *Hamodia* von *Agudat Israel*.

Anhand des folgenden Dialogs zwischen dem *Kollel*-Leiter, Rabbi Moshe Raziel, und einem Journalisten von der Tageszeitung *Maariv* kann man sich ein Bild von der Stimmung an der Universität machen:

»Haben Sie geweint, als Sie von Rabins Ermordung erfuhren? Flossen Ihnen bei dieser Nachricht die Tränen aus den Augen?« – »Nein, keine einzige.« – »Wenn man Ihnen gesagt hätte, Yigal Amir habe sich zu einer anderen Religion bekehrt, wäre das für Sie genauso schwerwiegend gewesen wie Rabins Ermordung?« – »Ja.« – »Sie trauern nicht, denn Rabin war *unser*, nicht *Ihr* Regierungschef?« – »Das ist richtig.« – »Stimmt es, daß Yigal Amir Ihr Lieblingsstudent war? Ist er das auch heute noch?« – »Ja.«

Weniger als 24 Stunden nach der Ermordung Rabins trat der Rat der Bar-Ilan-Universität zu einer Dringlichkeitssitzung zusammen. Von 160 Dozenten waren 100 gekommen. Folgende Erklärung wurde verlesen: »Der Universitätsrat verurteilt den abscheulichen Mord; er widerspricht den Grundsätzen der jüdischen Religion.« Ein Dozent schlug vor, das Wort »Demokratie« hinzuzufügen, denn es handle sich ja um einen politischen Mord; er schlug folgende Version vor: »Die Universität verurteilt den abscheulichen Mord, denn er widerspricht den Grundsätzen der Demokratie, dem Kernstück der jüdischen Religion.«

Allgemeines Protestgeschrei: »Warum ›Demokratie‹ hinzu-
fügen? Reicht jüdische Religion etwa nicht? Sie schließt alles
ein.« Ein Teilnehmer fügte hinzu: »Nichts anderes als die Demokratie hat uns hierhergeführt.« Weder der Rektor noch der
Präsident der Universität sagten ein Wort. Trotzdem blieb ein
weiterer Dozent hartnäckig: »Wenn wir ›Demokratie‹ hinzu-
fügen, beruhigen wir jene Gemüter, denen zufolge unsere Universität ohnehin ein Nest von Fanatikern ist.« Ein neuer Sturm
der Empörung. Niemand wagte es danach noch, das Wort
Demokratie zu erwähnen. Der ursprüngliche Text wurde verabschiedet. Die Bar-Ilan-Universität ist keine private Institu-
tion; sie lebt von staatlichen Subventionen. Ihr Universitätsrat jedoch, die höchste Instanz, lehnte es ab, das »verdächti-
ge« Wort Demokratie in die Erklärung aufzunehmen…

Die rund 20 000 Studenten an der Bar-Ilan-Universität sind
neben ihrem Studium politisch und religiös sehr aktiv. 18 der
24 Mitglieder des Studentenausschusses der Universität gehören der Nationalreligiösen Partei oder anderen rechten
Gruppierungen an. Wollen andere Studenten, liberale oder
Anhänger der Arbeitspartei, einen Vortrag oder eine Kundgebung veranstalten, stoßen sie auf kategorische Ablehnung.
Man kann die Universität somit als politisch bezeichnen; es
sind jedoch nur ganz bestimmte Aktivitäten erlaubt, Pluralismus gibt es nicht. Nur an der Bar-Ilan-Universität konnte
man einem Schauspiel beiwohnen, bei dem als Araber verkleidete Studenten andere, als Soldaten des israelischen Heeres verkleidete, töteten; gedacht war dies als Parodie, um die
Folgen der Abkommen von Oslo zu zeigen. Nur an der Bar-
Ilan-Universität sah man ein Plakat, auf dem Rabin mit einer
Kuffiye auf dem Kopf sich die Hände in Blut wäscht. Auf
einem anderen Poster mit der Überschrift »Warnung« war zu
lesen: »Der Tag wird kommen, an dem das Volk die Regie-
rungsbande für den Verrat, die Kollaboration und die Abtre-
tung eines Teiles von *Eretz Israel* an den Feind richten wird.

Den Regierungsmitgliedern droht die vom Gesetz dafür vorgesehene Todesstrafe.« Und weiter: »Wir haben Stalin aufgehalten, und wir werden auch Rabin zum Stoppen bringen.«

Auf einem anderen Plakat stand folgender Aufruf: »Eine Belohnung für jeden, der Rabin ermordet.« Daneben war ein Bild von Rabin, auf dem er Arafat die Hand reicht und ihm Waffen gibt. Am Tag nach dem Mord, als Journalisten zu der Universität eilten, entdeckten sie ein nicht rechtzeitig entferntes Plakat, auf dem zu lesen war: »Rabin, Mörder!«

Der Direktor des Lehrkörpers an der Bar-Ilan-Universität, Professor Yonathan Etz-Haim, hat zu keiner Zeit Einspruch gegen diese Plakate erhoben. Von einem frommen Mitbürger, der während der letzten 18 Jahre jeden Samstag in die gleiche Synagoge in Ramat Gan wie der Professor ging, stammt die Information, daß Etz-Haim seit Rabins Regierungsantritt im Jahre 1992 demonstrativ sitzengeblieben sei, wenn die Gemeinde um Schutz für »den Staat Israel, seine Führung, seine Minister und Ratgeber« betete. Zwei Wochen nach Rabins Ermordung fungierte Yonathan Etz-Haim als Kantor. Trotz der Proteste einiger Anwesender ließ er das Gebet für den Staat und seine Führung einfach weg; er gab den Synagogenbesuchern auf die Frage, warum er das tue, nur eine arrogante Antwort.

Es folgen noch einige Beispiele zur Atmosphäre auf dem Campus der Bar-Ilan-Universität. Menachem Klein von der Abteilung für Politikwissenschaft erklärte: »Die Universität stand ›unter dem Stiefel‹ bestimmter Rabbiner wie Shapira, Druckman, Rabinowicz, Lior, Neria und anderen, die dem Rabbinerrat in den Siedlungen angehören.«

Nach der Ermordung erklärte ein prominenter Professor der Bar-Ilan-Universität, Hillel Weiss, Mitglied des rechtsextremen »Professorenkreises für politische und wirtschaftliche Stärke«, auf einer Versammlung des Studentenverbandes, er frage sich noch immer, ob man den toten Ministerpräsidenten im vollen Sinne des Strafgesetzes legal nicht als Verräter bezeichnen könne. Die Mitglieder des Kreises lehnten es ab, sich von Weiss zu distanzieren. Einer sagte sogar: »Wir unterstützen sein Recht, seine Pflichten im Hinblick auf Gewissen, Moral und akademische Lehre zu erfüllen und seine Ansichten laut zu sagen.« Vor Rabins Tod hatte er über ihn gesagt: »Rabin ist nach rabbinischem Gesetz nur deshalb Jude, weil seine Mutter eine Jüdin war, aber seine Seele ist schon anderenorts.«

Schon lange vor Oslo hatte es an der Bar-Ilan-Universität faschistische Militante gegeben. Im Februar 1980 schrieb Rabbi Israel Hess in *Bat Kol*, dem Blatt des Studentenverbandes der Universität, unter dem Titel »Die Pflicht zum Genozid in der Bibel«, daß »die Araber die Nachkommen der Amalekiter sind [deren Ausrottung schon in der Bibel gefordert wurde]. Einst kommt der Tag, an dem wir alle aufgerufen werden, in diesen heiligen Krieg zu ziehen: die Vernichtung der Amalekiter… In diesem Krieg gibt es kein Mitleid. Die Pflicht, zu töten und auszurotten, schließt auch Säuglinge ein. Schließlich führten die Amalekiter Krieg gegen das Volk Gottes.« Der Rabbiner erklärte, hier gehe es nicht nur um einen Konflikt zwischen zwei Völkern: »Gott nimmt an diesem Krieg teil, er hat ein persönliches Interesse daran.« Als der Rabbiner diese Worte veröffentlichte, war er schon sechs Jahre an der Bar-Ilan-Universität; im Anschluß daran unterrichtete er an der religiösen Fakultät für junge Frauen. Dort studierte auch Margalit Harshefi, Yigal Amirs Freundin.

Drei Monate nach dem Tod des Ministerpräsidenten machte die Universität noch einmal Schlagzeilen in den Zeitungen. Es ging um einen unglaublichen Skandal. Die Universität hatte unter ihren Freunden in den Vereinigten Staaten eine Propagandabroschüre verteilt. Sie enthielt unter anderem zwölf Aufnahmen von Yigal Amir, gebeugt über einen großen Talmudband als Verkörperung des typischen Studenten der Bar-Ilan-

Universität. Man hatte die Broschüre für eine Abendveranstaltung in New York am 12. November 1995 herausgegeben, auf der Spenden für die Universität gesammelt werden sollten. Das war eine Woche nach dem Mord. Die Spendenaktion wurde dann auf den 21. Januar 1996 verlegt, die Broschüre mit leichten Korrekturen neu gedruckt. Einige Textpassagen und Fotos hatte man herausgenommen, andere kamen neu hinzu, zum Beispiel Aufnahmen des toten Yitzhak Rabin und Stellungnahmen von wichtigen Persönlichkeiten, darunter vom Vizepräsidenten der Vereinigten Staaten, Al Gore. Aber die zwölf Fotos von Yigal Amir, inzwischen von einem Unbekannten zu einer Berühmtheit aufgestiegen, waren immer noch in der Broschüre. Auf einer Seite war Rabin zu sehen, auf der nächsten sein Mörder. Jedermann war schockiert, als dieser Skandal am Tag nach der Veranstaltung bekannt wurde. Der Rektor der Bar-Ilan-Universität behauptete, technische Gründe seien hierfür verantwortlich zu machen. Der Präsident schob sie dem Satan in die Schuhe... Kaum jemand wollte jedoch an einen »technischen Fehler« glauben. »Böse Zungen« meinten, es soll sich um einen Wink an rechtsextreme Kreise in New York gehandelt haben, welche die Bar-Ilan-Universität unterstützen. Yigal Amirs Aufnahme dürfte sie nicht gestört haben, ganz im Gegenteil...

Lea Rabin meinte hierzu bitter: »Es ist erschreckend. Ich habe Mühe zu glauben, daß dies reiner Zufall war, daß es ohne böse Absicht passierte.« Die Vorsitzende des Knesset-Erziehungsausschusses, Dalia Itzik, erklärte, die Nachricht habe sie schockiert. »Ich fordere die Regierung auf, die Finanzierung dieser Universität einzustellen, und von der Universität fordere ich die Durchführung einer gründlichen Untersuchung durch einen vollkommen unabhängigen Untersuchungsausschuß. Diese Broschüre erweckt den Eindruck, als seien ihre Verfasser stolz auf den Mord. An dieser Universität ist etwas faul. Nach dem Mord sicherte die Universitätsverwaltung dem Knesset-Erziehungsausschuß zu, einen Untersuchungsausschuß einzusetzen. Die Vorkommnisse sollten unter die Lupe genommen und eine gründliche Reform durchgeführt werden. Man hat uns böse hereingelegt.«

Der »Generalstab gegen Gewalt«, er umfaßt Persönlichkeiten, Bürgermeister, Vertreter der Jugendbewegungen usw., forderte den Erziehungsminister auf, die Universität bis zum Ende der Untersuchung zu schließen. Nichts dergleichen ist jedoch geschehen, außer der Entlassung eines kleinen Angestellten, der angeblich für die besagte Broschüre verantwortlich gewesen sein soll. Alles kehrte »mit Gottes Segen«, wie ein Dozent sich ausdrückte, zur Normalität zurück.

Als die Nachricht von den Geschehnissen an der Bar-Ilan-Universität an die breite Öffentlichkeit drang – jahrelanger Extremismus, Integralismus, antidemokratische Tendenzen usw. –, erklärte der Chef der israelischen Militärakademie, General Yitzhak Chen, die Armee müsse bei der Universität, an der Dutzende von Offizieren studiert hatten, nachdrücklich protestieren und die Ereignisse innerhalb ihrer Mauern verurteilen. In einem Brief an den Generalstabschef verlangte er, man dürfe die Stellungnahme des Universitätsrats zur Ermordung des Ministerpräsidenten nicht stillschweigend hinnehmen. Bestimmte höhere Armeekader müßten ihre Entscheidung, Offiziere an die Bar-Ilan-Universität zu schicken, überdenken. Im Rahmen dieser Hochschulpolitik studierten jahrelang Hunderte von Offizieren an der Bar-Ilan-Universität, ebenso wie Dutzende von Shin-Bet-Mitarbeitern und höhere Polizeioffiziere. Die Universitätsstatistik zeigt, daß mehr als zehn Generäle, Dutzende von Obersten und mehrere hundert Offiziere dort studierten. Den Shin-Bet-Agenten war die Agitation der Extremisten auf diesem Campus zweifellos bestens bekannt. Vermutlich kannten sie auch Amir. Auf die Frage, was sie mit einem Bericht über seine Aktivitäten gemacht haben, gibt es bislang keine Antwort.

Staat, Religion und Staatsreligion

Das beschriebene Phänomen geht weit über die Bar-Ilan-Universität hinaus. Es betrifft die gesamte religiöse Erziehung mit ihren Lehrern, Rabbinern, Lehranstalten, Überzeugungen und ihrer Weltanschauung, die sich der Demokratie und der Normalisierung der Beziehungen zwischen Israel und seinen Nachbarn, an erster Stelle den Palästinensern, widersetzt.

Dabei darf nicht vergessen werden, daß die Orthodoxie in Israel ein Monopol auf alles hat, was die Religion betrifft, die religiöse Erziehung genauso wie den zivilen Status. Von allen drei Strömungen der jüdischen Religion ist sie dem Geist der heiligen Texte am stärksten verhaftet und die intoleranteste. Andererseits begleiten die Religion und ihre Vertreter jeden Bürger von seiner Geburt bis zu seinem Tod. Es gibt keine standesamtliche Trauung, ebensowenig wie nichtreligiöse Friedhöfe. Ob man will oder nicht, die Religion verfolgt jeden Israeli ein Leben lang. Die Trennung zwischen Religion und Staat ist noch in weiter Ferne.

In den Vereinigten Staaten mit der zahlenmäßig größten jüdischen Gemeinde der Welt zeigte eine Umfrage im Januar 1996, daß 36 Prozent der praktizierenden Juden der konservativen Richtung angehören, 31 Prozent der Reformrichtung, der liberalsten von allen drei, und nur 7 Prozent zählen sich zur Orthodoxie. Die restlichen wurden nicht näher definiert. Während die religiösen Juden in Israel fest in der Rechten verankert sind (außer ein paar liberalen Splittergruppen) und dem Friedensprozeß überwiegend feindlich gegenüberstehen, unterstützen 79 Prozent der jüdischen religiösen Bevölkerung in den USA den Friedensprozeß zwischen Israel und der PLO, das heißt viermal mehr als in Israel.

Weder die konservative noch die Reformrichtung sind in Israel gesetzlich anerkannt; sie können keine eigenen Schulen

eröffnen und haben wenig Rechte und Vorteile. Nur die Anerkennung eines Pluralismus in der jüdischen Religion könnte dieses orthodoxe Monopol beenden. 1995 erkannte der
Oberste Gerichtshof Israels das Recht von konservativen Juden und Reformjuden an, Konversionen zum Judentum durch-
zuführen. Trotzdem hält das Oberrabbinat seinen Widerstand
dagegen mit stillschweigender Unterstützung der Regierung
aufrecht, welche die Orthodoxen, die die große Mehrheit unter den religiösen Juden stellen, nicht gegen sich aufbringen
möchte.

Es wurde bereits vorgeschlagen, das staatliche religiöse Erziehungssystem aufzulösen und der allgemeinen Veränderung
anzupassen, wie es kurz nach der Gründung des Staates Israel mit dem System der Arbeiterbewegung geschehen war. Aber
der Staatsgründer David Ben-Gurion beschloß damals, den
religiösen Kräften die volle pädagogische Autonomie zu be-
lassen; sie sind nur dem Erziehungsministerium unterstellt.

Neben dem zionistischen religiösen System gibt es eine
weitere orthodoxe, nichtzionistische Strömung, die *Agudat
Israel*; ihre Unterrichtspläne sind vom Erziehungsministerium
völlig unabhängig.

Nach Protesten der Nationalreligiösen Partei gab man schnell
alle Pläne einer Auflösung des nationalreligiösen Schulsystems
wieder auf.

Angesichts des Mordes an Rabin hat es bei den für die religiöse Erziehung Verantwortlichen nur eine kurze Gewissensprüfung gegeben; nach einem kurzen Augenblick der Verle-
genheit gingen sie dann zum Gegenangriff über. Der Vorsitzende des Zentrums für religiöse Erziehung, Zebulon Harlev,
erklärte hochmütig: »Sind wir etwa für Yigal Amir verantwortlich? Hat etwa jemand die staatliche Erziehung so kritisiert, als sieben Gymnasiasten gemeinsam ein junges Mäd-
chen vergewaltigten?« Den gleichen Ton fand auch der Vorsitzende der Nationalreligiösen Partei, Zebulon Hammer: »Wir

haben nicht geglaubt, daß ein Mörder wie Yigal Amir aus unserer Mitte hervorgehen würde, genau wie Ihr [die säkularen Israelis] nicht glauben wolltet, daß Ihr Kinder wie die Mörder von Taxifahrer Roth [dieses Ereignis erschütterte die israelische öffentliche Meinung zwei Jahre zuvor] hervorbringen würdet.« Man antwortete ihm: »Hat etwa ein säkularer Lehrer geraten, Taxifahrer oder andere Bürger zu töten? Haben sich säkulare Israelis etwa nach dem Mord an diesem Fahrer gefreut?«

Dagegen wagte es Rabbi Aharon Lichtenstein, Vertreter der gemäßigten Minderheit des religiösen Lagers, die folgende Stellungnahme zu publizieren: »Wir dürfen uns keinen falschen Illusionen hingeben. Wir sind in großem Umfang die Familie des Mörders. Dieser junge Mann hat unsere besten Schulen besucht. Wenn wir nur sagen könnten, was ihn dazu veranlaßt hat, trotz seiner Erziehung, die er genossen hat...«

Es ist eine Tatsache, daß aus dem säkularen Lager bisher noch kein »ideologischer« Mörder hervorgegangen ist, während viele Mörder eine *Kippa* trugen: Der jüdische Terroristenring in den achtziger Jahren, Siedler, die Araber verletzt und getötet haben, individuelle Mörder, die aus eigenem Antrieb und »aus Rache« Araber umbrachten, und schließlich Goldstein und Amir.

Dennoch vermieden es die geistigen Führer der religiösen Erziehung, sich einer Gewissensprüfung zu unterziehen, und der ehemalige Oberrabbiner von Israel, Abraham Shapira, erklärte unmißverständlich: »Die Hauptursache für diesen Mord ist die Spaltung in unserem Volk, denn sie sät Haß in die Herzen. Und wer hat das Volk gespalten? Die Väter von Oslo...« An die Adresse der Verantwortlichen richtete sich Amirs Richter, Edmund Levy, in seinem Urteilsspruch vom 27. März 1996: »Wilde Pflanzen wucherten bei uns. Deshalb sind jene Erziehungsbereiche in Israel im Auge zu behalten, die in ihrer Aufgabe versagt haben, einem Teil der Jugend die

Grundsätze der Demokratie beizubringen. Gescheitert ist aber nicht nur der Angeklagte, sondern auch diejenigen, die ihm direkt oder indirekt zu verstehen gaben, er könne auf dem Altar irgendeiner Ideologie das Leben eines Menschen opfern.«

Die schärfste Kritik kam jedoch von dem angesehenen, für seinen Mut bekannten Rabbiner Yehuda Amital, dem Gründer von *Har Etzion*, des größten militärischen Rabbinerseminars in Israel. Er ist zugleich Vorsitzender der gemäßigten religiösen Vereinigung *Meimad*, die bei den letzten Parlamentswahlen an der Sperrklausel scheiterte.

»Rabins Mörder ist aus unserer Mitte hervorgegangen«, sagte Amital, »aus dem Zionismus und dem religiösen Judentum. Wir können deshalb nicht sagen, daß unsere Hände dieses Blut nicht vergossen haben. Statt mäßigend zu wirken, befürworteten viele Rabbiner den Extremismus und trugen zur Entstehung politischer Vorstellungen und einer Atmosphäre bei, die den Mord ermöglicht haben. Die Diskussion um die Zukunft von *Eretz Israel* darf keinen religiösen Charakter annehmen, sondern muß einen rein politischen behalten. Es ist an der Zeit, damit aufzuhören, sich in der politischen Diskussion für populistische Zwecke auf das religiöse Gesetz zu berufen. Der politische Extremismus trägt heute ein religiöses Gewand, und das ist sehr gefährlich. Genau wie Amir ist auch Goldstein, der schändliche Mörder in der Patriarchen-Grabstätte, aus unserer Mitte hervorgegangen. Ebenso habe ich während der schrecklichen Tage des Blutbades von Sabra und Shatila [im September 1982] aus unseren Reihen nicht das gehört, was ich zu hören erwartete. Was sich in Sabra und Shatila ereignete, war eine Gotteslästerung.«

»Die Zerrüttung begann damit«, fuhr Amital fort, »daß viele lieber die Augen vor den Mißhandlungen an Arabern verschlossen ebenso wie vor den Morden, die danach erfolgten. Schon unsere Weisen – gesegnet sei ihr Andenken – lehrten uns: ›Wer einen *Goj* bestiehlt, wird auch einen Juden bestehlen. Wer vor einem *Goj* einen Meineid ablegt, legt schließlich auch einen Meineid vor einem Juden ab. Wer das Blut eines *Goj* vergießt, wird schließlich auch das Blut eines Juden vergießen.‹« Und Amital fügte, an die Adresse der religiösen Rechten gerichtet, hinzu: »Die religiöse extreme Rechte zeigt keinerlei Anzeichen von Gewissensbissen, sie lebt in der apokalyptischen Vision vom Ende des Staates. In den letzten Jahren hat sie bei den religiösen Zionisten eine Katastrophenstimmung geschürt. Jeder Ausdruck von Hoffnung galt als nicht zionistisch. Der wahre Zionismus wurde am Ausmaß seiner Verzweiflung gemessen. Es mußte ständig wiederholt werden, Rabins Politik führe nach Auschwitz, denn wer das Gegenteil behauptete, galt als Linker. Damit hat man die Jugend zerstört. Diese Worte haben sich der religiösen, zionistischen Jugend sehr tief eingeprägt.«

Rabbi Amital äußerte dies einige Tage nach Rabins Ermordung auf einem Treffen religiöser Zionisten. Die religiösen Nationalisten hatten ihn zuvor jahrelang boykottiert. Rabin mußte erst durch die Schüsse eines religiösen Terroristen ermordet werden, damit sich die religiösen Zionisten an Amital erinnerten und ihn zu einem Treffen einluden.

Um kein Mißverständnis aufkommen zu lassen, muß aber auch erwähnt werden, daß Rabbi Amital in den besetzten Gebieten lebt. Er hat auch erklärt: »Ich glaube daran, daß uns *Eretz Israel* gehört und daß die Araber keine politischen Rechte, sondern nur Menschenrechte in diesem Land haben.« Und nach Rabins Ermordung sagte er: »Was sich in Israel ereignet hat, ist einfach schrecklich. Sind wir wie Sodom geworden? Gleichen wir etwa Sambia?« Er hat Gomorra[14] nicht zufällig durch Sambia ersetzt. Seine nachfolgende Äußerung erklärt, warum er die Bibel so auslegte: »Ausgerechnet in unserem Land mit seiner Zivilisation und Kultur, der entwickeltsten in dieser Region, im Land unseres Stammvaters Abraham, mußte sich so etwas ereignen...«

Hier wird die Polarität deutlich: Auf der einen Seite der Glaube, auf der anderen die Politik. Unabhängig von seinen Bestrebungen für *Eretz Israel* versichert Rabbi Amital, daß die Regierung das Recht habe, für die Gründung eines palästinensischen Staates einzutreten, und daß dies ein legitimer Beschluß sei. Er plädiert dafür, daß die meisten Siedlungen weiterhin unter israelischer Souveränität bleiben, ist aber auch bereit, so es denn keine andere Möglichkeit gibt, die Auflösung einer gewissen Anzahl von Siedlungen zu akzeptieren. Im Gegensatz zur Nationalreligiösen Partei votiert Rabbi Amital für die Notwendigkeit eines Kompromisses für den Frieden. Nach Meinung eines israelischen Politologen vertritt er damit heute die Ansichten der Nationalreligiösen Partei von vor dreißig Jahren.

Um zu beweisen, daß er eine Zusammenarbeit mit den religiösen Kräften nicht ablehnt, gleichzeitg auch um der Nationalreligiösen Partei eine Alternative aufzuzeigen, traf Shimon Peres eine interessante Entscheidung: In der nach Rabins Tod von ihm gebildeten Regierung ernannte er Rabbi Yehuda Amital zum Minister ohne Geschäftsbereich.

Land, Volk und Gesetz: Eine heilige Dreifaltigkeit

Nach seiner Ernennung zum Minister erklärte Rabbi Amital, eine seiner vorrangigsten Aufgaben sei eine Untersuchung über die Erziehung der israelischen Jugend. Er hatte begriffen, daß viel getan werden muß, um die Schäden – Folge von jahrelanger Vernachlässigung und Zerstörung von Werten – zu beheben.

Tatsächlich hat das nationalreligiöse Erziehungssystem ausgerechnet in dem Bereich versagt, der als wichtigster Teil jeder Erziehung gilt: bei der Verteidigung menschlicher Werte,
Achtung der Würde von Mann und Frau und Gleichheit aller
Menschen. Statt dessen findet man in dem religiösen Nationalismus eine heilige Dreifaltigkeit: *Eretz Israel* (Palästina in
seinen historischen Grenzen), *Am Israel* (das Volk Israel) und
Thorat Israel (das Gesetz von Israel). Alles steht und fällt mit
dieser Dreifaltigkeit. Und es erstaunt nicht, daß der Mörder
am 27. März 1996 vor der Verkündung seines Urteils erklärte: »Das habe ich für *Thorat Israel, Am Israel* und *Eretz Israel* getan, die auf immer zusammengehören.«

Das Versagen der Rabbinerseminare war offensichtlich; der
Mord an Ministerpräsident Rabin durch einen ihrer Absol-
venten ließ sie in einem anderen Licht erscheinen. In einem
Seminar hieß es, Goldstein sei als Märtyrer mit denen des
Nazi-Holocaust vergleichbar; in einem anderen spielte man
darauf an, der Ministerpräsident habe seine Liquidierung ver-
dient; in einem dritten lobte man die Mitglieder des jüdischen
Terroristenrings für ihre Morde an Palästinensern zu Beginn
der achtziger Jahre. Die Bar-Ilan-Universität war die reinste
Brutstätte für die wilden Auswüchse der extremen Rechten.
Der Vorsitzende der *Jewish Agency*, Abraham Burg, Mitglied
der Arbeitspartei und *Kippa*-Träger, zögerte nicht zu erklären, er sehe »eine direkte Linie zwischen Teheran und der Bar-
Ilan-Universität«.

Die israelisch-jüdische Identität der Nationalreligiösen Partei gibt sich hochmütig, um nicht zu sagen arrogant. Für sie
ist die israelisch-säkulare Identität minderwertig, eigentlich
sogar völlig wertlos. Immer häufiger spricht man von *Eretz
Israel*, statt vom Staat Israel. Ihre Rabbiner vergleichen die
Araber mit den Amalekitern, deren Ausrottung von Gott
angeordnet wurde. Die Gründung von Siedlungen in den besetzten Gebieten gilt ihnen als vorrangige nationale Aufgabe.

Schon früh bildete sich ein jüdischer Integralismus heraus, der jede Zunahme westlicher kultureller Werte wie Demokratie, Fortschritt und Gleichheit aller Menschen ablehnte. Dieser integralistisch-ultrarechte Ableger des religiösen Lagers strebt an, Israel aus dem welthistorischen Kontext zu lösen und ein eigenes Königreich samt neuem Tempel auf den Ruinen der beiden Moscheen in Jerusalem zu errichten, deren Zerstörung man sich auch nach fünf erfolglosen Versuchen seit 1967 weiterhin erhofft. Man träumt von einem Staat, in dem es keine Verfassung mehr gibt, sondern lediglich das religiöse Gesetz.

Einen derartigen Staat hat es in Palästina im fünften Jahrhundert vor Christus tatsächlich schon einmal gegeben. Zu einem Zeitpunkt, als die Demokratie in Athen auf ihrem Höhepunkt stand, unterzeichneten Minister und religiöse Notabeln in Jerusalem eine Charta. Darin verpflichteten sie sich zur Befolgung des religiösen Gesetzes, nach dem zum Beispiel die Ehe mit Angehörigen anderer Völker verboten war, zum strikten Einhalten des Sabbats und aller anderen religiösen Vorschriften. Dieses Gesetz war die Verfassung des Staates Judäa vor 2500 Jahren und soll jetzt dem heutigen Staat Israel aufgezwungen werden; zumindest wollen dies diejenigen, für die die religiösen Gesetze über denen des säkularen Staates stehen.

Am 1. November 1995 stellte der Sprecher der Bar-Ilan-Universität eine neue Studie vor, die als Programm für einen nach rabbinischem Gesetz regierten Staat gedacht war. Diese Untersuchung des hebräischen Gesetzes wurde von Professor Itamar Varhaftig von der Bar-Ilan-Universität zusammen mit Jakob Shatz, einem Dozenten aus der Siedlung Beit Horon im Westjordanland, durchgeführt. »Es ist kein Traum, den Staat Israel gemäß rabbinischem Gesetz zu gründen und zu regieren«, sagten sie. »32,4 Prozent aller jüdischen Schulanfänger kommen auf eine religiöse Schule. In 25 Jahren lebt in

Israel eine Mehrheit religiöser Juden; dann kann man das jüdische Religionsgesetz im ganzen Land einführen.« Unter einem solchen Gesetz könnten weder Frauen noch Ausländer vor Gericht aussagen; jüdische Diebe würden vor einer Freiheitsstrafe geschützt, sie bräuchten lediglich das Doppelte des Diebesgutes zurückzuerstatten; dagegen würde Ausländern sogar die Todesstrafe drohen. Dann gäbe es zwei Legislativen nebeneinander, die Knesset und ein Rabbinerkollegium, und um ein Gesetz zu verabschieden, würde die Zustimmung beider benötigt. Nur Juden dürften wählen und gewählt werden; Nichtjuden dürften unter bestimmten Umständen zwar wählen, wären selbst aber nicht wählbar. Nichtjuden hätten keine Rechte außer den ausdrücklich im biblischen Gesetz vorgesehenen. Der Militärdienst für junge Frauen würde abgeschafft genau wie Zinsen auf Kapital. Die Verfasser der Untersuchung erklärten nicht, unter welchen Bedingungen die Banken dann noch arbeiten sollten, sie sagten lediglich, Wirtschaftsexperten und Rabbiner würden festlegen, was getan werden muß, damit die Wirtschaft auch ohne Zinsen weiter funktioniert.

Dieses surrealistische Programm zeigt, daß ein demokratischer Staat nach biblischem Gesetz eine Chimäre ist. Demokratie beruht auf Gleichheit, dagegen fühlt sich das rabbinische System über die Demokratie erhaben und lehnt Gleichheit ab; deshalb ist kein Platz für beide. Genau das sagte Amir, wenige Minuten bevor er zu einer lebenslänglichen Freiheitsstrafe verurteilt wurde: »Ein jüdischer Staat und ein demokratischer Staat passen nicht zusammen.«

Eine Umfrage aus dem Jahre 1994, als der Friedensprozeß schon in vollem Gange war, führte zu alarmierenden Ergebnissen über die Ansichten – religiöser wie säkularer – Lehramtsanwärter. Die meisten zukünftigen religiösen Lehrer waren der Meinung, daß die israelischen Araber nicht in den Genuß der gleichen Rechte wie die Juden kommen sollten. Außerdem glaubten sie, daß Juden und Araber nicht in Frieden zusammenleben können, und schließlich, daß der Staat Israel ausschließlich Juden gehört. Hier die Fragen und Antworten:

1. *Die israelischen Araber sind vollwertige Bürger des Staates Israel.* Dagegen: 75 Prozent der religiösen, 34 Prozent der säkularen Lehramtskandidaten.

2. *Juden und Araber können in Frieden leben.* Dagegen: 75 Prozent in den religiösen Schulen, 41 Prozent in den säkularen.

3. *Eine vollwertige Vertretung von Arabern in der Knesset würde die Sicherheit des Staates Israel gefährden.* Stimmt: 89 Prozent der religiösen, 46 Prozent der säkularen Lehramtskandidaten.

4. *Die arabischen Bürger des Staates Israel sind Staatsfeinde und wollen seine Vernichtung.* Stimmt: 70 Prozent der religiösen, 30 Prozent der säkularen Lehramtskandidaten.

5. *Der Staat Israel gehört den Juden. Die israelischen Araber sollten bei politischen Entscheidungen nichts zu sagen haben.* Stimmt: 78 Prozent der religiösen, 29 Prozent der säkularen Lehramtskandidaten.

Vom Kindergarten bis zum Rabbinerseminar werden die Schüler einer Art Gehirnwäsche unterzogen. In allen religiösen Kindergärten wird bei jeder Gelegenheit immer dieselbe Litanei wiederholt: »Gott hat den Stammvätern des auserwählten Volkes *Eretz Israel* versprochen.« *Gojim* werden gewöhnlich mit negativen Beiwörtern wie »Judenhasser« und »Antisemiten« erwähnt. Gemäß den Instruktionen dieses Schulsystems vergleicht man bei Feiern am Unabhängigkeitstag die Araber mit den Römern, die den Tempel zerstört haben. Kein Wort von einem Kompromiß oder einem möglichen Frieden mit den Nachbarn. Wer den Frieden mit diesen Arabo-Römern anstrebt, ist demzufolge keiner Wertschätzung würdig. Das ist offensichtlich.

Überall, im Kindergarten, in der religiösen Schule und im Rabbinerseminar steht *Eretz Israel* immer über allem anderen, auch über Menschenleben, Demokratie und Landesgesetzen. In Diskussionen über den Rechtsstaat oder den Staat mit rabbinischem Gesetz wird der zweite stets vorgezogen. Zwar gibt es noch Debatten darüber, aber die Schlußfolgerung über dieses lebenswichtige Thema steht von vornherein fest.

In der Armee bedarf es eines besonders starken Charakters, um nicht dem Rassismus und Chauvinismus zu verfallen, vor allem im Zusammenhang mit der Besatzung. Hierzu ein Detail, ein kleines, aber sehr bezeichnendes. Wenn ein Soldat zur Armee eingezogen wird, erhält er eine Bibel. Bis zum Krieg im Jahre 1967 hieß es in der vom Oberrabbiner des Heeres unterzeichneten Widmung, dieses Buch werde dem Soldaten hoffentlich eine »Quelle höherer Inspiration« sein usw. Ziemlich neutrale Worte also. Nach dem Junikrieg wurde der Text der Widmung abgeändert. Jetzt hieß es, die Bibel sei »ein Akt der Inbesitznahme unseres Landes und des Bodens unserer Vorfahren«. Das noch im alten Text vorkommende Wort »Frieden« wurde gestrichen, dafür wurde das Wort »Feind« hinzugefügt. Der Stammvater der Nation, Abraham, steht demnach auf der einen Seite und die übrige Welt auf der anderen. Man begnügte sich aber nicht mit dieser Einführung in Nationalismus und Territorialismus. Seit dem Junikrieg 1967 wird dem Soldaten auch ein Bibelatlas geschenkt. Die Karten veranschaulichen den Text des Rabbiners, so daß er verständlicher wird. Der Atlas enthält unter anderem auch eine Karte von Großisrael: Es umfaßt nicht nur Judäa und Samaria (das Westjordanland), sondern auch Transjordanien. Auf einer Karte reicht das Gelobte Land gemäß dem berühmten Bibelvers sogar vom Nil bis zum Euphrat. Unter einem Foto steht die Unterschrift: »Blick auf Tyros« (Küstenstadt im Libanon). Zu Beginn des Libanonkrieges wollte *Gush Emmunim*, zustän-

170

dig vor allem für die Gründung von Siedlungen in den besetzten Gebieten, auch im Südlibanon eine Siedlung gründen.

Ebenso wie seine Kameraden erhielt Yigal Amir, als er in die Armee eingezogen wurde, eine Bibel mit Widmung und einen Atlas. Er kam nicht aus dem Nichts.

4. Kapitel

Ein schwarzer Samstag
für den Shin Bet

Die drei am Abend des 4. November 1995 in Tel Aviv abgegebenen Schüsse trafen auch eine in Israel ganz besonders geschätzte »heilige Kuh«: den israelischen Inlandsgeheimdienst Shin Bet (auch *Shabak* genannt). Man brauchte nicht erst den am 28. März 1996 veröffentlichten Bericht des Untersuchungsausschusses abzuwarten, um das ganze Ausmaß des ebenso peinlichen wie empörenden Versagens dieses Dienstes zu begreifen. Der Shin Bet hatte bei der wichtigsten ihm anvertrauten Aufgabe versagt: den Ministerpräsidenten vor einem Anschlag zu schützen. Dabei war der Mord so einfach! Was für eine Schande vor der eigenen Bevölkerung und der ganzen Welt.

Schon seit vielen Jahren berät Israel Dutzende von Ländern der Dritten Welt bei ihren Sicherheitsproblemen (Schutz von Prominenten, Bewachung öffentlicher Einrichtungen usw.). Der israelische Sicherheitsdienst war daher immer stolz auf seinen Ruf. Die Geheimdienste der ganzen Welt schauten bewundernd und neidisch auf Israel. Dieser Sicherheitsbereich war auch ein nicht zu verachtender wirtschaftlicher Faktor für israelische Exportunternehmen in Sachen Dienstleistungen. Israelische Leibwächter galten zwar manchmal als etwas arrogante, aber immer sehr wirksame Supermänner, denn bis zu jenem Samstag am 4. November hatten sie weder in Israel noch andernorts je versagt. Die im Sicherheitsgeschäft tätigen israelischen Unternehmen waren immer die besten ihres Faches.

Tausende von Israelis, deren Umsatz sich auf einige hundert Millionen Dollar belief, wurden weltweit zum Schutz der unterschiedlichsten Objekte eingesetzt. Ende der achtziger Jahre berichtete die Wochenzeitschrift *West Africa*, 20 000 Israelis seien allein auf dem afrikanischen Kontinent im Sicherheitsbereich tätig. Israelis wurden als Leibwächter sogar von Staatschefs engagiert, mit denen Israel keine diplomatischen Beziehungen unterhält. Man unterzeichnete Verträge zum Schutz von Personen und Einrichtungen nicht nur in Lateinamerika, im Fernen Osten und in Afrika, sondern auch in Europa. Es ist bekannt, daß der israelische Geheimdienst die französische Regierung rechtzeitig vor einem Anschlag auf General de Gaulle warnte; diese Information rettete ihm das Leben. Dies geschah zu dem Zeitpunkt, als de Gaulle das französische Kolonialreich aufzulösen begann; die Organisation Afrikanischer Staaten (OAS) wollte diese Politik vereiteln, wurde aber um ihr tödliches Rendezvous gebracht. Trotz eines solchen Erfolges gelang es den Israelis nicht, ihren eigenen Ministerpräsidenten vor einem religiösen Extremisten zu schützen – was für eine Blamage!

Wie zu erwarten war, hat Israels Sicherheitsdienst seit Rabins Ermordung an Ansehen verloren. Aus aller Welt kamen peinliche Anfragen von Kunden, die wissen wollten, was genau sich am 4. November 1995 auf dem Platz der Könige Israels in Tel Aviv abgespielt hatte. John le Carré, berühmter Spionageautor, sagte in einem Interview im ersten israelischen Fernsehprogramm: »Möglicherweise haben wir den israelischen Sicherheitsdienst überschätzt, genauso wie die Leistungen des sowjetischen KGB.«

Das Übel mit dem »Es geht schon in Ordnung«

Bevor weiter auf das Versagen des Shin Bet eingegangen wird, noch eine Bemerkung zu einem für den israelischen Sicherheitsapparat typischen Phänomen. Der Israeli ist kein Superman – weit davon entfernt. Ganz abgesehen von der falschen Einschätzung des Inlandsgeheimdienstes – er hatte auf der Friedenskundgebung in Tel Aviv einen arabischen Selbstmörder erwartet, nicht aber die Pistole eines extremen Juden – spielen aber noch weitere Faktoren bei diesem Versagen mit: nämlich Leichtfertigkeit, fehlende Disziplin und eine von Perfektion weit entfernte Unprofessionalität. Am Abend der Kundgebung war das mehr als evident. Um zu wissen, was damit gemeint ist, muß man in Israel gelebt haben.

In ihrer Alltagssprache verwenden die Israelis Dutzende arabischer Wörter. Weiter oben wurde bereits Rabins Leibwächter zitiert, der sofort nach dem Anschlag zu ihm gesagt hatte: »Dir Balak«, das heißt auf arabisch »aufpassen«. Ein weiteres im Hebräischen verwendetes Wort ist *Hafif*, was soviel wie »leicht« bedeutet; man begegnet ihm überall, bei der Arbeit, aber auch bei der Armee. Es drückt eine gewisse Nachlässigkeit aus. Rabins Schutz geschah *Hafif*, also eher nachlässig.

Yitzhak Rabin hat dieses leichtfertige Verhalten verurteilt. In einer Rede im August 1992 vor Absolventen der Führungsakademie der israelischen Armee erklärte er:

»Dieser Einstellung von *Hafif* begegnet man in breiten Schichten der Bevölkerung Israels, nicht nur in der israelischen Armee. Sie schadet uns sehr. Und noch ein weiteres Phänomen sei erwähnt; es besteht aus zwei Wörtern: *Yihyeh Beseder*, ›Es geht schon in Ordnung‹. Diese beiden Wörter hört man im täglichen Leben auf Schritt und Tritt, obwohl sie eigentlich verboten gehörten, denn dahinter verbirgt sich alles, was nicht in Ordnung ist: Hochmut, Arroganz, übertriebene Selbstsicherheit und durch nichts gerechtfertigte dominierende Autorität. Dieses ›Es geht schon in Ordnung‹ begleitet die Israelis schon seit langem; es symbolisiert eine Atmosphäre, die nichts anderes als fehlendes Verantwortungsgefühl in vielen Lebensbereichen ist. ›Es geht schon in Ordnung‹, das ist wie ein freundschaftliches Klopfen auf die Schulter mit einem Augenzwinkern und der Zusicherung: ›Verlaß Dich ruhig auf mich.‹ Tatsächlich aber steht es für fehlende Disziplin, Nachlässigkeit und hingepfuschte Arbeit […]. Wie soll man einem Vater in die Augen schauen, dessen Sohn bei einem Manöverunfall der Armee umgekommen ist, nur weil jemand sagte: ›Es geht schon in Ordnung, verlaß Dich ruhig auf mich‹, obwohl nichts in Ordnung war?«

Der Shin Bet ist schon immer sehr selbstbewußt gewesen. Aber auch diese Eliteorganisation der israelischen Gesellschaft litt unter dem Übel des »Es geht schon in Ordnung«. Rabins Ermordung ist eine Beleidigung für den Shin Bet, denn hier hat er gleich zweimal versagt: Zum einen hat er Amir vor dem Mord nicht entdeckt, weil die Möglichkeit eines jüdischen Täters nicht berücksichtigt wurde – ein unverzeihliches Versäumnis. Zum anderen hat er es nicht verstanden, Amir am Tatort zu neutralisieren; hierfür war größtenteils *Hafif* verantwortlich. Wie dem auch sei, damit sind zwei weitere israelische Mythen geplatzt: der vom angeblich besten Sicherheitsdienst der Welt sowie der, daß politischer Mord im Nahen Osten nur bei den Arabern vorkommt.

Tatsächlich begann der Niedergang des Shin Bet schon vor über zehn Jahren, genauer gesagt im April 1984. Vier palästinensische *Fatah*-Kämpfer aus dem Gazastreifen brachten damals einen Bus der Linie 300 auf dem Weg von Tel Aviv nach Ashkelon in ihre Gewalt und befahlen dem Fahrer, Richtung Gaza zu fahren. Bei der Ortschaft Deir el-Balah stoppte die Armee den Bus, Unterhändler nahmen Verhandlungen mit den Entführern auf. Diese erklärten sich bereit, die meisten der 40 Geiseln freizulassen. Als Gegenleistung sollten 500 palästinensische Häftlinge entlassen werden und nach Ägypten ausreisen dürfen. Die Verhandlungen fanden jedoch ein jähes Ende, als eine Eliteeinheit der israelischen Armee den Bus stürmte. Eine israelische Soldatin im Bus sowie zwei palästinensische Geiselnehmer kamen dabei ums Leben. Die beiden anderen wurden gefangengenommen, und nach einem Schnellverfahren erteilte Shin-Bet-Chef Abraham Shalom den Befehl, sie zu töten. Der Sprecher der Armee gab kurz darauf ein Kommuniqué heraus, in dem es hieß, die vier Palästinenser seien beim Sturm auf den Bus ums Leben gekommen.

Vor Ort befanden sich aber auch Fotoreporter. Sie hatten Aufnahmen von den beiden lebend gefangengenommenen Palästinensern gemacht, und die Nachricht mit den Beweisstükken verbreitete sich in Journalistenkreisen. Als der Leiter des Shin Bet von diesem »Verrat« der Journalisten erfuhr, leugnete er anfangs alles ab, verstrickte sich und andere Beamte aber immer mehr in einen Morast von Lügen. Ein ganzes Jahr lang konnte der Shin-Bet-Chef seine Verantwortung für die Ermordung der beiden Palästinenser vertuschen. Sein Stellvertreter und zwei Abteilungsleiter erstatteten dann aber dem damaligen Ministerpräsidenten Shimon Peres Bericht. Dieser jedoch stützte Abraham Shalom aus Angst, einen Skandal auszulösen, und die drei Männer wurden entlassen. Ein Untersuchungsausschuß, der Licht in die Busaffäre bringen sollte, förderte bis dahin ungeahnte Mißstände beim Shin Bet zutage. Der Ausschuß drückte seinen Wunsch aus, der Shin Bet möge »ein neues, makelloses Kapitel« beginnen; aber genau wie der Ministerpräsident vermied er es, die an der Vertuschungsaktion und den Lügen Beteiligten zu ahnden – aus Angst, die Organisation in ernsthafte Schwierigkeiten zu bringen. Die Verantwortlichen blieben entweder im Amt, oder sie wurden begnadigt. Die öffentliche Meinung jedoch sah zum ersten Mal das wahre Gesicht des Shin Bet; sein Mythos wurde schon damals erschüttert.

Danach interessierte sich die israelische Öffentlichkeit etwas mehr für die Interna beim Shin Bet. Die dabei aufgedeckten Verfehlungen und Defizite wurden nicht länger stillschweigend hingenommen. So wurde zum Beispiel auch der Skandal um den tscherkessischen Oberst Izzat Nafsu bekannt, der wegen Spionage für Syrien verurteilt worden war. Im Januar 1987 erklärte er, man habe sein Geständnis unter Folter erzwungen; nach einigen Jahren im Gefängnis wurde er begnadigt.

Im Dezember 1987 brach die Intifada aus. Der Shin Bet erlaubte sich zwar auch diesmal wieder allerlei Defizite, aber die Israelis gestanden ihm wegen des »Aufstands der Steine« einer ganzen Bevölkerung quasi mildernde Umstände zu. Man schloß also erneut die Augen vor seinen Verfehlungen.

Am 1. März 1995 löste der 45jährige Karmi Gilon den amtierenden Leiter des Shin Bet, Yaakov Peri, ab. Acht Monate danach wurde Rabin ermordet – der härteste Schlag für den Shin Bet seit der Gründung Israels. Am Tag danach bot sein Chef bei Rabins Nachfolger Shimon Peres seinen Rücktritt an; Peres lehnte dies aber ab, um keinen Wirbel im Sicherheitsdienst auszulösen. Ein interner Untersuchungsausschuß des Shin Bet stellte sein Versagen fest, was den Mord ermöglicht hatte. In einer Sitzung des Geheimdienst-Unterausschusses des Knessetausschusses für Auswärtige Angelegenheiten und Verteidigung erklärte Shin-Bet-Chef Karmi Gilon: »Die Shin-Bet-Abteilung für den Schutz Prominenter trägt die gesamte Verantwortung für die Ermordung des Ministerpräsidenten.« Gilon war bereit, die »ministerielle« Verantwortung, nicht aber die persönliche auf sich zu nehmen.

Wie schon erwähnt, war der Leiter des Shin Bet während der Friedenskundgebung nicht in Israel. Er wurde kritisiert, das Land am Tag vor einem so wichtigen Ereignis, noch dazu während einer solch angespannten Lage, verlassen zu haben. Zu seiner Verteidigung führte er an, seine Reise habe nicht aufgeschoben werden können, außerdem habe er seinem Stellvertreter alle nötigen Anweisungen gegeben. Ein hoher Shin-Bet-Beamter widersprach ihm jedoch: »Er fuhr ins Ausland und überließ uns die Verantwortung für den Schutz auf dieser Kundgebung. Das war ein Fehler.« Selbst General Zvi Zamir, Mitglied des Untersuchungsausschusses und ehemaliger Mossad-Chef war über diese Auslandsreise in einem so kritischen Augenblick erstaunt.

Am 17. Dezember, einen Monat, bevor der Untersuchungsausschuß seine Arbeit aufnahm, schickte dieser sechs hohen Shin-Bet-Mitarbeitern, darunter seinem Leiter sowie einem wichtigen Polizeioffizier, eine Verwarnung. Ein derartiger Verweis wird verschickt, wenn die Untersuchungsergebnisse den Empfänger zu belasten drohen. Im Brief an Karmi Gilon hieß es insbesondere, er habe die Organisation und Vorbereitungen der Abteilung für den Schutz Prominenter nicht hinreichend überwacht, obwohl es Gerüchte über einen Anschlag auf den Ministerpräsidenten durch jüdische Extremisten gab. Karmi Gilon bekam während seiner Vernehmung die ganze Feindseligkeit des Ausschusses zu spüren. Die Mitglieder formulierten ihre teilweise polemischen Fragen als versteckte Kritik. General Zvi Zamir: »Sie hätten an den Schießübungen für Mitarbeiter der Abteilung für den Schutz Prominenter teilnehmen müssen.« Gilon: »Das ist nicht Aufgabe des Shin-Bet-Chefs.« Zvi Zamir: »Doch, genau das ist seine Aufgabe.«

Karmi Gilon wollte vor der Veröffentlichung des Berichtes zurücktreten, weil ihm nur zu gut bekannt war, daß ein Verweis des Ausschusses in den meisten Fällen zu einer Verurteilung oder zu anderen Schritten gegen den Betroffenen führt. Er zog den Rücktritt einer unehrenhaften Entlassung vor, denn es ist üblich, daß die Schlußfolgerungen eines Untersuchungsausschusses gegenüber nicht mehr amtierenden Personen nachsichtiger ausfallen. Und tatsächlich vermerkte dieser Ausschuß, Gilons Rücktrittsangebot komme einem

Eingeständnis gleich, dem er nichts hinzuzufügen habe. Ihm wurde nichts vorgeworfen, so daß er weiterhin für Sicherheits- und Verteidigungsangelegenheiten tätig sein kann.

Unterdessen bemühte sich Gilon um eine Gelegenheit, Ministerpräsident Shimon Peres, dem damaligen direkten Vorgesetzten des Shin Bet, sein endgültiges Rücktrittsgesuch zu überreichen.

Gleichzeitig bereitete er sorgfältig den Anschlag auf den *Hamas*-Bombenbauer Yahya Ayasch, genannt der »Ingenieur«, vor, der für die schlimmen Terroranschläge in Israel nach Goldsteins Blutbad in Hebron, insbesondere für die Explosionen in Bussen und an Bushaltestellen, verantwortlich war, bei denen 1994 und 1995 Dutzende Israelis ums Leben kamen. Am Tag nach Ayaschs Tod – Israels »Feind Nummer eins« wurde durch die Explosion eines Mobiltelefons Anfang Januar 1996 in Gaza getötet – reichte Karmi Gilon seinen diesmal endgültigen Rücktritt ein. Zum ersten Mal sahen die Israelis damals sein Gesicht und erfuhren auch seinen Namen, denn normalerweise werden die Namen der Leiter von Shin Bet und Mossad, des israelischen Auslandsgeheimdienstes, geheimgehalten. Nach der Initiale seines Vornamens war er nur als Herr »Kaf« bekannt. An seine Stelle trat der Oberkommandeur der israelischen Marine, General Ami Ayalon. Damit wurde erstmals eine Person von außerhalb des Apparates Chef des Shin Bet; deshalb wurde sein Name auch nicht geheimgehalten.

Am Tag nach Ayaschs Tod forderte die Friedensgruppe *Gush Shalom* (»Block für den Frieden«) den Rechtsberater der Regierung auf, eine gründliche Untersuchung gegen Gilon in die Wege zu leiten, denn nach Meinung dieser Gruppe habe er den Tod Ayaschs »aus persönlichem Ehrgeiz«, nicht aus Sicherheitsgründen angeordnet. »Dies war eine falsche und unverantwortliche Entscheidung. Die Rache, selbst gegen eine für den Tod von Dutzenden von Israelis verantwortliche Person, darf für einen Staat und seine Sicherheitsdienste kein Antriebsmittel sein.« Das ganze Land fürchtete sich von nun an vor Gegenschlägen von Ayaschs Gesinnungsgenossen.

Tatsächlich hatte es in den sieben Monaten vor dem Tod des »Ingenieurs« keine Anschläge der *Hamas* mehr gegeben. Dies war das Ergebnis einer stillschweigenden Übereinkunft zwischen der Palästinenserbehörde und der *Hamas*, der zufolge die *Hamas* ihre »Kamikaze«-Anschläge in Israel einstellen, die Palästinenserbehörde ihrerseits die in Gaza wohnenden Mitglieder schützen und vor einer israelischen Durchsuchungsaktion warnen würde. Der Chef des Sicherheitsdienstes in Gaza, das Gegenstück zum israelischen Shin Bet, bestätigte Patrice Claude von *Le Monde*, er habe den Israelis zugesichert, »Ayasch hat sich bereit erklärt, alle militärischen Unternehmungen einzustellen. Sie haben ihn trotzdem getötet – wohl eher aus publikumswirksamen denn aus sicherheitspolitischen Gründen« (*Le Monde*, 10. April 1996).

Im Shin-Bet-Hauptquartier in Ashkelon nördlich des Gazastreifens feierte man den Tod des »Ingenieurs« im Rahmen einer »Zeremonie zur Schließung der Akte Ayasch«. Aber noch am gleichen Tag begann der Countdown für eine palästinensische Selbstmordaktion. Ein paar Wochen später, am Ende des [Fastenmonats] Ramadan, erfolgte die tödliche Antwort von *Hamas*: vier schreckliche Anschläge innerhalb einer Woche; zwei im Zentrum Jerusalems auf Busse der Linie 18, einer in Tel Aviv und ein vierter in Ashkelon. Die Bilanz war schrecklich: 60 Tote und zahlreiche Verletzte. Shimon Peres erklärte: »Wir befinden uns im Krieg«, und die Rechte sammelte in Umfragen vor den Knessetwahlen Pluspunkte. Wieder waren am Tatort Gruppen junger Extremisten zu sehen, welche laut riefen: »Nieder mit der Regierung, nieder mit Peres!« Und sogar: »Wir sind alle Yigal Amir!«

Der Untersuchungsausschuß

Eine Zeitlang waren Rabins Ermordung und Amirs Prozeß vergessen. Aber der Untersuchungsausschuß [Shamgar-Ausschuß; benannt nach dem Vorsitzenden Meir Shamgar] setzte seine Arbeit im *Beit Shalom*, einem schönen zweistöckigen Haus in einem Wohnviertel von Jerusalem, fort. Viereinhalb Monate später, nach 61 Sitzungen, der Anhörung von 72 Zeugen und der Anfertigung von 6385 Protokollseiten legte der Ausschuß seinen zum Teil geheimen Bericht vor. Darin fehlte jedoch ein wesentliches Element: Er sagte nichts über die politische Stimmung, die Ursache für diese Tragödie, aus, genausowenig wie über die Kreise, auf die sich der Mörder stützen konnte, und auch nichts über das Umfeld, in das er hineingeboren wurde und in dem er aufwuchs. Sicher, der vom Staatssekretär unterzeichnete Einberufungsbrief beauftragte den Ausschuß, die technischen Aspekte und alle Auskünfte in bezug auf das Attentat zu untersuchen. Nichts hätte ihn aber daran gehindert, gemäß diesem Auftrag nach Gutdünken Empfehlungen zu machen oder Schlußfolgerungen zu ziehen. Trotzdem schrieb der Ausschuß in dem besagten Abschlußbericht, er »konnte und durfte nicht« das Attentat in seinem breiteren Zusammenhang behandeln. Konnte er das wirklich nicht? Im äußersten Fall versteht man vielleicht noch, daß der Ausschuß nicht auf alle Details der politischen Auseinandersetzung eingehen wollte, die den Hintergrund des Attentats bildeten. Es entspricht aber nicht der Wahrheit, daß er es nicht hätte tun dürfen. Hätte nicht das Verhalten der Rechten von allen Seiten untersucht werden müssen, um die Ereignisse des 4. November 1995 zu begreifen? Hätte nicht überprüft werden müssen, welche Rolle die Rabbiner spielten, von denen Amir seinen Dispens erhalten hatte?[15]

Am Ende des Berichts steht zu lesen: »Der Stolz des Staates Israel, der einzigen Demokratie im Nahen Osten, beruhte unter anderem auf der Tatsache, daß negative Phänomene wie politischer Mord in seiner politischen wie gesellschaftlichen Kultur nicht vorhanden waren [...]. Die drei Pistolenschüsse am 4. November haben diesen Grundsatz umgestoßen. Nach dem Mord an Ministerpräsident Yitzhak Rabin wird der Staat Israel nie wieder derselbe sein.«

Der Bericht betont: »Wir wagten nicht daran zu denken, jemand in Israel könnte versuchen, ideologische Meinungsverschiedenheiten durch einen Druck auf den Abzug einer Pistole zu lösen!« Wenn das der Fall ist, warum wirft dieser eminente Ausschuß dann den Shin-Bet-Agenten und der Polizei vor, auch nicht daran gedacht zu haben? Der Bericht »ruft die Gesellschaft als Ganzes und vor allem die Erziehungseinrichtungen zu einer gründlichen Gewissensprüfung auf«.

Das erinnert an den berühmten Ausruf des israelischen Staatspräsidenten Ephraim Katzir nach dem Oktoberkrieg im Jahre 1973: »Wir sind alle schuldig!« Wenn alle schuldig sind oder sich einer Gewissensprüfung unterziehen müssen, trägt eigentlich keiner die Verantwortung... Das ist aber noch nicht alles.

Offizielle Untersuchungsausschüsse sind dazu bestimmt, Fragen, welche der Regierung peinlich sind, ans Licht zu bringen und als Sicherheitsventil gegenüber dem Druck der öffentlichen Meinung zu fungieren. Im Fall von Rabins Ermordung konnte niemand die Regierung verdächtigen, hinter diesem Ereignis zu stehen, und die öffentliche Meinung forderte keinen Untersuchungsausschuß wie nach dem Oktoberkrieg 1973 oder nach dem Blutbad in Sabra und Shatila 1982. Trotzdem gab es tatsächlich peinliche technische Fragen, mit denen sich aber schon der interne Untersuchungsausschuß des Shin Bet hätte befassen müssen. Seine Schlußfolgerungen waren übrigens mehr oder weniger die gleichen wie die des Shamgar-Ausschusses mit der Ausnahme, daß der letztgenannte auch den Namen des Shin-Bet-Chefs unter den Verantwortlichen anführte. Es ist Aufgabe von Fachleuten, die technischen und operativen Aspekte zu untersuchen. Der Shamgar-Ausschuß hätte der israelischen Gesellschaft jedenfalls einen weitaus größeren Dienst erwiesen, wenn er sich damit befaßt hätte, welche Richtungen das Handeln des Shin Bet bestimmten.

Bereits bei seiner Untersuchung des Blutbades an muslimischen Gläubigen in der Moschee von Hebron bot sich dem Untersuchungsausschuß [ebenfalls unter dem Vorsitz von Meir Shamgar] die einmalige Gelegenheit, gründlich dem Problem des religiösen Fanatismus nachzugehen, um die israelische Öffentlichkeit vor einer möglichen Wiederholung einer solchen Schreckenstat zu warnen. Der Ausschuß konnte sich dazu jedoch nicht entschließen, und deshalb trägt er möglicherweise eine gewisse Mitverantwortung für die Geschehnisse auf dem Platz der Könige Israels am 4. November 1995.

Karmi Gilon bemerkte zum Shamgar-Bericht bezüglich der Ermordung Rabins folgendes: »Andere Juden, selbst wenn es nicht viele sind, leisten genau wie Yigal Amir ihren Militärdienst, studieren mit uns an der Universität, stehen vor oder hinter uns in der Schlange vor dem Kino, kaufen im gleichen Supermarkt ein – und sind bereit, den Ministerpräsidenten oder einen anderen israelischen Spitzenpolitiker zu töten. Das ist eine Tatsache.«

Es ist sicher sehr interessant, den Mechanismus eines Verbrechens, seinen *modus operandi*, aufzuzeigen. Nicht weniger wichtig ist es jedoch, den Hintergrund einer derartigen Tragödie zu beleuchten, die Verantwortlichen und Anstifter kennenzulernen, um zu erfahren, wer den Mord nicht verhindern wollte.

Tomaten und Eier

Der Ausschuß hat demnach die Rolle des Shin Bet untersucht und, wie zu erwarten war, bestimmte Verantwortliche belastet. Der Shin-Bet-Chef und der Leiter der Abteilung für den Personenschutz waren schon zurückgetreten. Drei weitere Verantwortliche wurden ersetzt: der Leiter der Unterabteilung für den Schutz Prominenter, der Operationschef dieser Unterabteilung und der zuständige Offizier für die Durchführung von Anweisungen bei großen Versammlungen. Wie schon die interne Untersuchung des Shin Bet, stellte auch der von der Regierung eingesetzte Untersuchungsausschuß Mängel bei der Planung und der operativen Durchführung des Einsatzes fest, die es dem Mörder ermöglichten, sich dem Ministerpräsidenten auf die tödliche Distanz zu nähern.

Die Polizei ging aus dem Bericht des Shamgar-Ausschusses nahezu unversehrt hervor: Es gab nur einen symbolischen Tadel für den Kommandanten des Bezirks Tel Aviv.

Während allerdings der Shin-Bet-Chef vorgab, die Fehler, die zum Tod Rabins führten, seien ausschließlich lokalbedingt, wies der Shamgar-Ausschuß nach, daß der gesamte Sicherheitsapparat nicht funktionierte. Rabin wurde nicht gut genug geschützt – deshalb konnte man ihn töten.

Der Bericht stellte fest: »Schon bei dem ersten Versuch, auf den Ministerpräsidenten zu schießen, hätte ein Mörder Erfolg gehabt, denn das System war völlig zusammengebrochen. Nur weil niemand entschlossen genug war, eine solche Tat zu begehen, wurde Rabin nicht schon früher getötet.«

Und noch ein paar Schlußfolgerungen. Der Shin Bet besaß zwar viele Informationen über bedrohte Persönlichkeiten, allen voran der Ministerpräsident, aber es wurde nichts unternommen, um das Sicherheitssystem der wachsenden Bedrohung anzupassen; diese Erkenntnisse wurden auch nicht an die Leibwächter Prominenter weitergegeben, damit sie ihre

Wachsamkeit hätten erhöhen können. Auf keinen Fall konnte der Ministerpräsident mit dem bestehenden Apparat hinreichend geschützt werden. Schließlich ist es für Politiker auch ganz normal, engen Kontakt mit der Bevölkerung zu suchen und von Zeit zu Zeit ein Bad in der Menge zu nehmen. Im übrigen weist der Ausschuß die Behauptungen des Shin Bet zurück, nach denen der Ministerpräsident die zu seinem Schutz nötigen Änderungen abgelehnt hätte. Sicher gefielen Rabin drakonische Schutzmaßnahmen nicht besonders, andererseits aber war er in dieser Hinsicht durchaus einsichtig.

Der Ausschuß übte auch Kritik an der Zusammenarbeit zwischen der Abteilung für den Schutz Prominenter und der Polizei während der Kundgebung in Tel Aviv. Der Bericht erwähnt die Mängel auf dem Parkplatz, auf dem Rabin ermordet wurde. Die Hauptschuld trage zwar der Shin Bet, aber auch die Polizei hätte mehr tun können, heißt es, denn selbst wenn der Shin Bet sie nicht aufgefordert hatte, den Parkplatz abzuriegeln, hätte eine bessere Überwachung ausgereicht, um das Leben des Ministerpräsidenten zu retten. Bekanntlich sind die Ankunft und der Abgang einer Person die entscheidenden Momente für ein mögliches Attentat. Der Wagen des Ministerpräsidenten habe während der Kundgebung die ganze Zeit über auf dem gleichen Platz geparkt. Ein Mörder, selbst ein so unerfahrener wie Amir, brauchte sich nur dort hinzustellen und auf sein Opfer zu warten. Dabei darf nicht vergessen werden, daß der Parkplatz fast jedermann zugänglich war.

Herr »Dalet«, Leiter der Shin-Bet-Abteilung für den Schutz Prominenter, sagte vor dem Untersuchungsausschuß aus, ihm sei gegen Ende der Versammlung aufgefallen, daß auf dem Parkplatz zu viele Menschen herumstanden, und er habe die Polizei aufgefordert, ihn zu räumen. »Warum haben Sie nicht überprüft, ob das geschehen war?« Darauf wußte Herr »Dalet« keine Antwort.

Während der Arbeit des Shamgar-Ausschusses versuchte der Shin Bet wiederholt, der Polizei »den schwarzen Peter« zuzuschieben, was ihm aber nicht gelang, wie die Ergebnisse des Ausschusses zeigen. Dieser stellte fest, daß die Leibwächter überhaupt nicht auf die Idee vorbereitet wurden, ein Jude, ein Einzeltäter, könne auf den Ministerpräsidenten schießen oder seine Waffe ziehen. Alle waren davon überzeugt, ein Attentat könne nur von einem Palästinenser begangen werden. Herr »Yod«, der mit der Durchführung der Sicherheitsmaßnahmen beauftragte Offizier, erklärte vor dem Untersuchungsausschuß, mit Blick auf die Juden sei er lediglich besorgt gewesen, sie könnten Tomaten oder Eier auf den Ministerpräsidenten werfen.

Erst nach dem Anschlag stellten Experten fest, daß die Sicherheitsmaßnahmen des Shin Bet der Situation nicht angemessen waren. Das war sicher schon seit geraumer Zeit so. Trotzdem reichten diese Maßnahmen nach Ansicht des Shin-Bet-Chefs aus, um auf einen Anschlag aus jeder beliebigen Richtung zu reagieren; die Tragödie nach der Kundgebung ging seiner Ansicht nach lediglich auf eine auf den Parkplatz beschränkte Fahrlässigkeit zurück. Die leitenden Verantwortlichen der Organisation gaben sich die größte Mühe, den Ausschuß zu überzeugen, wozu auch das Verschwindenlassen mehrerer schriftlicher oder auf Kassetten aufgenommener Aussagen für den Ausschuß gehört. Unter anderem wurde ein Teil der Angaben eines erfahrenen Leibwächters, die er auf einer geschlossenen Sitzung der Abteilung für den Schutz Prominenter am Tag nach dem Attentat gemacht hatte, aus den vorgesehenen Unterlagen gestrichen. Kern seiner Aussage war, der Apparat habe am Abend der Kundgebung wie gewöhnlich funktioniert. Er fügte hinzu: »So arbeiten wir schon seit Jahren.« Mit diesen Worten widersprach er der These, lediglich auf dem Parkplatz sei es fahrlässig zugegangen.

Der Shamgar-Ausschuß war schockiert und erinnerte sich an die Lügen der Shin-Bet-Verantwortlichen im Zusammenhang mit der Affäre um den Bus der Linie 300, die noch in jedermanns Gedächtnis war. Auf Seite 17 seines Berichts bezieht sich der Ausschuß darauf.

Die Personenschutzabteilung des Shin Bet mit der Unterabteilung für den Schutz Prominenter wurde zu Beginn der siebziger Jahre als Reaktion auf arabische Terroranschläge auf Zivilisten, diplomatische Vertretungen und israelische Flugzeuge gegründet. Diese anfangs kleine, sehr kompakte Abteilung, zuständig im wesentlichen für den Schutz von Persönlichkeiten, wurde allmählich zur größten des Shin Bet, mit Hunderten von Mitarbeitern in Israel und in der ganzen Welt; hinzu kam befristet engagiertes Gelegenheitspersonal. An der Spitze der kleinen Abteilung standen anfänglich Mitarbeiter, die dem Shin Bet schon seit seiner Gründung angehörten. Mit der Zeit entwickelte sich daraus ein sehr komplexer, sehr hierarchisierter, das heißt bürokratischer Apparat. Die Affäre um den Bus der Linie 300 mit den Rücktritten, Ernennungen und Beförderungen ist an dieser Abteilung nicht spurlos vorübergegangen.

Herr »Shin« – ein Beamter dieser Abteilung – äußerte sich dazu wie folgt: »Die Mitarbeiter, mit denen man nichts anzufangen wußte, die nicht befördert worden waren oder die immer schon einmal ins Ausland wollten – sie alle bemühten sich um einen Posten in der Personenschutzabteilung. Obwohl diese Personen nie als Leibwächter gearbeitet hatten und ihnen ein Schutzdenken völlig fremd war, kamen sie in Führungspositionen. Darunter litt das professionelle Profil der ganzen Abteilung.«

Nach Aussagen von Experten ging auch gleichzeitig das durchschnittliche Niveau der Leibwächter zurück, was mit einer Milderung der strengen Auswahlkriterien einherging. Dazu der Bericht eines Zeugen: »Zu meiner Zeit schafften von 60 Kandidaten zu Beginn der Ausbildung zum Leibwächter nur fünf den Abschluß. Wir waren am Anfang in zwei Omnibussen losgefahren, verließen aber das Ausbildungslager am Ende in einem kleinen Ford, um in Jerusalem unsere Pässe entgegenzunehmen und ins Ausland zu gehen. Das ist heute nicht mehr der Fall. In der Vergangenheit hatten alle Leibwächter vorher als Soldaten in einer Eliteeinheit gedient. Heute ist das anders. Jeder kann sich zu diesen Lehrgängen melden, sogar Angehörige der Panzertruppe oder der Artillerie.«

Amos Goren, ehemaliger Teamchef beim Personenschutz, veröffentlichte im Juli 1995 in der Tageszeitung *Maariv* einen prophetischen Artikel, in dem er bestätigte, daß der Schutz Prominenter vernachlässigt werde. »Ich sehe eine große Katastrophe voraus«, schrieb er. Seiner Meinung nach verlören die Leibwächter langsam aber sicher ihre Professionalität. Das Trainingsniveau sei ungenügend. »Von einem Leibwächter erwartet man eine andere Reaktion als von einem Soldaten«, erklärte er. »Dieser geht, schlägt zu und kommt zurück. Beim Personenschutz geht man jedoch ganz anders vor. Man muß sich an ein niedriges Einsatzprofil gewöhnen, immer sehr wachsam sein, selbst wenn sich nichts ereignet, und nur im richtigen Augenblick aktiv werden, und das kommt ausgesprochen selten vor.«

Wo genau hat der Shin Bet eigentlich versagt? War es der mangelnde Schutz oder die Nachlässigkeit der geheimdienstlichen Ermittlungen? Aus dem Bericht des Ausschusses geht hervor, daß der Shin Bet eher schlecht funktionierte. Von den sieben vor den Ausschuß geladenen Verantwortlichen kam nur einer mit einer weißen Weste davon: der Leiter der jüdischen Abteilung. Es mag durchaus sein, daß diese Abteilung ganz normal arbeitete. Das Problem jedoch geht auf eine ganz andere Ursache zurück, auf die Tatsache nämlich, daß – wie schon erwähnt – alle davon überzeugt waren, die Gefahr drohe nur aus dem arabischen Lager: von einem Palästinenser, einem *Hamas*-Aktivisten oder einem Mitglied von *Jihad Islami*. Deshalb reagierte auch niemand, als Informationen über eine mögliche Bedrohung von jüdischer Seite eingingen. Damit ist die Sache mit Shlomi Halevy gemeint, von der im ersten Kapitel dieses Buches die Rede war. Dieser verantwortungsbewußte Israeli lieferte eine zwar halbe, im wesentlichen aber doch wahre Information über ein geplantes Attentat auf die Person des Ministerpräsidenten. Man hätte ihn nicht nur bei der Polizei vernehmen müssen, sondern vor allem beim Shin Bet. Ein guter Untersuchungsbeamter hätte mit Shlomi Halevys Hilfe – er war ja nach eigenen Angaben bereit zu antworten, wenn man ihn dazu aufgefordert hätte – mühelos Yigal Amir identifizieren können. Wäre beim Shin Bet dagegen eine ähnliche Nachricht über einen Palästinenser eingegangen, wären sofort alle Beamten auf den Beinen gewesen.

Das Versagen des Shin Bet beruht im wesentlichen auf der vorgefaßten Meinung, ein Jude könne eben keinen Anschlag auf das Leben des Ministerpräsidenten verüben. Und selbst wenn das einmal passieren sollte, war man sich beim Shin Bet sicher, noch vor der eigentlichen Tat informiert zu werden, rechtzeitig den Terroristen zu identifizieren oder, selbst wenn es ihm gelänge, bis zum Ministerpräsidenten vorzudringen, ihn durch die eigenen Schutzmaßnahmen am Handeln hindern zu können. Alle diese »sicheren« Annahmen brachen dann wie ein Kartenhaus in sich zusammen.

Das alles erinnert übrigens an die vor dem Yom-Kippur-Krieg 1973 vorherrschenden Mythen: Die Araber, hieß es damals, seien nicht fähig, einen Krieg gegen Israel zu beginnen. Wenn sie es aber trotzdem versuchten, würde der allmächtige militärische Geheimdienst rechtzeitig etwas davon erfahren. Tatsächlich gab es in den zwei Monaten vor diesem Konflikt rund 400 Anzeichen und Warnungen über Kriegsvorbereitungen in Äygpten und Syrien. Alle wurden als bedeutungslos eingestuft. Wenn es jedoch wirklich zuträfe, so hieß es in den gegen alle Logik aufrechterhaltenen Mythen weiter, daß die Araber das Feuer eröffneten, würde die israelische Armee innerhalb weniger Stunden ihre Pläne zunichte machen. Es zeigte sich aber, daß die Araber eine dem israelischen Nachrichtendienst völlig unbekannte Militärstrategie verfolgten und daß die israelische Armee deshalb nicht auf jede Eventualität vorbereitet war.

Der Shin Bet hat sich übrigens nie durch sein Wissen über das tödliche Potential und die Motivation fundamentalistischer Bewegungen ausgezeichnet. So wurde die *Hamas* – mit Zustimmung des israelischen Militärgouverneurs – in Gaza schon vor der Intifada gegründet, weil der Shin Bet davon überzeugt war, sie sei nichts anderes als eine im sozialen, kulturellen und religiösen Bereich tätige Bewegung, die als mögliche Konkurrenz zur PLO nützlich sein könnte. Damit verkannte der Inlandsgeheimdienst völlig die innere Dynamik religiöser Bewegungen, sobald diese mit Besatzung und sozialem Druck konfrontiert werden.

Seit rund 25 Jahren vollziehen sich im gesamten religiösen Lager radikale Veränderungen; sie ziehen immer und überall Fanatismus und einen extremen Nationalismus nach sich – ein auch in der israelischen Öffentlichkeit nur allzu bekanntes Phänomen. So haben die Medien zwar über die Siedlungen von *Gush Emmunim* (»Block der Getreuen«), die Gründung neuer religiöser Parteien rechts von der Nationalreligiösen Partei, die Koalition zwischen dem gesamten religiösen Block und der nationalistischen Rechten (Likud-Block) sowie über deren Beeinflussung durch Kahane ausführlich berichtet. Dagegen registrierte die öffentliche Meinung in Israel aber nicht den Anstieg des religiösen Fundamentalismus parallel zur politischen Radikalisierung. Gewisse Stimmen in diesem integralistischen Lager behaupteten sogar, der Staat Israel komme nicht seinen Pflichten, das heißt seinen religiösen Pflichten nach. Man hatte sich zu sehr daran gewöhnt, diese Bewegung mit Nachsicht zu betrachten, denn schließlich waren es »welche von uns«. Mit etwas Scharfblick hätte man sich jedoch leicht vorstellen können, daß ein Jude eines Tages versuchen würde, einen jüdischen Spitzenpolitiker zu töten, einfach deshalb, weil er seiner Meinung nach die historischen Pflichten seinem Volk gegenüber vernachlässigt hatte.

Und dennoch: Schon 1993 hatte ein Team hoher Shin-Bet-Mitarbeiter ein Papier mit dem Titel »Strategischer Plan« ausgearbeitet. Es sah den Einsatz neuer Mittel im Kampf gegen die extreme Rechte vor, darunter auch eine Überwachung der Vorgänge in den Rabbinerseminaren und bei den Rabbinern selbst.

Ein Herr »P«, damals Leiter der jüdischen Abteilung, stand an der Spitze dieses Teams. Sein Bericht, Ergebnis neunmonatiger Arbeit, wurde Yitzhak Rabin vorgelegt und von ihm genehmigt. Auch der damalige Shin-Bet-Chef Yaacov Peri erhielt ihn. Dieser erklärte, die in diesem Bericht enthaltenen Empfehlungen habe man im wesentlichen umgesetzt; tatsächlich hat er jedoch nichts dergleichen getan.

Seit der Gründung Israels befaßte sich die jüdische Abteilung jahrelang mit den Aktivitäten der kommunistischen, aber auch der außerparlamentarischen zionistischen Linken; es erfolgte unter anderem eine intensive Infiltration, die erst nach dem Zusammenbruch der Sowjetunion aufhörte. Dagegen hat man die Rechte so gut wie überhaupt nicht überwacht.

Nach dem Blutbad in Hebron erarbeitete der Shamgar-Ausschuß die Theorie vom Einzeltäter, um zu erklären, warum der Shin Bet keine Informationen über Goldstein hatte erhalten können. Obwohl damals einige Anzeichen auf einen Anschlag auf die palästinensische Bevölkerung hinwiesen, kannte man weder den Täter noch sein Ziel.

In Yigal Amirs Fall war das Ziel hingegen bekannt, und der Shin Bet hatte sogar eine ungefähre Vorstellung vom Täter. Im August 1995 traf sich der Shin-Bet-Chef mit einigen

Journalisten und beschrieb ihnen das Profil eines potentiellen jüdischen Angreifers auf den Ministerpräsidenten. Es entsprach mehr oder weniger dem von Yigal Amir, obwohl damals noch niemand etwas von ihm ahnte. »Es wird niemand aus den Siedlungen sein«, hatte der Shin-Bet-Chef erklärt, »auch kein rechtsextremer Aktivist. Es wird eine Person sein, die das Produkt der Spannung und des Hasses ist, wie sie das Land überschatten.« Er forderte die Journalisten auf, zum Abbau dieser Spannung beizutragen, denn, dies sagte er wörtlich: »Diese Stimmung legitimiert den Einzeltäter.« Aber im Gegensatz zu Goldstein handelte Amir nicht allein. Bekanntlich bildete er zusammen mit seinem Bruder und Dror Adany den inneren Kreis einer größeren Gruppe, bestehend aus Studenten und Freunden. Sie alle hatten über ein Jahr lang seine Worte über die Notwendigkeit eines Anschlags auf den Ministerpräsidenten gehört. Es wäre deshalb ein Leichtes gewesen, Amir ausfindig zu machen. Aber trotz aller Warnzeichen hinsichtlich einer bevorstehenden Tragödie sah der Shin Bet keinen Anlaß, ihnen intensiver nachzugehen, um ihren Sinn herauszufinden.

»Kof«, »Alef«, Peri und die anderen

Zwar wurde die Rechte vom Shin Bet kaum ernsthaft überwacht, aber in der Organisation selbst wuchs die Zahl der »loyalen« Rechten. Einige Monate vor dem Mord wurde die israelische Öffentlichkeit mit der Mitteilung überrascht, einer der Stellvertreter des Shin-Bet-Chefs, Herr »Kof«, scheide demnächst aus, um für die bevorstehenden Wahlen den Führungsstab der Nationalreligiösen Partei zu übernehmen. Er hatte unter anderem zwei Jahre an der Bar-Ilan-Universität studiert. Nach der Ermordung Rabins begann Herr »Kof«

ohne jede Übergangszeit damit, die Wahlkampagne dieser Partei zu organisieren.

Zahlreiche Shin-Bet-Agenten aller Dienstgrade tragen eine *Kippa*. Muß aber unbedingt jemand wie Herr »Alef« gerade dann an der Spitze der jüdischen Abteilung stehen, wenn man auf die integralistische Gefahr aufmerksam wird? Er verbrachte seine gesamte Kindheit und Jugend in Einrichtungen des religiösen Bildungssystems, einschließlich eines Rabbinerseminars unter der Leitung von Rabbi Joseph Ba-Gad, Knessetmitglied der ultrarechten Moledet-Partei; eine mehr als heikle Frage also.

Die Ernennung von Herrn »Alef« zum Leiter der jüdischen Abteilung Ende 1994 rief einiges Staunen hervor, nicht weil er eine *Kippa* trägt, sondern wegen seiner Vergangenheit. Zwei Jahre zuvor hatte der damalige Shin-Bet-Chef Yaacov Peri ihn als persönlichen Referenten entlassen, weil er falsche Aussagen gemacht und seine Stellung vorschriftswidrig zum eigenen Vorteil ausgenutzt hatte. Ein weiterer Entlassungsgrund waren seine Auseinandersetzungen mit einer israelischen Journalistin, von denen die Presse Wind bekommen hatte.

Der Ministerpräsident hatte einen kleinen Verweis für seine Personalakte geschrieben und schließlich beschlossen, ihn kaltzustellen. Aber dank Yaacov Peris Empfehlungen blieb Herr »Alef« beim Shin Bet, ohne daß ihm ein internes Disziplinarverfahren angehängt wurde. Danach ernannte Peri Herrn »Alef« auch noch zum Leiter der jüdischen Abteilung. Später munkelte man hinter den Kulissen des Shin Bet, Yaacov Peri selbst habe sich inkorrekt verhalten und Fehler begangen.

In seinem Bericht aus dem Jahre 1991 warf General Raphael Vardi Peri neben Geldverschwendung und Nutzung einer Shin-Bet-Wohnung für familiäre Zwecke auch vor, mit einer Sondergenehmigung im Restaurant seiner Frau (damals seiner Freundin, Frau Hirschman) trotz Absperrung der besetzten Gebiete palästinensische Arbeiter beschäftigt zu haben.

Avichai Raviv

Trotz aller internen Turbulenzen war der Shin Bet jedoch gar nicht soweit davon entfernt, Amir in die Finger zu bekommen. Im August 1995 war Avichai Raviv, ein rechtsextremer Aktivist und Shin-Bet-Agent, von seinem Führungsoffizier in der jüdischen Abteilung beauftragt worden, den Umgang mit Yigal Amir zu pflegen, um etwas über seine Absichten zu erfahren. Diese Initiative ergriff man, nachdem bei der jüdischen Abteilung bruchstückhafte Informationen aus mehreren Quellen über Amirs Äußerungen eingegangen waren. Raviv kannte Amir. Sie hatten die gleiche religiöse Fakultät, den *Kollel* der Bar-Ilan-Universität, besucht. Raviv unterstützte Amir vor allem finanziell bei seinen Solidaritätsbesuchen in den Siedlungen, natürlich nicht aus seiner eigenen Tasche.

Der von Raviv vorgelegte Bericht gab kaum Anlaß zur Besorgnis. Es hieß darin, Amir vertrete zwar rechtsextreme Meinungen, plane aber keine Aktivitäten gegen Juden. Dagegen sei er für Aktionen gegen Palästinenser, ohne daß dies jedoch weiter ausgeführt wurde. Nach der Ermordung Rabins stellte sich heraus, daß Raviv Amir wiederholt sagen gehört hatte, er wolle Rabin töten. Bei seiner Befragung vor dem Untersuchungsausschuß antwortete er, er habe diese Erklärungen nicht ernst genommen: »So sprechen wir alle«, sagte er. Auf die Frage, ob ihm Amir nicht verdächtig vorgekommen sei, antwortete er kategorisch mit einem »Nein«. Ein Test mit dem Lügendetektor bewies, daß er ihn tatsächlich nicht verdächtigt hatte.

Beim Shin Bet betrachtete man Ravivs Bericht als banal, denn er ließ in keiner Weise auf irgendwelche mörderischen Absichten gegen Araber oder Juden schließen. Hätte man diesen Bericht dagegen mit den Informationen von Shlomi Halevy über den »kleinen frommen Jemeniten« verglichen, »der schon eine Pistole gekauft hatte, um Rabin zu töten«, wäre man der Sache zweifellos gründlicher nachgegangen.

Yigal Amirs Akte beim Shin Bet war nicht besonders dick. Sie enthält vier oder fünf Berichte über seine Teilnahme an rechtsextremen Demonstrationen, seine Erklärungen gegen die Regierung und über die Notwendigkeit von Repressalien gegen die Palästinenser. Außerdem heißt es dort noch: »Yigal Amir neigt zur Konfrontation mit Arabern und der Regierung.« Wegen solch einer Akte wäre ein Palästinenser einem »repressiven Verhör« unterzogen worden, in dem er alles gestanden hätte, was der Untersuchungsbeamte von ihm hören wollte. Für einen rechtsextremen Juden ist es dagegen eine Akte von geringer Bedeutung – an der Grenze der Schuldlosigkeit.

Shin-Bet-Agent Raviv wäre beinahe in Yigal Amirs ersten Kreis aufgenommen worden. Bei seiner Vernehmung sagte Yigals Bruder Haggai aus, in mehreren Diskussionen über eine mögliche Ausweitung dieses Kreises auf weitere junge Männer sei auch Avichai Ravivs Name gefallen. Yigal sei dafür, er, Haggai, dagegen gewesen. »Yigal erklärte Avichai, Rabin habe nach dem religiösen Gesetz den Tod verdient. Er schlug ihm vor, sich unserer Gruppe anzuschließen. Ich dagegen war der Ansicht, daß Avichai Raviv nicht der ideale Mann für uns sei.« Von all dem hat Avichai Raviv nichts geahnt. Nach Auskunft eines ehemaligen Stellvertreters des Shin-Bet-Chefs, Gideon Ezra, war Raviv nur ein »mittelmäßiger« Agent.

Der 27jährige Avichai Raviv war von einem abgrundtiefen Haß auf Araber und »Verräter der Linken« besessen und schon im Alter von 14 Jahren Mitglied der faschistischen *Kach*-Gruppe. Er verteilte Flugblätter und nahm an Demonstrationen teil. Shin-Bet-Agenten überwachten den jungen Agitator. Während seines Militärdienstes wurde er bei einem Manöver durch ein Geschoß am Bein verletzt und als körperbehindert entlassen. Der Shin Bet bot ihm eine Beschäftigung an: als Geheimagent in der rechtsextremen Szene. Er trat der *Kach* wieder bei und lieferte seit 1987 Berichte.

Acht Jahre lang war Avichai Raviv auf Befehl seines Verbindungsoffiziers vom Shin Bet im rechtsextremen Milieu sehr aktiv. Dabei kam es zu zahlreichen Provokationen gegen Araber und Juden. Er beteiligte sich unter anderem an mehreren Anschlägen gegen Palästinenser in den besetzten Gebieten und sprach Drohungen gegen linke jüdische Persönlichkeiten aus. Als erste »Heldentat« attackierte er im Mai 1988 ein Mitglied der Friedensgruppe *Yesh Gvul*, weil er den Militärdienst in den besetzten Gebieten verweigert hatte. Auch die kommunistische Abgeordnete Tamar Gozansky wurde von ihm angegriffen. Er bedrohte sogar »gemäßigte« Siedler und fehlte nicht bei den Begräbnissen von Terrorismusopfern, auf denen er immer für ein Anheizen der Stimmung sorgte. Natürlich bewunderte er Goldstein und sagte über ihn: »Die Zahl der von ihm getöteten Araber [etwa 30] rechtfertigt nicht seinen Tod.«

Die Polizei verhaftete ihn wiederholt, aber wie durch ein Wunder wurde er kurz danach immer wieder auf freien Fuß gesetzt. Zwischen 1988 und dem Sommer 1995 stellte die Polizei »aus Mangel an Beweisen« elf Ermittlungsverfahren gegen Avichai Raviv ein. Ein einziges Mal kam er vor Gericht, wurde aber sofort wieder freigesprochen. Manchmal wurde er verhaftet und zu einem anderen Häftling in die Zelle gesteckt, um ihn zum Sprechen zu bringen. Avichai Raviv, immer an der Spitze der Extremisten, stiftete seine Freunde zu zahlreichen Gewalttaten an und beteiligte sich persönlich an Zerstörungen in palästinensischen Ortschaften. Manchmal waren seine Exzesse sogar seinen Arbeitgebern peinlich. Zweifellos zu Recht empfahl der Shamgar-Ausschuß dem Shin Bet, seine Agenten besser zu überwachen, damit sie keine Straftaten begingen.

Eyal

1993 verstärkte die extreme Rechte ihre Tätigkeit. Mit Zustimmung des Shin Bet beschloß Avichai Raviv die Gründung seiner eigenen Organisation *Eyal* (hebräisches Akronym für »Jüdische Kampforganisation«).[16] Die kurzlebige Organisation umfaßte nur drei weitere aktive Mitglieder: den 24jährigen Nathan Levy, den 20jährigen Arieh Orange und den 25jährigen Benyamin Aharoni. Mit Faxgerät und Mobiltelefon stand Raviv direkt mit Journalisten in Verbindung und lieferte ihnen Kommuniqués über tatsächliche oder erfundene Aktivitäten seiner Organisation. Ziel von *Eyal* war es, Rechtsextreme anzuziehen, um ihre Überwachung durch den Shin Bet zu erleichtern. Das Programm von *Eyal* war nichts anderes als eine Kopie der 14 »Prinzipien der Wiedergeburt«, geschrieben 55 Jahre zuvor von Abraham Stern, dem Anführer der gleichnamigen jüdischen Terrorgruppe in der britischen Mandatszeit. Darin heißt es insbesondere: »Das jüdische Volk ist das auserwählte Volk«, und auch, daß die Grenzen des Königreichs Israel vom Nil bis zum Euphrat reichen. Weiter ist die Rede von der Wiedergeburt der Nation, der Vertreibung der Araber aus Palästina und dem Bau des dritten Tempels.

Neue *Eyal*-Mitglieder legten vor laufenden Kameras des israelischen Fernsehens auf dem Herzlberg-Friedhof in Jerusalem – für bedeutende Persönlichkeiten Israels als letzte Ruhestätte reserviert – vor dem Grab Abraham Sterns ihren Eid ab. Neue Rekruten, das Gesicht hinter einer Kapuze verborgen, schworen, »bis zum letzten Atemzug gegen die grausame Regierung und ihre Verbündeten zu kämpfen«. Später stellte sich heraus, daß es sich dabei um eine fürs Fernsehen gestellte Szene handelte.

Nach dem Blutbad in Hebron schickte der Shin Bet Raviv nach Kiryat Arba. Dort mietete er im wohlbekannten Wohn-

block Nr. 306, in dem noch immer Goldsteins Witwe mit ihren Kindern lebt, eine Wohnung. Er nahm seine Propaganda
gegen die Regierung, gegen die Araber und alle Gemäßigten
wieder auf und verübte auch Gewalttaten, natürlich ohne
Angst haben zu müssen, vom Shin Bet gefaßt zu werden. Er
stachelte sogar die Jugendlichen auf, sich den Polizisten zu
widersetzen, die geschickt worden waren, um der Agitation
durch Raviv und seinen Freunden ein Ende zu bereiten. Man
untersagte ihm das Betreten der Moschee in Hebron; er setzte sich jedoch darüber hinweg und verstieß gegen den Befehl
der Militärregierung. Auf der sehr gewalttätigen Demonstration der Rechten auf dem Zionsplatz in Jerusalem Anfang
Oktober 1995 verteilte Raviv mit einigen Freunden die be-
rüchtigte Fotomontage, auf der Rabin in Himmler-Uniform
zu sehen war. Dies brachte ihm einen Tadel von seinem Verbindungsoffizier ein, der ihn bat, seinen auffälligen Aktivis-
mus zu zügeln.

Raviv nahm auch an einer rechtsextremen Demonstration
vor dem Haus von Shin-Bet-Chef Karmi Gilon bei Jerusalem
teil und behauptete, er sei genau wie Rabin ein *Mosser*. Seine
Provokationen machten vor nichts halt.

Die Organistion *Eyal* hatte die Angewohnheit, sich zu allen von niemandem sonst beanspruchten Gewalttaten zu be-
kennen, vorausgesetzt natürlich, es handelte sich um jüdische
Attentate gegen Araber. Zum Beispiel wurde im Sommer 1995
ein junger Palästinenser in Halhoul nördlich von Hebron getötet. Sofort übernahm *Eyal* die Verantwortung für diese Tat.
Einige Tage später stellte sich heraus, daß der junge Mann bei
einer Schlägerei in seinem Heimatdorf umgekommen war.

Den Gipfel erreichte Raviv am Abend von Rabins Ermordung. Die ersten Nachrichten im israelischen Rundfunk waren zunächst sehr vage. Noch kannte man den Schuldigen des
Attentats nicht, ja man wußte nicht einmal, ob Rabin getroffen worden war. Wie durch einen Reflex nahm Avichai Raviv

Kontakt mit den Journalisten auf und übermittelte ihnen ein mit *In* (hebräisches Akronym der »Jüdischen Racheorganisation« – ein von Raviv manchmal verwendeter Name) unterzeichnetes Kommuniqué, in dem es hieß: »Dieses Mal haben wir ihn verfehlt, das nächste Mal wird unser langer Arm ihn erreichen.« Verblüffung beim Shin Bet. »Raviv«, so sagte man, »ist durchgedreht.« »Ich habe es für einen Scherz gehalten...«, antwortete er, als man ihn um eine Erklärung bat. Als noch am gleichen Abend die Nachricht vom Tod des Ministerpräsidenten bestätigt wurde, erklärte Raviv dem *Maariv*-Korrespondenten: »Wir haben mit dieser Sache nichts zu tun, so etwas tun wir nicht.«

Zwei Tage nach Rabins Ermordung wurde Raviv verhaftet, aber zehn Tage später ließ man ihn wieder frei. Und zwei Wochen nach dem Tod des Ministerpräsidenten erfuhren die Israelis, Avichai Raviv sei in Wirklichkeit ein Shin-Bet-Agent. Die Nachricht kam im israelischen Fernsehen. Sogar Ravivs Deckname beim Shin Bet, »Champagner«, wurde verraten. Es war eine Nachricht aus sicherer Quelle; sie stammte vom Shin Bet selbst. Am Tag zuvor hatte Rabbi Benny Allon, einer der Anführer der Bewegung *Su Artzenu*, in einer Pressekonferenz erklärt, Raviv sei in Wirklichkeit ein Agent des Sicherheitsdienstes. Seine Worte waren zunächst mit Skepsis aufgenommen worden; jetzt wurden sie vom israelischen Fernsehen bestätigt.

Diese Nachricht kam der Rechten gerade zur richtigen Zeit, denn dort herrschte in jenen Tagen ein Zustand höchster Verwirrung. Dies war eine gute Gelegenheit, Regierung und Shin Bet zu diskreditieren und zu behaupten, beide stünden hinter den seit vielen Monaten geführten Aktionen gegen Rabin und seien somit wohl auch für seinen Tod verantwortlich. Alle Exzesse der Rechten wurden Raviv in die Schuhe geschoben. Die Rechte nutzte diese Affäre optimal aus. Einer von Yigal Amirs Anwälten verbreitete sogar die Hypothese, Raviv habe

Amir zu Rabins Ermordung angestiftet. Der Likud-Vorsitzende Benyamin Netanyahu forderte die Linke unverzüglich auf, ihre Fehler einzugestehen und sich nach den Entdeckungen über die Verbindung zwischen Raviv und Shin Bet zu entschuldigen.

Dabei übersah die Rechte aber eine Kleinigkeit: Nicht die Arbeitspartei hatte Raviv »erfunden«, sondern die Rechte. Er wurde als Shin-Bet-Agent rekrutiert, als der Likud-Vorsitzende Yitzhak Shamir Ministerpräsident und demzufolge auch für die Aktivitäten dieser Organisation verantwortlich war.

1992 studierte Raviv an der Universität in Tel Aviv. Er verbrachte einen Großteil seiner Zeit damit, auf dem Campus rechtsextreme Propaganda zu betreiben. Als ein drusischer Student zum Vorsitzenden des Studentenverbandes in Tel Aviv gewählt wurde, erklärte Raviv in einer besonders rassistischen Rede gegen Araber und die Linke, der neue Vorsitzende des Studentenverbandes müsse »gefeuert« werden, denn er sei nichts anderes als eine »fünfte Kolonne«, das heißt ein als Student getarnter Spion.

Beim Rektor der Universität in Tel Aviv, Professor Itamar Rabinowicz, hagelte es Proteste, und er verwies Raviv von der Universität. Daraufhin immatrikulierte dieser sich an der Bar-Ilan-Universität. Likud-Aktivisten an der Universität in Tel Aviv – sie standen mit der Organisation *Eyal* in Verbindung – bemühten sich nach Kräften, den Ausschluß Ravivs zu verhindern. Der persönliche Referent des damaligen Ministerpräsidenten Yitzhak Shamir schickte dem Universitätsrektor einen Brief mit dem Briefkopf des Ministerpräsidenten, in dem er ihn aufforderte, »Avichai Raviv mit allen Mitteln zu helfen, wieder an die Universität zurückzukehren«. Für das Anliegen hatte der Ministerpräsident sein Einverständnis gegeben; die Hochschulbehörden lehnten es jedoch ab.

Eine Begegnung zwischen
Agent »Champagner« und *Hamas*

Der Shin Bet bediente sich auch der Dienste Ravivs in Bereichen, wo man es nicht erwartet hatte. Mit Hilfe seiner Organisation nahm er Kontakt mit der *Hamas* und dem *Jihad
Islami* im Gazastreifen auf. Diese Affäre kam durch Yassir
Arafat ans Tageslicht. Bei mehreren Gelegenheiten (darunter
auch im Laufe eines Gesprächs mit dem Verfasser dieser Untersuchung) erzählte er wütend, »die israelische extreme Rechte und die palästinensischen Gegner des Friedensprozesses
halfen und helfen sich gegenseitig«. Die Kontakte wurden vom
Geheimdienst der Palästinenserbehörde aufgedeckt, und Arafat persönlich bestätigte, daß die Israelis *Hamas* Blankopas-
sierscheine und andere israelische Ausweispapiere ausgehän-
digt hätten. »Die Treffen mit *Eyal*-Mitgliedern fanden hier in
Gaza statt, knapp einen Kilometer von meinem Büro entfernt«,
betonte Arafat bitter.

Ein paar Tage nachdem Yassir Arafat dieses Thema zum
ersten Mal erwähnt hatte, veröffentlichte ein junger israelischer Journalist, der aus Äthiopien stammende Neueinwanderer Dani Abebe, in der Jerusalemer Wochenzeitschrift *Yeru-
shalayim* am 3. November 1995 ein Interview mit Avichai
Raviv, in welchem dieser berichtete, wie er vor ein paar Monaten zusammen mit drei weiteren *Eyal*-Mitgliedern fünfmal
mit der Führung von *Hamas* und dem *Jihad Islami* in Gaza
zusammengetroffen sei. Die Treffen hätten an der Mittelmeer-
küste ganz in der Nähe des Hotels »Palestine« stattgefunden.
Der Vermittler sei ein von beiden Parteien akzeptierter Mann
gewesen. Raviv erklärte dem Journalisten, Ziel dieser Treffen
sei es gewesen, »den Feind kennenzulernen«. Er wies Arafats
Behauptungen über eine Verbindung zwischen Anschlägen
von *Hamas* und *Jihad Islami* und der israelischen Rechten

zurück. »Wir sprachen ausschließlich über die Möglichkeit, den Friedensprozeß zu beenden. Sie wollen, genau wie wir, diesen Prozeß zerstören; bei unseren Treffen ging es nur um dieses eine Thema. Beide Parteien zeigten eine unnachgiebige Haltung gegenüber dem Friedensprozeß.« Raviv sagte weiter, die Vertreter von *Hamas* und *Jihad Islami* hätten den Wunsch geäußert, weiter mit seiner Gruppe zusammenzuarbeiten. »Aber wir haben es abgelehnt«, berichtete er, »als wir begriffen, daß das den Interessen des jüdischen Volkes widersprach. Dann beendete ich diese Treffen.«

Frage: »Wußte der Shin Bet von diesen Treffen? Mußten Sie nicht befürchten, verhaftet zu werden?« Raviv: »Darum kümmerte sich kein Mensch. Der Shin Bet hatte keinen Anlaß, uns zu verhaften.« Frage: »Warum wurden diese Treffen geheimgehalten?« Raviv: »Die Vertreter des *Jihad Islami* fürchteten sich vor den Folgen, deshalb baten sie uns um die Geheimhaltung der Treffen; wir sind ihrer Bitte nachgekommen.«

Ohne Arafats Intervention wüßte man nichts über diese Seite des »Champagner«-Agenten. In seiner Rede auf der Eröffnungssitzung des palästinensischen Parlaments in Gaza am 7. März 1996 holte Arafat eine Zeitung hervor und zitierte daraus folgende Überschrift: »Wir trafen in Gaza mit Vertretern von *Hamas* und *Jihad Islami* zusammen.« Daraufhin rief er laut aus: »So kollaborieren die Extremisten beider Lager, um den Friedensprozeß zum Scheitern zu bringen.«

Weiter erfuhr Dani Abebe von Avichai Raviv, sein Verbindungsoffizier vom Shin Bet habe ihn aufgefordert, nach Gaza zu gehen, »weil *Hamas* mit der extremen Rechten zusammenarbeiten will, um die Regierung zu stürzen«. Verblüfft hatte Avichai gefragt: »Stimmt das wirklich?« Darauf habe sein Verbindungsoffizier geantwortet: »Ja, aber Sie haben nichts zu befürchten, wir schützen Sie.« Avichai Raviv erzählte weiter, auch ein Scheich habe an diesen Treffen teilgenommen.

Welches war das angestrebte Ziel dieser Mission in Gaza? Raviv hat es nicht verraten. Aber die Botschaft lautete: »Man darf zusammenarbeiten, um die Regierung Rabin zu stürzen.« Zweifellos stand hinter dieser unerhörten Initiative ein sehr genaues Vorhaben. Hatte Raviv bei der *Hamas* mehr Erfolg als bei Yigal Amir? Darauf fehlt bislang die Antwort.

Die Raviv-Affäre und die unglaubliche Leichtigkeit, mit der Rabin getötet wurde, bereiteten psychologisch den Boden für eine beispiellose Welle von Gerüchten über eine Verschwörung, an der angeblich der Shin Bet beteiligt war. Diese Hirngespinste, an denen manchmal ein Körnchen Wahrheit war, gingen von Mund zu Mund und wurden sogar von den wichtigen Zeitungen aufgegriffen. So forderte Haggai Segal, Journalist bei dem Siedlersender *Kanal 7*, eine Untersuchung (*Maariv*, 5. Dezember 1995), um herauszufinden, »ob Avichai Raviv den Shin Bet vor Amirs Mordplänen am Ministerpräsidenten gewarnt und welche Rolle Raviv bei diesem Attentat gespielt hatte.« Bei den meisten Gerüchten spielte Avichai Raviv die Hauptrolle. Der Untersuchungsausschuß befaßte sich auf einer ganzen Seite seines Berichts (Seite 128) mit »Andeutungen über eine Verschwörung«. Seine Schlußfolgerung: »Die Gerüchte um eine Verschwörung sind aus der Luft gegriffen.« Dennoch sollen mehrere dieser Gerüchte hier zitiert werden.

Einer von Rabins Leibwächtern habe Selbstmord begangen, oder aber er sei liquidiert worden, weil er zuviel wußte, und danach habe man ihn heimlich beigesetzt. Dem Gerücht zufolge, wiederholt in *Kanal 7* ausgestrahlt, habe eine Autopsie des Opfers im Ichilov-Krankenhaus stattgefunden, in dem auch Rabin an seinen Verletzungen starb, und nicht, wie sonst üblich, an einem gerichtsmedizinischen Institut. Einige Wochen später erfuhr man, daß ein junger Mann ohne jede Verbindung zum Shin Bet tatsächlich Selbstmord begangen hatte und am Tag nach dem Attentat ins Ichilov-Krankenhaus eingeliefert worden war, denn er hatte seinen Leichnam für Transplantationen zur Verfügung gestellt.

Ein weiteres Gerücht geht in die gleiche Richtung: Rabins beim Attentat verletzter Leibwächter habe Selbstmord begangen. Die Wogen der Aufregung glätteten sich erst, nachdem man sein Bild in der Presse sah.

Das dritte Gerücht schlug wie eine Bombe ein: Der Shin Bet habe mit Rabins Zustimmung und mit Raviv als Mittelsmann heimlich Platzpatronen in Amirs Pistole geladen, denn man wollte ihn auf frischer Tat ertappen. Diese unglaubliche Inszenierung sollte beweisen, daß die Rechte von Worten zu Taten schritt. Nach diesem machiavellistischen Plan hätte Rabin mühelos die nächsten Wahlen gewonnen... Aber in letzter Minute habe Yigal Amir (oder gemäß einer anderen Version sein Bruder Haggai) die Geschosse ausgetauscht. So wurde Rabin getötet. Dieses Gerücht beruhte auf der Tatsache, daß der zu Rabins Schutz abkommandierte Leibwächter in den fatalen zehn Sekunden nicht an seinem Platz war, sowie auf den Rufen: »Es sind nur Platzpatronen!«, wie sie gleich nach dem Attentat zu hören waren. Diese beiden sehr realen Faktoren waren dem Gerücht zufolge fester Bestandteil der Intrige. Ein Abgeordneter der ultrarechten Moledet-Partei, Rabbi Joseph Ba-Gad, forderte eine Diskussion in der Knesset über »die Verschwörung zu Rabins Ermordung«.

Am 30. November 1995 verriet die religiöse Wochenzeitschrift *Hamishpaha* (»Die Familie«) ein weiteres Detail: »Der Shin Bet hat mit dem Ministerpräsidenten eine Wette um sein Leben abgeschlossen. Yitzhak Rabin unterschrieb ein Papier, um die Shin-Bet-Chefs im Fall eines Versagens des Manövers von jeder Verantwortung freizusprechen...«

Die sonst so seriöse englische Wochenzeitung *The Observer* ging zweifellos in eine Falle, als sie am Tag vor dem 1. April 1996 (ohne es jedoch als Aprilscherz zu kennzeichnen!) die folgende Story veröffentlichte: Um die Wachsamkeit von Ra-

bins Leibwächtern auf die Probe zu stellen, habe der Shin Bet
ein fiktives Attentat geplant, gleichzeitig auch dazu bestimmt,
das Ansehen des Ministerpräsidenten, der unversehrt aus der
Sache herausgehen sollte, zu erhöhen. Yigal Amir habe von
diesem Vorhaben erfahren und die Gelegenheit genutzt, um
den Ministerpräsidenten zu töten. Wie hatte er davon erfahren? Natürlich von Avichai Raviv… Dem *Observer* zufolge
sei der Plan von den höchsten Instanzen genehmigt worden.

Auch in Frankreich wurde ein unglaubliches Gerücht über
die Verschwörung veröffentlicht. Hier spielte nicht Avichai
Raviv die Hauptrolle, sondern François Mitterrand. Die Studentenzeitung *Cactus*, Organ der rechtsextremen jüdischen
Jugendbewegung *Betar*, stellte in ihrer Februarausgabe 1996
die »Hypothese« auf, Peres habe sich bei einem Besuch in
Frankreich im Jahre 1994 bei François Mitterrand darüber
beklagt, daß die öffentliche Meinung in Israel den Friedensprozeß nicht genug unterstützt. Daraufhin habe Mitterrand
ihm vorgeschlagen, ein Attentat auf Rabin vorzutäuschen und
es einer nationalistisch-religiösen Gruppe zuzuschreiben; die
solchermaßen diskreditierte Opposition werde garantiert die
Wahlen verlieren. Peres wandte sich an den ebenfalls bei diesem Treffen anwesenden Jean Frydman und forderte ihn auf,
das Vorhaben zu inszenieren. Frydman habe akzeptiert. Er
habe die Friedenskundgebung organisiert, an deren Ende Rabin getötet wurde…

Dem Shin Bet eine Verwicklung in die Ermordung zuzuschreiben, ist nichts als ein Märchen. Leichtfertigkeit? Ja. Straf-
bare Nachlässigkeit als Folge von Versagen und Irrtümern.
Auch ohne jede Verschwörung sind Mißerfolg und Blamage
so ungeheuerlich, daß es für solch einen Pfusch der »besten
Kerle«, wie man die Männer des Shin Bet in Regierungskrei-
sen sonst gerne nennt, keine mildernden Umstände gibt.

Schon vor langer Zeit, im »Goldenen Zeitalter« dieser Organisation, hatte der weise und streitbare Professor Yeshayahu

Leibowitz – er führte einen gnadenlosen Kampf gegen die Besetzung der palästinensischen Gebiete – gesagt: »Der Shin Bet als Organisation ist wie ein Staat im Staat.« Und weiter: »Die Bewohner von Israel gehören zwei Klassen an: jenen beim Shin Bet und jenen, die noch nicht dazugehören…« Dieses niemals wirklich glänzende »Licht« verblaßte dann mit der Zeit immer mehr. Mit der Besatzung, die allmählich zu seiner hauptsächlichen Daseinsberechtigung wurde, holte sich der Shin Bet ein Krebsgeschwür. Die Besatzung und der Kampf gegen die Intifada führten nicht nur zur Zersetzung der israelischen Armee, sondern auch des Shin Bet. Die israelische Armee hat Tausende von Soldaten in den Kampf gegen die »Kinder der Steine« geschickt, um die Siedlungen auf dem beschlagnahmten palästinensischen Boden zu schützen. Sie beteiligte sich an der brutalen, gnadenlosen Herrschaft über 2,4 Millionen Palästinenser. Und auch der Shin Bet spielte eine Rolle in den besetzten Gebieten: Folter, Kollektivstrafen und Rekrutierung von Kollaborateuren um jeden Preis.

Seit dem Beginn der Besatzung im Jahre 1967 waren über eine Viertelmillion Palästinenser in israelischen Gefängnissen. Noch sehr viel mehr mußten Demütigungen über sich ergehen lassen. Ihre Ehre wurde mit Füßen getreten.

Der Shin Bet, anfangs ein kleiner, aber wirksamer Geheimdienst, wuchs zu einem monströsen Apparat heran, dessen Abnutzungserscheinungen sich im Kampf gegen die palästinensische Bevölkerung unter der Besatzung bemerkbar machten. Natürlich bekämpfte der Shin Bet vor allem den arabischen Terrorismus. Parallel dazu entwickelte sich aber dieser »rechtsreligiöse« Brand in den Siedlungen der besetzten Gebiete und in Israel selbst und griff immer weiter um sich. Der Shin Bet hat es nicht verstanden, diese extremistischen Splittergruppen in den Griff zu bekommen; allerdings erfreuten sie sich auch – das muß eingestanden werden – einer gewissen Sympathie in bestimmten Kreisen der israelischen Opposition. Ein moralischer Verfall trat ein, je länger die Besatzung anhielt und der Widerstand dagegen wuchs. Zur Rekrutierung von Kollaborateuren waren alle Mittel erlaubt. Jemand mußte zum Spitzel werden, wenn er wollte, daß sein Sohn in einem israelischen Krankenhaus operiert wurde: das war sein Preis. Die Akte eines Verbrechers wurde gegen seine Dienste als Kollaborateur geschlossen usw.

Nicht zufällig wurde der im Januar 1996 beim Shin Bet aufgedeckte Betrug ausgerechnet in der für Kollaborateure zuständigen Abteilung festgestellt. Vier Shin-Bet-Mitarbeiter im Nordbezirk des Westjordanlandes hatten für Kollaborateure bestimmte Beträge in die eigene Tasche gesteckt. Sie beeilten sich mit ihrem Rücktritt, als die Sache aufgedeckt wurde. Bis dahin hatte man sich immerhin damit getröstet, daß es beim Shin Bet keinerlei Korruption aus materiellen Gründen gab. Wie naiv! Jede Besatzung zieht wegen der Abhängigkeit zwischen Besatzer und Besetzten unweigerlich Korruption nach sich.

Die Folter, die Zwillingsschwester der Besatzung, wurde Routine. Zwar leugnete man ihre Existenz, aber niemand glaubte den Dementis. Bei Vernehmungen wurden die Palästinenser wie Untermenschen behandelt. Die Peiniger haben in den Verhören für immer ihre Würde verloren.

In einem Anfang 1996 veröffentlichten Bericht der Staatskontrolleurin Myriam Ben-Porath heißt es über die Verhör-Abteilung des Shin Bet, der Shin-Bet-Chef habe von der in den Gefängnissen im Gazastreifen zwischen 1990 und 1992 (den Jahren der Intifada) praktizierten Folter gewußt und auch den Ministerpräsidenten angelogen, indem er ihm versicherte, darüber nichts zu wissen. Er hatte die Verfehlungen einfach verheimlicht. »Folter und falsche Berichte zu diesem Thema beweisen, daß die Shin-Bet-Verantwortlichen in ihrer Verpflichtung, im Rahmen des Gesetzes zu arbeiten, grob versagten.«

Der Tod von Abd el-Samed Harisat in einem Gefängnis der Besatzungsmacht im Jahre 1995 brachte eine ganz spezifische Befragungsmethode des Shin Bet ans Licht: Der Kopf des Gefangenen wird geschüttelt. Das hinterläßt keinerlei äußere Spuren einer Gewaltanwendung, sondern nur innere Schäden mit möglicherweise tödlichen Folgen.

Unter dem Einfluß des Shin Bet erhielt die Folter – sogenannter »gemäßigter physischer Druck« – den offiziellen Stempel des nach dem Richter Landau benannten Ausschusses. Ein in der Knesset eingebrachter Gesetzesvorschlag gestattet einem Untersuchungsbeamten des Shin Bet die Anwendung »von Druckmitteln auf die verhörte Person«, falls er der Ansicht ist, daß höhere Interessen des Staates bedroht sind. Mit anderen Worten: gesetzlich genehmigte Folter.

Ein weiterer Artikel sieht die Anwesenheit eines Ärzteteams bei Verhören vor. Das widerspricht sowohl der ärztlichen Ethik als auch der ebenfalls von Israel unterzeichneten Konvention von Tokio. Wird diese Gesetzesvorlage verabschiedet, legalisiert Israel als erstes Land der Welt die Folter. Es muß sogleich hinzugefügt werden, daß diese Praktiken ausschließlich für Palästinenser vorgesehen sind. Zum Beispiel war nie davon die Rede, Yigal Amir die Namen seiner Komplizen oder der Rabbiner, denen er seine Inspiration verdankte, mit Gewalt zu entlocken. Auch Dan Vered, in den siebziger Jahren Mitglied des jüdisch-arabischen Spionagerings im syrischen Auftrag, mußte zwar unzählige Verhöre über sich ergehen lassen, aber er selbst hat nie Gewaltanwendung erlebt. Seine Verhörer fanden ein anderes schmutziges, aber wirksames Mittel, um ihn zum Sprechen zu bringen: Sie folterten einen seiner arabischen Kollegen vor seinen Augen mit Strom.[17]

Jahrelang hieß es, der Shin Bet gehe zwar nicht moralisch, aber wenigstens wirksam vor. Aber selbst diese Wirksamkeit darf nach der Ermordung von Ministerpräsident Rabin angezweifelt werden. Übrigens besteht zwischen Moral und Wirksamkeit eine enge Verbindung. Wenn eine Organisation jahrelang ohne richtige Überwachung funktioniert und sich alles – auch die Folter – erlaubt, verliert sie ihre Wirksamkeit.

Der Rückzug aus den besetzten Gebieten, mit den Abkommen von Oslo eingeleitet, wird die Beziehungen zwischen den beiden Völkern notgedrungen völlig auf den Kopf stellen; die mißhandelten, rechtlosen Bewohner dieser Gebiete werden mit der Verwirklichung der Abkommen gleichberechtigte Nachbarn, die man achten muß. Die physische Präsenz des Shin Bet – dank seiner Spitzel selbst in den kleinsten Ortschaften – wird bald eine Sache der Vergangenheit sein. Der Shin Bet muß sich von Grund auf verändern und sich um Juden kümmern, welche den Friedensprozeß ablehnen und ihn torpedieren wollen. Wenn die Besatzung beendet ist, findet der Shin Bet vielleicht erneut zu seiner Effizienz zurück und wird auch den Ministerpräsidenten wieder besser schützen…

5. Kapitel

Quo vadis Israel?

Knapp einen Tag, nachdem Rabins Mörder am 29. Mai 1996 in seiner Einzelzelle seinen Stimmzettel für die Knessetwahl in die Urne geworfen hatte, durfte er sich mit gutem Grund freuen: Die drei von ihm sieben Monate zuvor auf dem Platz der Könige Israels abgegebenen Schüsse führten noch zu einem weiteren Ergebnis – dem, wenn auch sehr knappen, Sieg der Gegner der Abkommen von Oslo. Nach seinem Machtantritt bemühte sich Benyamin Netanyahu, die Abkommen von Oslo zu unterminieren und den Friedensprozeß zu stoppen. Drei Monate wartete der neue Ministerpräsident, bis er sich zu einem Treffen mit Israels palästinensischem Partner, Yassir Arafat, bequemte. Daß es überhaupt zu einer Zusammenkunft zwischen den beiden kam, war dem Druck der internationalen Staatengemeinschaft, vor allem der Vereinigten Staaten, zu verdanken. Auch die Übergabe von Hebron an die Palästinenser, eigentlich schon im März 1996 fällig, wurde um zehn Monate verschoben und kam ebenso nur durch den internationalen Druck auf Israel zustande.

Mit der Wahl am 29. Mai 1996 wurde Yitzhak Rabin quasi ein zweites Mal ermordet; das Wahlergebnis verletzte das Andenken an ihn und an die Politik, die er in seinen letzten beiden Lebensjahren vertreten hatte. Eine empörende Tatsache, denn dadurch entstand der Eindruck, als habe sich der Mord politisch ausgezahlt: Yigal Amir hat gemordet, und die Rechte hat geerbt.

In der Vergangenheit hat sich politischer Mord häufig nicht ausgezahlt, sondern meistens zu für den Attentäter unerwarteten Ergebnissen geführt. Auch im Falle Rabin hätten die Folgen anders aussehen können. Amirs Plan wäre zum Beispiel nicht aufgegangen, wenn man den Friedensprozeß bis zu den Wahlen beschleunigt hätte, so daß die Abkommen von Oslo zur unumstößlichen Tatsache geworden wären. Rückblickend muß man feststellen, daß es ein Irrtum war, nach Goldsteins Massaker im Februar 1994 zur Tagesordnung überzugehen. Hätte man damals schneller reagiert und die Abkommen mit Arafat beschleunigt, wären vermutlich neue Tatsachen im Friedensprozeß geschaffen worden. Wäre man überlegter vorgegangen, hätte es vielleicht sogar nicht einmal die Bombenanschläge von *Hamas* als Reaktion auf das Blutbad gegeben. Es gibt seriöse Analytiker, die sich dessen »ganz sicher« sind und nicht nur von »vielleicht« reden.

Einen ähnlichen Mord – mit dem Ziel, den Friedens- und Versöhnungsprozeß zu stoppen – hat es übrigens schon einmal gegeben. Im April 1993 wurde in Südafrika Chris Hani, Nelson Mandelas rechte Hand, von einem rechtsextremen weißen Aktivisten ermordet; die Tat schockierte das Land. Man befürchtete, beim Aufbau eines neuen Südafrika zu scheitern und in einen Sog von Blut und Bruderkrieg hineingezogen zu werden. Nelson Mandela handelte jedoch sofort. Er zog die Wahlen vor und beschleunigte den Demokratisierungsprozeß. Die Apartheid erlitt eine Niederlage, und die Versöhnung zwischen den ethnischen Gruppen ging als Sieger hervor. Der Terror hatte eindeutig verloren.

In Israel war hingegen alles anders. Der Friedensprozeß wurde nicht beschleunigt, im Gegenteil: es trat eine Verlangsamung ein. Statt die Erinnerung an Rabin und seine Politik als Hebel für weitere Fortschritte im Friedensprozeß und im

Kampf gegen die religiösen Fanatiker einzusetzen, übte man sich im Beschwichtigen und Vertuschen; in der Wahlkampagne kam Rabin praktisch nicht vor. Statt unablässig das erschütternde Bild des Mordes in den Wahlspots auszustrahlen und immer wieder zu erklären, daß eine Stimme für die Gegner des Friedensprozesses einer Rechtfertigung des Mordes gleichkommt, war Yitzhak Rabin wie vom Erdboden verschwunden. Damit wurde ein gewaltiges Reservoir an gutem Willen und Unterstützung für den Weg des Ermordeten vergeudet.

Die Arbeitspartei beteiligte sich in nicht geringem Umfang an dem Spiel des politischen Gegners. Die Haltung von Shimon Peres trug nicht dazu bei, seiner Partei zum Sieg zu verhelfen, im Gegenteil: viele seiner Anhänger stimmten für den Likud. Seine starre Haltung war die Falle, in die er hineinfiel. Die israelische Libanonoffensive im April 1996 führte in Kana zu dem Blutbad an über hundert Zivilisten, alles Frauen, Kinder und Alte.

Ein weiterer politischer Fehler war die Erlaubnis zur Ermordung von Yahya Ayasch im Gazastreifen. Zwar war Ayasch für eine Serie schrecklicher Bombenanschläge durch die *Hamas* Ende Februar 1994 als Reaktion auf das Massaker in Hebron verantwortlich, aber Mitte 1995 erklärte er sich der palästinensischen Führung gegenüber bereit, seine Terroraktivitäten einzustellen. Daraufhin verübte die *Hamas* tatsächlich monatelang keine Anschläge mehr. Seine Ermordung weckte jedoch tiefste Rachegefühle. Es folgten die vier furchtbaren Bombenanschläge Ende Februar und Anfang März 1996 in Jerusalem, Tel Aviv und Ashkelon. Die Stimmung in Israel schlug daraufhin völlig um. Netanyahu holte den Vorsprung von Peres langsam ein, und in einer Meinungsumfrage zeichnete sich erstmals sogar ein leichter Vorsprung für den Likud ab; es blieb bis zum Wahltag ein Kopf-an-Kopf-Rennen. Die vier erschütternden Bombenanschläge als Rache auf die Ermordung Ayaschs sind die Hauptursache für die Niederlage von Shimon Peres. Viele Israelis übersahen jedoch den Zusammenhang zwischen beiden Ereignissen. Die Ursache der Anschläge wurde vom israelischen Normalbürger völlig übergangen.[18]

Yitzhak Rabin hat die Übergabe der Städte im Westjordanland an die Palästinenser am 5. Dezember 1995 nicht mehr erlebt. Dies geschah in einer Form, als handle es sich um etwas mehr oder weniger Alltägliches. Die israelische Öffentlichkeit hatte mittlerweile begriffen, daß das Festhalten an den palästinensischen Gebieten und die Herrschaft über ein anderes Volk keineswegs etwas Positives ist, sondern eine schwere, zerstörerische Last, von der man sich befreien muß. Die palästinensischen Wahlen im Januar 1996 symbolisierten demgemäß eine weitere Etappe auf dem Weg zur Errichtung eines unabhängigen palästinensischen Staates. Yassir Arafat wurde mit überwältigender Mehrheit zum Präsidenten gewählt. Die massive Wahlbeteiligung, einschließlich der *Hamas* und ihrer Anhänger (sie stellten keine eigenen Kandidaten auf), wurde zu Recht als Unterstützung des palästinensischen Volkes für den Friedensprozeß interpretiert, wenn auch viele Palästinenser befürchten, durch die Friedensvereinbarungen politisch zu wenig zu erreichen. 1948 hatte das palästinensische Volk mit der Vertreibung und der Eroberung seines Landes eine Katastrophe erlebt. Hinzu kam später noch die Enttäuschung darüber, daß die arabischen »Bruderstaaten« das palästinensische Problem den Betroffenen aus den Händen nahmen und für ihre eigenen Zwecke instrumentalisierten. 40 Jahre später – nachdem das Recht der Palästinenser anerkannt worden war, selbständig über ihr eigenes Schicksal zu entscheiden – beschloß der Palästinensische Nationalrat im November 1988, sich mit dem Westjordanland und dem Gazastreifen zufriedenzugeben. Aber auch diese Gebiete erhalten die Palästinenser seit 1994 nur in Form territorialer Enklaven zurück.

Quo vadis Israel?

Für die Aussöhnung zwischen den beiden Völkern, die mit den Knessetwahlen von 1996 eine schwere Niederlage einstecken mußte, wäre eigentlich eine symbolische Geste erforderlich. Würde Yitzhak Rabin noch leben, hätte er sicher den Israelis das Leid und die Tragödie der Palästinenser erklärt. Frederik de Klerk, der letzte weiße Präsident im südafrikanischen Apartheidstaat, unterzeichnete nicht nur die Verträge, mit denen die Rassendiskrimierung abgeschafft wurde, sondern machte auch eine symbolische, moralische Geste, die die Schwarzen erwartet hatten. Er erklärte, er beuge sein Haupt und bitte die Schwarzen um Verzeihung für das ihnen in 46 Jahren durch die Nationale Partei zugefügte Leid. Ein Eingeständnis der Verantwortung auch für das von den israelischen Besatzern begangene Unrecht würde einen wichtigen Schritt auf dem Weg zur historischen Aussöhnung darstellen; vorläufig gibt es jedoch noch keinen führenden Politiker, der dazu bereit wäre.

Yitzhak Rabin fehlt uns Israelis. Er mußte zu früh sterben. Yigal Amir hat eine rasche Aussöhnung zwischen den beiden Völkern verhindert. Die wahre Strafe für den Mörder bestünde darin, sich von seiner Zelle aus ansehen zu müssen, wie sich sein Traum von ewiger Feindschaft zwischen beiden Völkern verflüchtigt und ein wahrer, wirklicher Frieden zwischen dem Staat Israel und dem palästinensischen Staat festigt und vertieft.

Die Zukunft wird zeigen, welchen Preis wir für diesen politischen Mord noch werden zahlen müssen.

Anmerkungen

1   Gemäß einer neuen, am 1. März 1996 in Kraft getretenen Bestimmung gelten für die Ausstellung eines Waffenscheins fortan Einschränkungen. Wer gerichtlich aktenkundig ist, hat nicht mehr automatisch Anspruch auf den Besitz einer Waffe. In der Vergangenheit, und hier besonders während der Intifada, nutzten die Siedler ihre zur Selbstverteidigung bestimmten Waffen, um auf Palästinenser zu schießen. Die Hälfte aller Siedler im Westjordanland und im Gazastreifen besitzt einen Waffenschein. Auf Demonstrationen der Rechten waren seit dem ersten Abkommen von Oslo immer wieder bewaffnete Zivilisten zu sehen.

2   »Yod« ist der erste Buchstabe seines Vornamens. So nennen sich die Shin-Bet-Beamten in der Öffentlichkeit.

3   Integralismus: Strömung im Judentum, die alle Lebensbereiche nach religiösen Maßstäben gestalten möchte; beinhaltet auch den Anspruch auf ein »Großisrael« (auch: Integralisten, integralistisch).

4   Siehe zu diesem Thema Yeshayahu Leibowitz. *La Mauvaise Conscience d'Israël. Entretiens avec Joseph Algazy.* Paris 1994.

5   Abraham Stavski, zum Tode verurteilt und dann freigelassen, war auf dem Schiff *Altalena*, mit dem einen Monat nach der Gründung Israels im Auftrag von Menachem Begins *Irgun*, einer bewaffneten Organisation der Rechten, Waffen ins Land geschmuggelt werden sollten. Das Schiff wurde bombardiert, und Yitzhak Rabin, damals ein junger *Palmach*-Offizier (Stoßtrupp der *Haganah*, der Untergrundarmee der jüdischen Gemeinde in Palästina zur britischen Mandatszeit), gab den Befehl dazu. Sein Mörder Yigal Amir sagte nach seiner Verhaftung durch die Polizei: »Der Schuß auf Rabin ist auch eine Antwort auf den

Tod von vierzehn Menschen an Bord der *Altalena* im Jahre 1948.«

6 Auch Arafats Gegenspieler werfen ihm vor, er verhalte sich wie Pétain, so zum Beispiel der Vorsitzende der Demokratischen Front für die Befreiung Palästinas, Nayef Hawatmeh. Er sagte in einem Interview: »Yassir Arafat kommt gleich nach Marschall Pétain. Auch er verwandelte sich von einem Nationalhelden unter der Besatzung Frankreichs zum Kollaborateur, als er akzeptierte, sich den Bedingungen des Feindes zu unterwerfen.«

7 Auf genau dem gleichen Platz hielt Menachem Begin, Chef der rechtsextremen Herut-Partei, aus der später der Likud-Block hervorging, im Januar 1952 vor Tausenden von Demonstranten eine Hetzrede. Sie waren gekommen, um gegen das von Ben-Gurion mit Kanzler Adenauer unterzeichnete Entschädigungsabkommen zu protestieren. Begin rief dazu auf, Ben-Gurion zu stürzen, denn mit diesem Abkommen habe er die sechs Millionen Märtyrer des Holocaust verraten. Die Demonstranten zogen zur Knesset und verwüsteten das Parlament. Es kam zu heftigen Zusammenstößen mit der Polizei.

8 Das Treffen fand in Ankara statt. In ihrem Brief an den deutschen Botschafter in der Türkei betonte die *Stern*-Gruppe insbesondere, wie sehr sie die Nazi-Ideologie schätze.

9 Unter den israelischen Rechtsanwälten gilt er als einer der bedeutendsten Rechtsextremisten. Er vertrat einen jungen Juden, der angeklagt war, aus religiösem Eifer christliche Kirchen in Jerusalem in Brand gesteckt zu haben, darunter die Kirche von Gethsemane am Fuße des Ölberges. Der junge Mann bereute seine Tat, aber der Rechtsanwalt überzeugte ihn davon, daß die Rabbiner seine Tat nach rabbinischem Gesetz guthießen, worauf er sein Reuebekenntnis zurücknahm. Er wurde zu einer viereinhalbjährigen Freiheitsstrafe ohne Bewährung verurteilt.

10 Siehe Amnon Kapeliuk. *Hébron, un massacre annoncé.* Paris 1994, S. 127-132.

11 Zu den Straftaten und dem Unwesen von Rabbi Levinger siehe Amnon Kapeliuk, op. cit., S. 119–127.

12 Der Oberste Gerichtshof Israels wies in der Vergangenheit eine
Eingabe zurück, in der beantragt wurde, der Regierung die Aufgabe
von Gebieten des Heimatlandes an Fremde zu untersagen.
Statt dessen stellte er ausdrücklich fest, das Gesetz sehe keinerlei
Einschränkungen der Regierungsmacht vor, nach Gutdünken
politische Verhandlungen zu führen. »Dazu ist sie befugt
und sogar verpflichtet«, erklärte der Oberste Gerichtshof.

13 Siehe Kapitel I, S. 58/59.

14 *Maariv*, 7. November 1995. Sambia ist übrigens eines der politisch
ruhigsten Länder in ganz Afrika.

15 In Israel hat es 13 Untersuchungsausschüsse gegeben, der letzte
befaßte sich mit der Ermordung von Ministerpräsident Rabin.
Die wichtigsten untersuchten die Vorgänge um den Oktoberkrieg
(1973), das Massaker in Sabra und Shatila (1982) und das
Blutbad in der Moschee von Hebron (1994). Der Verfasser dieses
Buches hat über jedes dieser drei Ereignisse ein Buch geschrieben.
In jedem werden vor allem die Hintergründe beleuchtet
und parallel zum eigentlichen Bericht ihre Ursprünge und
Folgen behandelt. Die Untersuchungsausschüsse gingen dagegen
– wenn überhaupt – in ihren Berichten auf diese Hintergründe
meistens nur sehr kurz ein.

16 Raviv übernahm hier schamlos den Decknamen der für den Aufstand
im Warschauer Ghetto unter dem Befehl von Mordechai
Anielewicz verantwortlichen Organisation.

17 Zur Problematik der Folter siehe Ruchama Marton und Neve
Gonen. *Torture, Human Rights, Medical Ethics and the Case of
Israel*. London 1996.

18 Ben Caspit, Hanan Christel und Ilan Kfir untersuchen in ihrem
in Israel erschienenen Buch *Der Selbstmord* die Wahlniederlage
der Arbeitspartei. Sie bewerten auf Seite 59 die Ermordung von
Yahya Ayasch für die Wahlkampagne von Peres als Erfolg; aber
erst 40 Seiten später kommen die *Hamas*-Anschläge zur Sprache,
die den Umschwung in der öffentlichen Meinung in Israel
bewirkten. In ihrem Buch findet sich nicht der geringste Hinweis
auf einen Zusammenhang zwischen diesen beiden Ereignissen.

Register

Register

Weitere Bücher zum
israelisch-palästinensischen Konflikt
und zur arabischen Welt im
PALMYRA VERLAG

Uri Avnery/Azmi Bishara (Hrsg.)

Die Jerusalemfrage
Israelis und Palästinenser im Gespräch
Zeittafel · Karten · 320 Seiten · 13,5 x 21 cm · Broschur
DM 34,- · ÖS 252,- · SFr 33,- · ISBN 3-930378-07-8

*Mit Beiträgen von Teddy Kollek, Hanan Ashrawi, Amos
Oz, Faisal Husseini, Ehud Olmert, Albert Aghazarian,
Shulamit Aloni, Nazmi al-Jubeh, Meron Benvenisti,
Ikrima Sabri und Michel Sabbah.*

*Das Buch behandelt nahezu alles, was zu diesem
Thema gedacht und diskutiert worden ist.
arte-Themenabend zu Jerusalem*

Uri Avnery

Zwei Völker – Zwei Staaten
Gespräch über Israel und Palästina
Vorwort von Rudolf Augstein
200 Seiten · 19 Schwarz-Weiß-Fotos · 13,5 x 21 cm
Broschur · DM 29,80 · ÖS 221,- · SFr 29,-
ISBN 3-930378-06-X

*Beredt und kundig gibt Avnery Auskunft über Hinter-
gründe und Hoffnungen des nahöstlichen Friedensprozesses.
Frankfurter Allgemeine Zeitung*

Danny Rubinstein

Yassir Arafat
Vom Guerillakämpfer zum Staatsmann
Aus dem Englischen von Torsten Waack
Zeittafel · Register · 208 Seiten · 13,5 x 21 cm · Gebunden
DM 34,- · ÖS 252,- · SFr 33,- · ISBN 3-930378-09-4

*Eine spannend zu lesende Mischung aus politischer
Biographie und Psychogramm, wohltuend sachlich
und unparteiisch im besten Sinne.*
Süddeutscher Rundfunk

*Rubinstein bringt Arafat auf den Punkt;
ein kluger Entmythologisierungsversuch.*
Die Zeit

Ali H. Qleibo

Wenn die Berge verschwinden
**Die Palästinenser im Schatten der
israelischen Besatzung**
Vorwort von Amos Oz
Aus dem Englischen von Arno Schmitt
280 Seiten · 13,5 x 21 cm · Gebunden · DM 39,80
ÖS 295,- · SFr 38,80 · ISBN 3-9802298-8-2

*Ein faszinierendes Buch. Ali Qleibo ist eine einzigartige
Mischung aus anthropologischer Dokumentation, Fami-
liengeschichte, Reisebericht aus der eigenen Heimat und
mitreißendem dichterischem Bekenntnis gelungen.*
Amos Oz

Ian Black/Benny Morris

Mossad · Shin Bet · Aman
Die Geschichte der israelischen Geheimdienste
Aus dem Englischen von Torsten Waack

Glossar und Register · 880 Seiten · 13,5 x 21 cm · Gebunden
DM 78,- · ÖS 577,- · SFr 73,- · ISBN 3-930378-02-7

Ein Standardwerk über Israels Geheimdienste.
Neue Zürcher Zeitung

Die bislang seriöseste und umfassendste Geschichte
des israelischen Geheimdienstes.
New York Times

Yoel Cohen

Die Vanunu-Affäre
Israels geheimes Atompotential
Vorwort von Frank Barnaby

Aus dem Englischen von Josephine Hörl

Glossar und Register · 440 Seiten · 10 Schwarz-Weiß-Fotos
13,5 x 21 cm · Gebunden · DM 44,- · ÖS 326,- · SFr 42,-
ISBN 3-930378-03-5

Ein Atomthriller, der große Aktualität gewinnt.
Focus

Die detaillierteste und interessanteste
Studie zur Vanunu-Affäre.
Frankfurter Allgemeine Zeitung

Gernot Rotter

Allahs Plagiator

Die publizistischen Raubzüge des
»Nahostexperten« Gerhard Konzelmann

180 Seiten · 13,5 x 21 cm · Broschur · DM 26,80
ÖS 199,- · SFr 26,- · ISBN 3-9802298-4-X

Das Buch zur Konzelmann-Affäre

*Rotter tranchiert den Autor von einem Dutzend
Erfolgsbüchern rundum und kommt zu dem
bitteren Schluß: Konzelmann entwerfe ein
demagogisches Zerrbild der islamischen Welt.*
Der Spiegel

Verena Klemm/Karin Hörner (Hrsg.)

Das Schwert des »Experten«

Peter Scholl-Latours verzerrtes Araber- und Islambild

Vorwort von Heinz Halm

290 Seiten · 13,5 x 21 cm · Broschur · DM 29,80
ÖS 221,- · SFr 29,- · ISBN 3-9802298-6-6

*Mit Beiträgen von Arnold Hottinger, Gernot Rotter,
Petra Kappert, Sabine Kebir u.a.*

*Als Warnung kommt die kritische Initiative
der Islamkenner zur rechten Zeit.*
Prof. Dr. Udo Steinbach, Focus

Georg Stein (Hrsg.)

Nachgedanken zum Golfkrieg

Vorwort von Robert Jungk

300 Seiten · 14 x 21 cm · Broschur · DM 29,80
ÖS 221,- · SFr 29,- · ISBN 3-9802298-2-3

Die erste kritische Gesamtdarstellung über Hintergründe und Auswirkungen des Golfkriegs. Mit Beiträgen von Johan Galtung, Horst-Eberhard Richter, Margarete Mitscherlich u.a.

Ein sehr interessantes Buch. Besonders die Beiträge der Regionalexperten bieten fundierte Analyse und Hintergründe, die in dieser Dichte in den meisten Büchern zum Thema Naher Osten nicht zu finden sind.
Süddeutscher Rundfunk

Huda Al-Hilali

Von Bagdad nach Basra

Geschichten aus dem Irak

Vorwort von Freimut Duve

190 Seiten · 12,5 x 18,5 cm · Gebunden · DM 29,80
ÖS 221,- · SFr 29,- · ISBN 3-9802298-3-1

Die Geschichten von Huda Al-Hilali sind ein wichtiger Beitrag zur Annäherung an die Menschen im Irak, an ihre Kultur und Tradition. Sie vermitteln aber auch ein besseres Verständnis für die arabische Welt insgesamt.

An dem ästhetisch wunderschön gemachten Buch stimmt alles.
evangelische information